装备体系任务成功性评估技术与应用

徐廷学　陈宇奇　郝建平　著

北京航空航天大学出版社

内容简介

本书是一部系统、全面地阐述装备体系任务成功性评估技术与应用的专著，总结、吸收了国内外装备体系任务成功性评估理论研究的最新成果和工程实践经验，深入研究了装备体系任务成功性评估理论、技术与方法。全书共5章，主要内容包括装备体系任务成功性评估分析、装备体系任务成功性评估框架构建、系统功能层任务可靠性评估、作战能力层任务成功性评估以及基于多层级使命任务线程的总体任务成功性评估等。

本书可以作为高等院校教师、研究生、本科生的教学用书和参考资料，也可供军事部门和国防工业部门从事装备论证、设计、研制、生产、订购、监造、使用与维修保障的工程技术人员及管理人员参考。

图书在版编目(CIP)数据

装备体系任务成功性评估技术与应用 / 徐廷学，陈宇奇，郝建平著. -- 北京 ：北京航空航天大学出版社，2021.9

ISBN 978-7-5124-3600-8

Ⅰ.①装… Ⅱ.①徐… ②陈… ③郝… Ⅲ.①武器效应－评估－研究 Ⅳ.①E920.8

中国版本图书馆 CIP 数据核字(2021)第186055号

装备体系任务成功性评估技术与应用

徐廷学 陈宇奇 郝建平 著

策划编辑 董 瑞 责任编辑 张冀青

*

北京航空航天大学出版社出版发行

北京市海淀区学院路37号(邮编100191) http://www.buaapress.com.cn

发行部电话：(010)82317024 传真：(010)82328026

读者信箱：goodtextbook@126.com 邮购电话：(010)82316936

北京建宏印刷有限公司印装 各地书店经销

*

开本：787×1 092 1/16 印张：10.25 字数：195千字

2021年10月第1版 2021年10月第1次印刷

ISBN 978-7-5124-3600-8 定价：59.00元

前　言

随着“网络中心战”的提出，未来战争逐渐演化为打破军兵种界限的体系化联合作战，由大量异构装备系统组成的装备体系逐渐成为未来战争中使命任务的执行主体。装备体系在未来复杂多变的战场环境中能否保持良好运行并顺利完成使命任务，是当前决策者和指挥员需要重点关注的问题，也是衡量装备体系总体作战和保障能力的重要标准。如何科学、合理地结合系统特性、体系特性和任务特性对装备体系的总体任务完成能力进行有效评估，是亟需解决的军事难题。

为解决上述难题，本书从作战适用性与作战效能相结合的角度出发，以装备体系与使命任务为研究对象，在对系统特性、体系特性和任务特性分析的基础上，重点研究适用于系统功能层的任务可靠性评估、作战能力层的任务成功性评估和面向整体使命任务的总体任务成功性评估的技术方法，为装备体系任务成功性评估工作提供理论依据和方法支撑，为后续针对装备体系层的维修决策研究提供参考，对提高装备体系战斗力具有重要意义。

全书共 5 章。

第 1 章　绪论，概述本专著研究的背景意义、国内外研究现状、目前存在的问题、主要思路与内容。

第 2 章　装备体系任务成功性评估框架构建，从作战适用性与作战效能相结合的角度，首先对装备体系及任务成功性的概念进行深入剖析；通过使命任务分解，将装备体系总体使命任务由上向下依次划分为作战使命、作战行动和作战任务，明确各层任务的具体内涵、相互关系及执行主体等；尔后在梳理装备体系任务成功性整体评估逻辑的基础上，对装备体系任务成功性评估指标及相应流程进行合理规划，并结合系统特性、体系特性和任务特性对装备体系任务成功性评估中的关键问题进行分析与归纳，构建了面向装备体系任务成功性评估的整体研究框架，为后续内容的展开奠定基础。

第 3 章　考虑性能退化特性的系统功能层任务可靠性评估，阐述了系统功能层的任务可靠性评估技术与应用问题。着眼于系统功能层面在运行性能退化过程中具备的“多态”特性和“认知不确定”特性对于功能模块任务可靠性的相应影响，结合证据理论和 GO 模型构造一种证据多态 GO 操作符，对两种特性进行准确描述；结合 GO 模型分析原理改进传统 Markov 模型，对部件运行性能状态退化过程进行细致分析。在此基础上，在 GO 模型中引入概率区间算法，对认知不确定性进行量化处理;尔后引入改进的共有信号修正算法,对功能模块的任务成功概率区间结果进行修正处理,从而分别对任务持续时间确定或随机情况下系统功能层的任务可靠性进行有效评估,分析任务时间分布参数对任务成功概率区间的影响,并通过系统功能层的任务可靠性评估实例进行了工程应用。

第 4 章　基于运行依赖性的作战能力层任务成功性评估,阐述了作战能力层的任务成功性评估技术与应用问题。针对装备体系在使命任务执行过程中出现的运行依赖性问题,首先深入分析了装备体系中运行依赖性的产生机理及特点,然后在对经典体系依赖性分析方法——功能依赖网络分析技术(Functional Dependency Network Analysis, FDNA)的基本原理、基本算法、适用性及局限性进行详细阐述的基础上,提出一种改进 FDNA 的装备体系运行依赖性分析方法,构建面向作战行动的运行依赖网络,从而实现对作战能力层任务成功性的合理评估。该方法适用于任务持续时间确定和随机两种情况,并与经典 FDNA 方法进行对比,通过作战能力层的任务成功性评估实例应用分析,在一定程度上验证了该方法的有效性和适用性。

第 5 章　基于多层级使命任务线程的总体任务成功性评估,阐述了基于多层级使命任务线程的总体任务成功性评估技术与应用问题。针对当前装备体系任务建模研究深入程度不足等问题,首先提出装备体系使命任务的概念模型和描述模型。在此基础上,对各层级任务的任务线程进行分析与规划,改进传统 Petri 网,提出一种基于 HDSPN 的装备体系任务线程建模方法,构建面向多层级使命任务的装备体系任务线程模型。然后结合基于 RAA 的装备体系总体任务成功性仿真评估算法,启动仿真模型运行,实现对装备体系总体任务成功性的有效评估,并通过基于多层级使命任务线程的总体任务成功性评估实例进行了应用分析。

本书是为推动装备体系任务成功性评估而著述的。本书可作为高等院校教师、研究生、本科生的教学用书和参考资料,也可供军事部门和国防工业部门从事装备论证、设计、研制、生产、订购、监造、使用与维修保障的工程技术人员及管理人员参考。

本书著述过程中得到了欧阳中辉、杨贵硕、肖支才、秦亮、吴京慧、徐泽龙的热情支持和无私帮助,在此深表谢意。另外,本书参考了国内外有关文献资料,在此对文献的作者一并表示感谢。

装备体系任务成功性评估的诸多问题尚需深入研究和进一步实践,由于作者水平所限,书中存在不妥或疏漏之处,恳请读者批评指正,并提出宝贵的意见和建议。

作　者

2021 年 4 月于海军航空大学

目　录

第1章 绪 论

本章主要介绍了这本书的研究背景、研究目的与意义，针对体系、任务成功性评估、任务可靠性评估三个方面综述国内外研究现状，在分析与总结的基础上，阐述了目前装备体系任务成功性评估存在的问题以及本书的主要思路与内容。

1.1 研究背景、目的及意义

1.1.1 研究背景

随着“网络中心战”的提出，信息技术在军事上被大量应用，作战系统和作战任务的复杂性不断提高，未来战争不再局限于单一或多个军兵种的对抗，而是打破军兵种界限并集精确感知、高效指控、快速机动、联合打击、稳定通信、综合防护、全面保障七位于一体的联合作战，战争形态也由传统单一的机械化战争向全域多维的陆海空天电体系化联合战争转变。体系(System of Systems, SoS)[1-2]和体系工程(System of Systems Engineering, SoSE)[3-4]的概念应运而生，在军事领域也被称作装备体系。不同于以往单一装备系统或多个同构装备系统执行某一作战任务，装备体系在执行同一作战任务时，需要多种异构装备系统独立工作发挥各自功能并相互配合来执行；各装备系统在任务执行期间往往表现出管理和运行的独立性，但必须在无故障运行的条件下协调一致地工作，从而根据任务目标实现一组既定作战能力以保证任务的完成。因此，体系和体系工程的出现为通用质量特性研究赋予了新的内涵[5]，许多专家学者对此开展了一系列研究，以探索装备体系中作战效能和作战适用性的联系[6]，从而提高现有装备体系的作战能力。

提高装备体系作战能力的中心目的，是使装备体系在复杂多变的战场环境中仍然能够完成给定任务。换言之，从作战效能和作战适用性相结合的角度去判断装备体系是否能够成功完成使命任务以发现薄弱环节，分析装备体系中各组分系统在任务执行期间对于使命任务的重要程度以实行精准保障，这也是决策者和指挥员主要关心的问题。因此，针对装备体系的任务成功性评估就成为衡量装备体系总体作战能力和保障能力的重要标准，并且为装备体系通用质量特性研究提供了新的方向。

一方面，体系由使命驱使，装备体系本身结构复杂，其使命任务也相对宏观，需要根据体系组成和使命任务目标对两者进行关联性分析，通过赋予装备体系内各基本作战单元相应的子任务并驱使其完成，从而保证装备体系对于整体使命任务的完成；另一方面，使命的完成需要体系级作战能力的支撑，而作战能力由不同系统功能配合实现，通过分析不同系统功能运行变化情况对作战能力生成的相应影响并找出使命任务执行过程中的薄弱环节，从而在有限的维修资源约束条件下实现装备体系层面的精准保障。因此，如何科学、合理地根据底层装备系统对于给定子任务的完成情况规划任务成功性评估指标并向顶层聚合，从而对装备体系完成使命任务的总体能力进行有效评估，是装备体系通用质量特性研究当前亟需解决的军事难题；这也对保持、恢复和提高装备体系作战能力，确保装备体系高效、可靠地完成使命任务，辅助装备体系形成强大战斗力，具有重要地位和作用。

当前，对于装备系统层面的任务成功性评估[7]方面的研究已有不少，但对于装备体系层面的相关研究较为少见。在现有的研究中，存在对体系本身的了解程度不够，对体系在任务执行过程中具备的运行特点和运行模式研究不足，对体系使命任务所具备的相关特性考虑不够全面等问题，导致在进行装备体系的任务成功性评估时，评估规划与实际情况有所偏差，评估指标体系和模型构建的适用性不强，方法缺乏足够的定量化支撑且解析效率不高，无法保证装备体系任务成功性评估的准确性和有效性。因此，要从根本上解决这一难题，必须在充分剖析装备体系和使命任务的基础上，开展适用性强的任务成功性评估理论与技术方法研究，才能清楚掌握装备体系当前的任务完成能力，指导和辅助相应维修决策工作的展开。

本书基于上述问题的分析和考虑，以相关研究课题为牵引，从作战适用性和作战效能相结合的角度出发，以装备体系和使命任务为研究对象，立足于装备体系运行使用阶段，在全面分析体系运行特点和使命任务相关特性的基础上，梳理评估逻辑并构建合理有效的评估流程与评估指标体系，分析与归纳装备体系任务成功性评估中的关键问题，并探寻适用性强的评估方法以解决问题，从而为我军装备体系任务成功性评估工作提供理论方法支撑。

1.1.2 研究目的及意义

装备体系任务成功性评估是装备体系通用质量特性研究中的重要内容，是装备体系发展建设和管理决策过程中的重要环节。本书以当前装备体系使命任务执行需求为牵引，针对装备体系任务成功性评估缺乏先进理论指导等问题，结合装备体系和使命任务的具体特点，系统开展相关技术方法研究。这些研究对于充分发挥装备体系作战和保障能力具有重要的理论价值和军事意义：

1. 为装备体系使用阶段任务成功性评估工作的开展奠定基础

本书在对现有相关文献进行全面综述的基础上，结合装备体系和使命任务的具体特点，对装备体系及任务成功性的概念进行深入剖析。通过对装备体系使命任务合理分解，分析装备体系与使命任务之间的关联性，从而对任务成功性评估工作进行科学规划，构建相应的评估指标体系，归纳评估工作中的关键问题，为装备体系使用阶段任务成功性评估工作的开展奠定坚实的基础。

2. 有助于提高装备体系任务成功性评估的科学性和合理性

在装备体系任务成功性评估研究中，针对系统功能层、作战能力层以及整体使命任务所具备的不同特性，本书提出系统功能层任务可靠性评估、作战能力层任务成功性评估以及基于多层级使命任务线程的总体任务成功性评估等方法，考虑各层任务要求、任务时间约束等复杂实际情况，为有效评估装备体系局部和整体的任务完成能力提供有力支持，为准确分析装备体系内各装备系统对于使命任务的重要程度提供一定的前提和依据，进而为在有限维修资源约束下的装备体系维修决策工作提供一定指导。

3. 有助于丰富和发展装备体系通用质量特性研究内涵

鉴于体系研究对于未来战争的重要价值和军事意义，本书充分借鉴国内外相关研究成果，从装备体系通用质量特性研究角度出发，针对当前装备体系任务成功性评估研究的热点和难点问题，系统开展装备体系任务成功性评估研究，对装备体系通用质量特性研究进行扩展和补充，丰富和发展装备体系通用质量特性研究内涵，从而有效促进装备体系战斗力的生成。

1.2 国内外研究现状

1.2.1 体系研究

体系的概念于20世纪60年代提出[8]，在描述和应用上随着相关研究的不断成熟而发展较为迅速。然而，对于体系不同的描述和应用的核心，在于多个复杂系统的集成和协调，以达到满足任务要求的运行性能水平、提供所需作战能力或实现单一组成系统无法实现的任务目标[9]。也就是说，体系是系统的升华，是将一组最初不是一个整体的异构系统集合起来，作为一个整体来达到更高级别（体系级）的目的。

体系的定义由体系的特性所决定[10]，Maier[11]将体系的特性归纳为以下5类：

① 运行独立性（Operational Independence）。体系中各组件系统能够有效地

独立运行，以实现相应任务目标。

② 管理独立性（Managerial Independence）。体系内各组件系统无论加入或退出体系结构，均可以独立运行，即体系内各组件系统的获取和集成存在独立性。

③ 地域分布性（Geographic Distribution）。体系内各组件系统之间通过信息技术相互协同配合，并广泛分布于不同的地理位置。

④ 发展演化性（Evolutionary Development）。体系结构不是固定不变的，根据使命任务、环境等因素的改变而伴随着新系统的加入和旧系统的退出，体系结构也不断演变。

⑤ 行为涌现性（Emergent Behavior）。体系内各组件系统发挥各自功能并协同配合形成体系级的各项能力，即各组件系统本身不具备或不能表现的相应行为，所形成的体系级能力也被称为体系的涌现性行为。

基于 Maier 的相应研究，张维明等[12]人对系统和体系之间的本质差异进行了描述与总结，如表 1－1 所列。通过对比分析得出体系具备 5 个方面的主要特性：

① 构成部分管理的独立性、重叠性和复杂性；

② 构成部分规模大，具有主动权且逻辑边界模糊；

③ 信息共享的不确定性；

④ 无限长的生命周期；

⑤ 任务的不确定性、复杂性和评估的复杂性。

表 1－1　系统与体系的本质差异

比较点	体　系	系　统
目标	目标多样化	目标比较单一
需求	变化的需求	明确的需求
构成	由多个复杂系统构成	由系统的组成部分构成
规模	规模庞大，地理分布范围广泛	规模较小，分布比较集中
边界	边界不明确，系统间松耦合	边界明确，组件间紧耦合
交互	有较强交互	交互较少
组件关系	层次结构和组件关联方式复杂	层次结构和组件关联方式简单
生命周期	不确定	比较确定
演化性	随需求和技术的变化不断演化发展	较少改进，注重系统自身功能的提高
管理过程	体系工程过程	系统工程过程
研制开发	由多个机构控制开发	由单个机构控制开发

装备体系[13-14]作为体系在军事领域上的应用,其相关研究自1996年由美国国防部提出以来不断增多[15],逐渐成为当前国内外军事领域上的研究热点[16-18],目前在体系需求分析[19-20]与结构建模[21-22]、体系能力规划[23]与评估[24-25]、体系贡献率[26-28]评估及体系优化与仿真[29-30]等方面取得一定成果。

1.2.1.1 体系能力规划与评估研究

通过系统功能协同配合实现相应的作战能力是构建装备体系的主要目标,通过对体系作战能力进行合理分析规划,采取有效手段对装备体系的涌现性进行刻画,有助于决策者和指挥员对装备体系整体作战效能进行评估。因此,装备体系任务成功性评估流程及指标体系的规划和体系能力规划与评估研究紧密相关。

1. 体系能力分析与规划

美国国防部的防务规划思想于2001年实现了由传统的“基于威胁”向“基于能力的方法(Capabilities - Based Approach)”的重大转变[31],从而有效应对未来体系化作战中可能出现的诸多不确定性。经过多年的发展,逐渐形成一套完整的理论方法,而基于能力的规划(Capabilities - Based Planning, CBP)[32]则由此产生。依据使命任务要求进行能力需求分析,从而基于能力需求清单确定相应的系统功能组合,然后形成相应的解决方案[33]。图1-1所示为CBP通用过程模型[34]。

国内外学者针对体系的能力规划与分析进行了大量研究[35-36]。Caudle[37]对基于能力的规划的概念及作用进行了详细阐述;Chim[38]在美军相关应用的基础上总结基于能力的规划时,提出了一种面向澳大利亚国家安全发展的能力规划流程及方法;熊健等[39]基于体系能力空间描述模型,以规划时间和成本作为约束条件,提出一种基于多目标优化的体系能力规划方法,可定量分析能力差距;辜磊[40]等通过引入前景理论思想,基于期望效果构建S型价值函数对体系能力进行合理规划,有助于体系层的量化分析工作。综合当前体系能力分析规划方法研究,主要集中于多属性权衡空间探索(Multi - Attribute Tradespace Exploration, MATE)、多学科优化设计(Multi - disciplinary Design Optimization, MDO)和数学规划三大类,其相应特点如表1-2所列。

2. 体系能力/效能评估

体系能力/效能评估的核心问题在于如何根据体系中各组分系统的耦合交互关系构建体系层的各作战能力和系统功能的关联性,而当前系统层面的能力/效能评估方法不太适用于该问题的研究,因此基于能力的评估(Capabilities - Based Assessment, CBA)应运而生。作为基于能力的方法的另一衍生研究,CBA被美国国防部定为联合能力集成开发系统的起点,通过功能领域分析、功能需求分析和功能方案分析三个CBA通用阶段获取初始能力文档(Initial Capability Document，ICD)，为装备体系开发与建设提供理论指导[41]。国内外学者在CBA研究的基础上针对体系能力/效能评估进行了大量研究，其方法大致可分为3类，即模型解析法、仿真分析法和混合求解法。

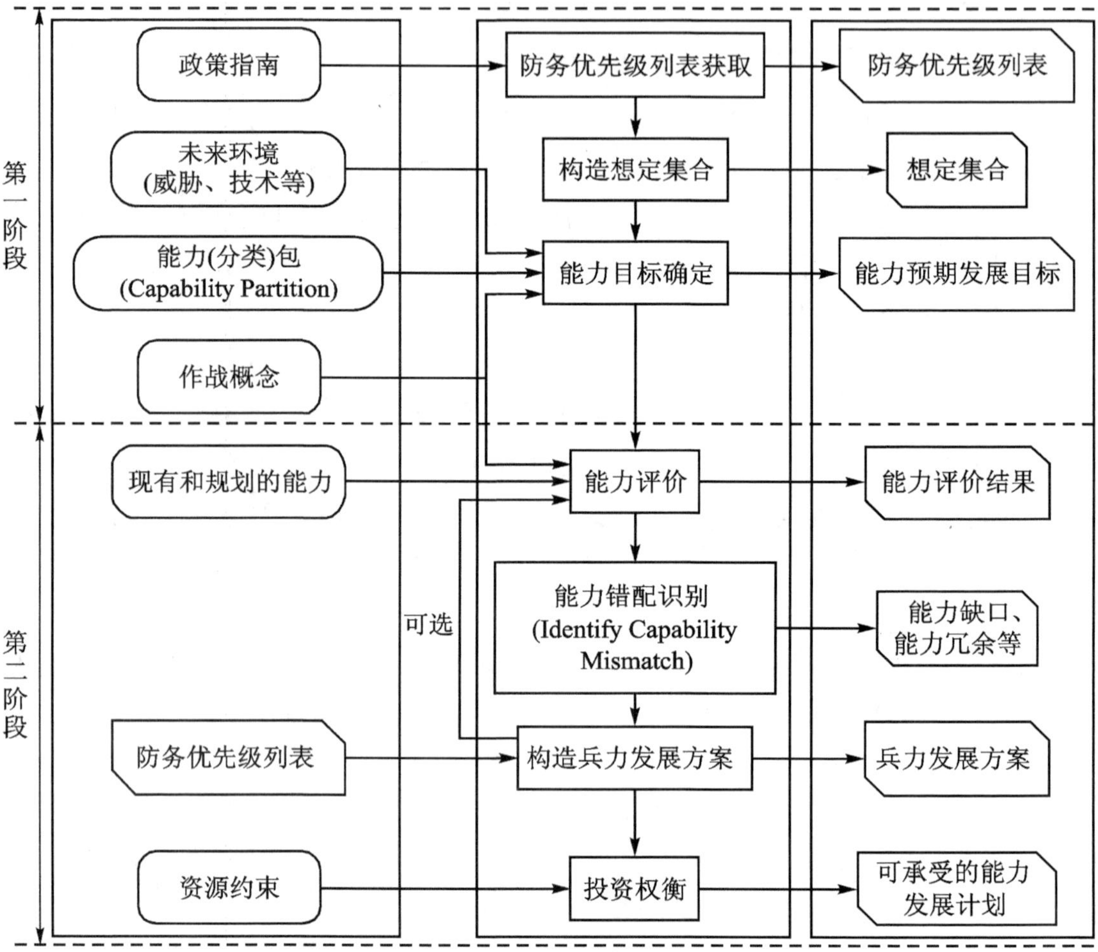

图1-1　CBP通用过程模型

表1-2　体系能力分析与规划方法特点

方　法	特　点
MATE方法	以价值为中心，通过设置属性偏好构建效用函数，提出设计变量集并形成权衡空间，从而基于给定约束条件和目标对体系能力进行合理规划
MDO方法	以体系中存在的互操作性及组分间的松耦合关系为基础，构建整体能力规划最优解模型，包括多学科可行法、单学科可行法及目标分流法等
数学规划方法	一般基于能力需求等规划目标，以时间、成本等为约束条件构建数学解析模型，对体系能力规划问题进行定量分析，其求解速度较快，适用于装备体系使命任务执行期间的实时性能力规划分析

模型解析法一般通过分解顶层目标、计算与聚合底层指标和分析顶层求解结果三个步骤对体系能力/效能评估问题予以解决[42-43]。程贲等[44]从使命任务出发，构建能力需求结构图，通过定义5种需求满足度函数对体系能力进行有效评估；Pei等[45]在此基础上构建展现能力关联性的条件置信函数，引入权重系数和因果强度构建基于改进证据网络的体系能力评估模型；梁家林等[46]针对现有装备体系结构模型与能力评估方法难以描述和量化不同装备关联性对于体系能力的影响，并考虑到任务的不确定性，提出一种作战环与信息熵相结合的体系能力评估方法；罗承昆等[47]通过构建邻接矩阵确定作战环数量，并引入改进信息熵对各类影响因素进行量化处理，从而有效评估体系效能。

仿真分析法一般以体系效能评估为目标，基于各类仿真语言搭建适用的评估环境，通过启动仿真运行获取所需的评估结果。美军从20世纪80年代就开始通过仿真方法对体系能力评估问题进行研究，开发了如联合作战系统[48](Joint Warfare System，JWARS)、联合一体化应急模型[49]等应用性较强的体系能力仿真系统。由我国国防科技大学自主研发的SIM2000仿真平台在体系效能评估方面也展现了较强的适用性[50]；Biltgen等[51]从体系使命任务出发，基于QFD分析任务与能力之间的关联性，构建基于Agent的装备体系能力仿真模型，对装备体系能力进行分析评估；黄建新[52]对作战实体的决策行为进行了较好的描述，提出一种基于线程池的Agent体系能力仿真模型，对某舰艇编队防空体系效能进行评估分析；Ender等[53]针对传统仿真模型中各元素本身保真度较低的问题，通过增加模型粒度对体系内组件系统的交互进行描述，从而构建仿真模型对弹道导弹防御系统进行效能评估。郑潇[54]通过分析体系效能对于定性定量因素的灵敏度，设计了一种体系效能仿真评估工具。

由于装备体系具有复杂性、涌现性和独立性等特点，若采用基于“分解—聚合”思想的模型解析法，那么在体系能力评估方面将存在一定局限性，而采用仿真分析法对装备体系内各元素及相互关系进行描述必然不够细致，导致仿真结果可信度不足，因此，混合求解法逐步取代上述两种方法成为体系能力/效能评估的新手段。李妮等[55]以全连接深度回归网络为基础构建能力效能评估模型，通过进化策略优化效能评估流程，结合遗传算法调整输入对体系能力进行仿真模拟评估；李兴兵等[56]通过构建多层级作战效能解析模型族，结合仿真模拟技术，提出一种基于探索性分析的体系能力效能混合评估方法；Poole[57]选取全局后悔值为体系能力评估指标，利用GRA方法构建体系效能评估解析模型，通过仿真模拟方法构造代理模型，对体系能力进行有效评估。

上述3类方法从不同角度对装备体系层的能力/效能进行评估和分析。表1-3

列举了这3类方法的优缺点，在实际运用时应根据评估需求和体系任务需求等因素确定合适有效的评估方法。

表1-3 装备体系能力/效能评估方法对比

方法	原理	优点	缺点
模型解析法	自顶向下分解构建评估指标，自底向上聚合进行评估分析	易于理解，可操作性强	对体系特性的描述不够细致，主观性较大
仿真分析法	构建多分辨率仿真模型，通过仿真模拟进行评估分析	可有效解决装备体系的结构复杂性问题，对于组件系统数量庞大的体系较为适用	对于细节的描述不够，导致仿真结果可信度不足
混合求解法	通过融合处理多种解析、仿真等方法进行评估分析	面向特定需求和对象，评估结果可信性增强	通用性和重用性较低，且实现困难

1.2.1.2 体系任务建模研究

体系由使命驱使，装备体系任务建模是进行装备体系任务成功性评估的基础，通过构建装备体系任务模型，可有效地将底层评估结果向顶层聚合，从而完成对于整体的综合评估。因此，如何构建适用性强的体系任务模型也是本书研究的重点。目前有关体系任务建模的方法主要包括：

1. 体系结构法

体系结构法从体系结构、逻辑和行为等方面的信息入手，对各组件系统间的集成关系和演化关系进行建模[58]，从而有效展现装备体系和使命任务各自的层次性以及它们之间的关联性，一般通过体系结构框架实现。在军事领域中，美军的国防部体系结构框架[59]（Department of Defense Architecture Framework，DoDAF）和英军的国防部体系结构框架[60]（Military of Defense Architecture Framework，MoDAF）具备较好的适用性，其中以美军的DoDAF最具代表性。

DoDAF主要通过构建多类型视图为决策者和指挥员提供体系及相应使命任务的可视化描述，经过多年发展，版本已升级至2.0，其用“数据”替代“产品”，将视图类型增至8个，为针对体系的相关分析提供强有力支持[61]。潘星等[62]通过构建体系任务描述的四元组，以DoDAF为基础提出一种基于活动的装备体系静态任务模型，针对航母体系典型任务进行了相应仿真分析。在此基础上，王宏宇等[63]结合体系作战中的动态性和阶段性，构建动静结合的体系任务DoDAF可执行模型，并通过仿真方法对其进行验证。高松等[64]以DoDAF中作战视角和系统视角为主构建岛礁防空反导体系任务模型及结构模型，为未来岛礁防空反导作战提供新思路。

2. 面向过程方法

面向过程方法的核心在于将建模问题向过程角度转化，通过完成各个步骤中的建模工作，从而获取全局模型。目前以IDEF[65]（ICAM Definition Method，IDEF）方法和Petri网[66]最具代表性，其中Petri网凭借其在体系使命任务动态描述方面的独特优势而得到较多应用。美国乔治梅森大学的Wagenhals等[67]首先提出用着色Petri网模型（Colored Petri Nets，CPN）对体系任务模型进行构建。Olmez[68]在此基础上结合不同场景对体系任务模型进行改进，从而实现体系任务成功性的评估分析。Wagenhals等[69]提出了一种DoDAF向CPN转换的模型转化方法，针对战区导弹防御系统构建体系任务的可执行模型。Sinclair[70]构建UML到Petri网的转换流程，提出一种基于Petri网的体系任务动态模型。Rao等[71]针对全球观测系统（GEOSS）这一典型体系的任务需求，提出一种基于UML和CPN相结合的体系任务静态模型。

3. 面向对象方法

采用面向对象方法构建体系任务模型时一般包含两个方面：一是自顶向下进行合理分解，二是自底向上进行有效整合。其中以统一建模语言（Unified Modeling Language，UML）最具代表性[58]。Michael等[72]使用UML表示的实时扩展模型（UML-RT）提出一种迭代的方法来研究体系运行的时序约束，在构建粗粒度的体系任务仿真模型的基础上，使用OMNeT++仿真引擎对某导弹防御系统的传感器组网能力进行评估分析。倪枫等[73]基于UML从双向角度对装备体系任务结构和组成结构进行了面向对象的描述，并结合DoDAF针对某战术导弹防御系统进行了方法验证。廖晶静等[74]在详细阐述SoS结构及任务建模思想的基础上，提出一种面向体系层各对象的UML建模方法并对建模过程予以总结。

4. 智能仿真方法

智能仿真方法是通过不同属性及行为方式的智能体（Agent）在事先搭建的仿真环境中自主运行来模拟装备体系执行使命任务的整个过程[15]。美军联合RAND公司和SPARTA于21世纪初便采用智能仿真方法构建使命级仿真系统SEAS（System Effectiveness Analysis Simulation，SEAS），通过对体系使命任务进行良好建模进而对体系的使用性分析评估[35]。张明智等[75-76]在此基础上进行了相应的扩展，对装备体系的“涌现性”进行了较好的描述。蔡延曦等[77]基于体系内组件系统特点分析单个Agent的内部结构，构建一种基于MAS的装备体系对抗模型，通过软件开发模拟装备体系整个任务的执行过程。屈强等[78]针对传统体系对抗 Agent 模型有效性不足的问题，采用微观与宏观相结合的分析方法，提出一种基于涌现模拟的体系对抗模型，可以更好地描述体系使命任务，增强对体系能力分析的有效性。

5. 复杂网络方法

复杂网络(Complex Network，CN)方法将装备体系看作是一个众多节点按照关联关系相互连接而构成的复杂网络。由于它所具备的相关特性(如开放性、适用性、动态性和非线性等)与体系特性相契合，因此被较好地运用于装备体系结构、任务、效能建模分析等方面[79]。Dimario 等[80]针对体系执行任务过程中产生的协同效应问题，通过构建复杂网络描述体系层任务信息。罗金亮等[81]基于复杂网络理论对作战指挥的体系结构进行良好描述，并设定不同参量对结构性能进行合理量化，从而有效分析体系任务过程中的相应行为对于整体作战效能的影响程度。明春强[82]对装备体系网络中多任务并发情况下的信息处理、信息传输等行为进行描述，提出一种布雷斯悖论与复杂网络相结合的体系任务建模方法，并对其任务完成率进行分析。为了更好地满足对体系特性和任务特性描述的需求，近年来，国内外专家基于"超网"理论开展了一系列装备体系任务建模研究[83-84]。

上述 5 类方法均可应用于装备体系使命任务及结构组成的建模研究，表 1－4 对它们的优缺点进行了总结分析。

表 1－4　装备体系任务建模方法对比

方　法	优　点	缺　点
体系结构法	以数据为中心，针对性强，涵盖面广	对数据要求高，难以解决体系任务中的不确定性问题，且缺乏性能评价手段
面向过程方法	易于理解，建模简单，可执行性强，能对体系性能进行分析	通用性和重用性较差
面向对象方法	重用性强，适用于静动态建模	对全局逻辑时序关系描述不清
智能仿真方法	适用于体系的不确定性、非线性和动态性任务建模	建模困难，计算误差不稳定
复杂网络方法	满足体系特性描述需求，求解效率高	对特征参数的设定较为困难，可信度不足

1.2.2　任务成功性评估研究

1.2.2.1　评估指标研究

在系统层面，任务成功性是装备系统在任务执行过程中运行性能优劣的一种体现。根据 GJB 451A 中对于装备任务成功性的定义可以看出[85]，任务成功性与作战适用性(即可靠性、维修性、可用性和安全性等 RMS 特性)密切相关，因此对于评估指标的选取也应基于通用质量特性进行拓展，主要集中于任务可靠度、任务成功率和使用可用度三个指标。

1. 任务可靠度

任务可靠性是指装备在规定任务剖面中完成规定功能的能力，而任务可靠度是关于任务可靠性的概率度量。其表达式为

$$R_{\mathrm{m}} = \Pr\{X > t_{\mathrm{m}}\} \tag{1-1}$$

式中，R_{m} 为任务可靠度；X 为装备寿命；t_{m} 为任务持续时间。

在装备体系执行任务期间，体系内各系统按要求运行规定的功能是使命任务顺利完成的重要保证。在不可修条件下，R_{m} 可以作为装备体系任务成功性评估的重要指标之一，在对各装备系统的任务可靠度进行求解的基础上，根据任务类型将结果整合，从总体使命任务角度评估体系层任务成功性[86]。

美国田纳西大学的 Jamshidi[87] 于 2008 年将体系可靠性列为体系工程目标之一，并将其作为体系任务成功性评估的重要指标。基于此，美国陆军装备发展中心的 Cook[88]，通过分析系统功能、平台级能力和体系级能力的关联性，构建网络型体系结构，定义容量函数对不同功能的关键性能参数(Key Performance Parameter, KPP)和对各级能力的运行水平进行描述，引入多状态可靠性理论，通过构建装备体系的多状态可靠性模型对其任务成功性进行评估。钟季龙等[89]将装备体系任务执行过程转化为多阶段系统(Phased Mission System, PMS)问题，通过求解冗余条件下基于$k/n(G)$表决模型的体系任务可靠度，对体系任务成功性进行有效分析。江式伟等[90]在利用 DoDAF 对体系结构及成员进行形式化描述的基础上，基于时间 Petri 网构建流程模型，并通过计算任务可靠度对体系任务完成情况进行分析。与此同时，乔李明等[91]结合 UML 和对象 Petri 网构建装备体系任务可靠性模型，并通过仿真运行对俄罗斯国土防空反导体系的任务成功性进行评估分析。刘斌[92]利用 DoDAF 构建装备体系任务可靠性描述模型，分析贝叶斯网络与 DoDAF 之间的映射关系，提出一种以任务可靠度为评估指标的装备体系任务成功性评估模型。

2. 任务成功率

相对于整个使命任务，大多数装备系统一般不处于全时段运行状态，因此在实际情况中，在整个使命任务执行期间，各装备系统处于间歇运行状态，存在一定停机时间。因此，在对装备体系的任务成功性进行评估时，应引入任务维修性因素，定义一种广义的任务可靠度评估指标。其表达式为

$$D_m = R_m + (1 - R_m)M_o \tag{1-2}$$

式中，D_m 为广义任务可靠度，又被称为任务成功率；M_o 为停机时间内成功维修概率。

由式(1-2)可知，当体系内各装备系统均处于不可修条件时，任务成功率退化为一般任务可靠度。装备体系的任务成功率是指不同装备系统以整个使命任务为牵引，各自在给定的任务要求下和既定的任务持续时间内完成规定功能的概率的整合。其整合过程由使命任务本身决定，但由于从系统层到体系层的整合较为困难，因此对于任务成功率的研究，虽在系统层面较为广泛，但未在体系层面进行深入扩展。对于系统的任务成功率，其成功判定条件一般由时间要求、故障频次要求和费用要求决定[86]；而对于多状态系统，还要由其运行性能水平要求决定。

Chew 等[93]提出一种考虑维修情况的任务成功率评估指标；韩小孩等[7]提出一种不完全维修条件下的任务成功率评估指标；曹文斌等[94]针对随机共因失效问题，分别提出可中断任务和不可中断任务的任务成功率评估指标；韩小孩等[95]针对装备故障规律不易获取的问题，引入云模型提出一种考虑装备技术状态的任务成功率评估指标。

3. 使用可用度

使用可用度 A_o 是指系统在给定时刻能正常工作的程度[96]。其第一种表达式为

$$\begin{aligned} A_o &= \frac{\text{能工作时间}}{\text{能工作时间} + \text{不能工作时间}} \\ &= \frac{\text{运行时间} + \text{待机时间}}{\text{运行时间} + \text{待机时间} + \text{不能工作时间}} \end{aligned} \tag{1-3}$$

第二种表达式为

$$A_o = \frac{\mathrm{MTBF}}{\mathrm{MTBF} + \mathrm{MTTR} + \mathrm{MLDT}} \tag{1-4}$$

式中，MTBF 为平均故障间隔时间；MTTR 为平均修复时间；MLDT 为平均后勤延误时间。

美军最早将使用可用度作为评估体系任务成功性的重要指标，并与 Sandia 国家实验室进行合作，针对体系层建模和分析工作进行研究，给出了体系层使用可用度的基本计算模型[97]，即

$$A_{o_i} = \frac{\mathrm{MTBF}_i}{\mathrm{MTBF}_i + \mathrm{MTTR}_i + \mathrm{MLDT}_i} \tag{1-5}$$

$$A_{o_{\mathrm{SoS}}} = \frac{1}{1 - n + \sum_{i=1}^{n} \frac{1}{A_{o_i}}} \tag{1-6}$$

该模型假设某装备体系由 n 个装备系统组成，各装备系统相互串联且运行独立，式(1－5)表示第 i 个装备系统的使用可用度，式(1－6)表示装备体系层的使用可用度。

Sandia 国家实验室以上述模型为基础，开发了 SoSAT 工具集，对装备体系的使用可用度进行仿真分析。但也指出，在装备体系实际任务执行过程中，体系内各组件系统存在一定的依赖关系，且指标聚合未必按照串联形式定义，主要由使命任务目标、内容以及体系本身结构决定。而其他有关使用可用度的研究，主要还是集中于系统层次[98-99]，但也为体系层的相关研究提供了一定思路。

综上所述，对于装备体系任务成功性评估指标的选取，必须结合体系特性、系统特性和使命任务特性三方面，通过综合分析与规划求得体系层任务成功性评估指标体系，以准确描述与评估装备体系整体的任务完成能力。

1.2.2.2　评估方法研究

目前，对装备体系任务成功性的评估方法研究主要集中于以下三类：

1. 解析法

解析法以还原论为指导，在构建体系内各组分的任务成功性模型基础上，通过严密的数学推导，按照自底向上的顺序求解体系层的任务成功性。当前大多数研究将装备体系的使命任务按阶段进行分解，从而将装备体系任务成功性评估问题转化为 PMS 问题[100]，以任务可靠性为主要评估指标，构建合理数学模型进行深入分析[101-103]。其中，以 Markov 模型[104]、Petri 网[105]、二元决策图(Binary Decision Diagram, BDD)[106-107]、多值决策图(Multi－Valued Decision Diagram, MVDD)[108]等方法应用较为广泛，但随着研究的深入，单一方法并不能很好地解决体系层的相关问题，国内外学者通过对各种方法进行综合运用，完成装备体系层的任务成功性评估，取得了不错的效果。Mura 等[109]针对 PMS 中任务过程动态可变和任务阶段转换存在依赖性的问题，对 Petri 和 Markov 进行有效融合，提出一种层次化和模块化的任务可靠性评估方法。Wang 等[110]将 BDD 与 Markov 相结合，提出在可修条件下 PMS 任务成功性评估方法。在此基础上，Shrestha 等[111]引入多态可靠性理论，对此进行了相应扩展。古莹奎等[112]将传统故障树与 BDD 相结合，引入传播失效概率，在考虑共因失效条件下进行针对 PMS 的评估与分析工作。

2. 网络法

解析法在系统描述方面具有一定优势，但在体系特性(如依赖性、涌现性等)描述方面存在一定局限性。为弥补这一缺陷，国内外学者针对基于复杂网络的体系任务成功性评估开展了相应研究[88]。钟季龙等[113]利用 BA 模型和 WS 模型对体系层不同系统间具备的随机重连和择优连接的特性进行有效刻画，构建了一种基于复杂网络的体系混合可靠性模型。Belay 等[114]依据体系结构及组分间的交联关系构建网络化体系可靠性模型，对航空作战体系的任务成功性进行评估分析。

3. 仿真法

网络法虽然可以利用复杂网络中一些特征参数（如度、距离、效率、接近度等）对体系特性进行一定描述，但在描述装备体系执行使命任务的动态过程方面存在一定不足，难以对任务特性（如时序、逻辑关系等）进行有效刻画；而仿真法在解决此类问题上具有一定优势，主要包括系统动力学仿真[115-116]、离散事件仿真[117-118]和基于 Agent 的仿真[119]。此外，许多学者对于装备体系任务成功性评估还采用基于状态空间的仿真方法[90,120-121]和基于任务流程的仿真方法[122]。

综上所述，三类评估方法的优缺点对比如表 1-5 所列。

表 1-5　任务成功性评估方法对比

方　法	优　点	缺　点
解析法	对于系统特性描述较好，计算精度高，逻辑清晰且推导过程严密	计算过程复杂，难以对体系特性进行合理描述
网络法	在体系特性描述分析方面具有优势，模型可视化程度高	在任务特性描述方面存在不足，应用受限
仿真法	满足体系动态性建模需求，可以较好描述系统层行为对于体系层的相应影响	建模困难，且存在分析误差，重用性差

1.2.3　任务可靠性评估研究

从作战适用性角度来看，在装备体系执行使命任务期间，系统功能的任务可靠性水平直接影响体系能力的发挥和任务完成的程度，因此，根据系统特性对单一装备系统及其功能模块进行任务可靠性评估，对于装备体系任务成功性评估具有指导意义。

1.2.3.1　考虑多态性的可靠性评估研究

随着装备系统结构日趋复杂，传统可靠性理论难以应对由此产生的新问题，可靠性领域著名专家 Zio 于 20 世纪 70 年代指出，多状态系统（Multi-state System）可靠性分析是解决复杂系统失效机理分析难点的重要方法之一[123]。当前，针对多态性的分析方法主要包括以下 6 种：

1. 布尔模型扩展法

布尔模型扩展法主要通过改进“二态”可靠性评估方法使其能够对“多态”特性

进行多值刻画，从而实现针对多态系统的评估与分析，但难以与时间因素相结合，缺乏动态评估能力。Ramirez－Marquez 等[124]通过改进最小路径集，提出一种基于多态最小路径集的评估分析方法；Shrestha 等[125]将 BDD 和 MVDD 相结合，对多状态系统的任务可靠性进行评估分析；周忠宝等[126]在利用多态故障树对系统状态进行详细刻画的基础上，结合贝叶斯网络对多态系统可靠性进行评估。

2. Markov 法

Markov 法通过对多状态系统及其部件的状态转移过程进行动态描述，从而求解系统及其部件处于各运行性能水平的概率函数。Markov 法在多态系统可靠性评估分析中应用较为广泛[127-128]，国内外学者也在此基础上针对不同问题对 Markov 模型进行改进。针对系统部件间存在相关退化问题，Jain 等[129]提出一种部件自身退化和相关退化综合效应量化方法，结合 Markov 过程进行可靠性分析；针对系统状态无法被准确观测的问题，隐 Markov 过程[130]被提出并引入到多态系统的可靠性评估中；为克服利用 Markov 过程分析时故障分布函数类型单一的局限性，史跃东等[131]提出一种非指数分布条件下基于半马尔可夫过程的多态系统可靠性评估方法。

3. 通用生成函数法

通用生成函数(Universal Generating Function, UGF)法基于直观简单的递归过程，为多状态系统运行性能状态枚举提供一种思路，通过设置矩母函数并引入通用生成算子，基于 z 变换对多状态系统可靠性进行评估分析[132-133]。Li 等[134]在对发电系统中各部件进行 UGF 建模的基础上，引入乘法型合成算子求得整个多态系统的 UGF 模型，从而计算其可靠性指标；史跃东等[135]在可修复条件下基于通用生成函数对舰船装备进行可靠性评估，并给出稳态和瞬态两种分析结果；针对多态系统结构不确定性问题，Dong 等[136]基于区间灰数对传统 UGF 方法进行适用性改进，通过定义广义通用生成算子和函数，确定系统结构，并对其可靠性进行分析评估。

4. 贝叶斯法

贝叶斯法[137]主要通过构建基于概率关系的有向图对多状态系统可靠性进行不确定性因果推理，即通过贝叶斯网络和条件概率表对多状态系统可靠性进行分析评估[138]。为增强贝叶斯网络的不确定性推理能力，Zhang 等[139]、Zhai 等[140]和陈东宁等[141]引入模糊理论对贝叶斯网络进行适用性改进；Collette 等[142]引入时间参量对传统贝叶斯网络进行动态改进，从而实现针对“多态”特性的动态评估分析。

5. 随机仿真法

随机仿真法主要用于系统状态转移过程无法由解析函数求解的情况，其中以蒙特卡洛仿真[143]和随机 Petri 网[144]最具代表性，但其评估结果为近似解，在可信度方面略显不足。Zio[145]对蒙特卡洛仿真用于多态系统可靠性评估的研究现状进行了总结和归纳，赵渊等[146]在此基础上利用交叉熵法对传统蒙特卡洛方法进行收敛性优化，提出一种多态系统可靠性评估方法；张新菊等[147]引入自适应模糊推理算子改进着色 Petri 网，动态刻画多状态系统的相应状态信息，从而有效评估其动态可靠性。

6. GO 法

GO 法以成功为导向，将多态系统可靠性评估问题分解为若干事件，通过构建各事件的 GO 模型按照既定流向对系统各状态的概率函数进行求解分析，可以较好地描述动态过程。Fan 等[148]将 GO 法与贝叶斯网络相结合，对多态系统可靠性进行有效评估；王任泽等[149]针对多态系统中各部件间的共因失效问题，提出一种基于 GO 模型的可靠性评估新算法；孙凌宇等[150]通过将 Markov 模型与 GO 法相结合，提出一种针对水位监测系统的多态可靠性分析新方法。

1.2.3.2　不确定性条件下的可靠性评估研究

在任务执行过程中，装备系统的运行环境复杂多变，相应退化数据获取较为困难，导致在对装备系统任务可靠性进行评估时存在一定不确定性[151]，即客观存在的随机不确定性（系统本身缺陷造成）和主观造成的认知不确定性（专家经验不完备引起）。国内外学者针对这一问题，开展了广泛的研究，其技术方法主要包括 5 类：

1. 区间理论

Wang 等[152]引入 Smolyak 算法与区间理论相结合，对系统退化参数的认知不确定性问题进行分析求解；马东娟等[153]将区间理论引入非概率可靠性模型中，对某型断路器进行应用分析；针对实际工程问题，李晓霞等[154]通过对臂架强度、刚度和稳定性三个参量进行区间化处理，得到一种结构非概率可靠性评估模型，对起重机可靠性进行有效分析。

2. 模糊数学

Gorkemli 等[155]通过分析系统中各部件的层次结构，将模糊数学与贝叶斯网络相结合，评估与分析不确定性对于一般系统在运行期间的相应影响，在此基础上，米金华等[156]将模糊数学与区间理论相结合，构造部件概率的区间三角模糊数，并通过构建不确定性条件下的贝叶斯网络开展针对多态系统的评估分析工作；王海朋等[157]引入灰色理论对模糊数学中的隶属度函数进行改进，从而有效量化系统不确定性并结合贝叶斯网络开展针对复杂不确定系统的研究工作。

3. 证据理论

Khalaj 等[158]在制定风险准则和构建评估矩阵的基础上，结合证据理论提出一种基于风险的不确定系统可靠性评估方法；Shah 等[159]在引入 NIPC 对传统证据理论进行改进的基础上，提出一种随机与区间变量并存的不确定性量化方法，对复杂系统可靠性进行有效分析；王思辰等[160]将遗传算法、Copula 函数与证据理论三者相结合，对极值求解和参数相关性计算进行适用性改进，提出一种混合不确定条件下的可靠性分析方法。

4. 随机集

Tonon[161]利用随机集对机械系统中参数的不精确性和不一致性进行处理，对其结构可靠性进行分析；郭惠昕等[162]利用随机集原理对系统状态函数进行了混合不确定性量化和描述，对复杂系统可靠性进行区间估计；侯赞[163]提出一种基于随机集理论的多源异类不确定性信息描述建模方法，并基于证据理论的组合规则对电力系统运行可靠性进行评估分析。

5. 概率盒

Schobi 等[164]将自适应试验设计与 Kriging 元模型相结合，构建基于概率盒的双层级可靠性模型，在有限运行次数约束下对不确定性条件下的系统可靠性进行采样式分析；Zhang 等[165]引入降维 SQP 方法构造概率盒，减少了构造过程的计算量，完成了对认知不确定性条件下系统可靠性的分析；刘海波[166]针对多失效模式下的不确定性问题，引入相关系数矩阵提出一种基于改进概率盒的系统可靠性分析方法，提高了计算效率。

综合上述两个方面的研究现状来看，装备系统在性能退化方面普遍具备多态性和不确定性，相应的研究成果也较为丰富，但同时考虑两种特性对系统可靠性影响的相关研究较少，需要在前人研究的基础上对此进行深入分析，这有助于丰富系统层任务可靠性评估理论，为体系层任务成功性评估提供一定支撑。

1.3 目前装备体系任务成功性评估存在的问题

通过前面对国内外装备体系任务成功性评估研究现状的分析，现阶段装备体系任务成功性评估存在的问题主要表现在以下三个方面：

1. 装备体系任务成功性评估缺乏科学合理的理论支撑

目前，国内外对于任务成功性评估研究主要集中于系统层面，面向装备体系层进行的针对性研究较少，缺乏对装备体系任务成功性评估研究在作战适用性和作战效能相结合条件下的整体考虑。为有效应对未来体系化战争带来的严峻挑战，有必要针对装备体系任务成功性评估研究提出科学合理的研究思路，为发现装备体系任务执行中的薄弱环节和实现针对装备体系的精准维修保障提供理论支撑。

2. 装备体系任务成功性评估缺乏适用性强且有效的技术方法支持

目前，面向装备体系层的研究大多集中于体系需求分析与结构建模、体系能力规划与评估、体系优化等方面，而仅有的面向装备体系层的任务成功性评估方法研究中，大多受限于系统层的相关研究，没有很好地将系统特性和体系特性结合在一起。对于装备体系而言，作战能力是任务成功的重要保证，而作战能力的实现离不开系统功能的良好运行，因此，需针对体系层特性和系统层特性对评估方法进行合理选择与扩展。

3. 装备体系任务线程建模与仿真研究不够深入

体系由使命驱使，装备体系的任务线程建模与仿真是进行装备体系总体任务成功性评估的基础。当前相关研究没有针对装备体系使命任务进行整体分析，所建模型较为简单，一般将使命任务划分为若干阶段，无法体现装备体系使命任务的任务特性（如时间重叠、优先级等）。因此，有必要针对装备体系使命任务的具体任务特性开展任务线程建模与仿真研究，为科学合理地进行装备体系总体任务成功性评估提供支撑。

1.4　主要思路与内容

针对目前装备体系任务成功性评估存在的问题，本专著从作战适用性与作战效能相结合的角度出发，以装备体系和使命任务为研究对象，综合运用随机过程、概率论、任务仿真建模等理论与技术，在分析装备体系任务成功性评估基本理论的基础上，构建了装备体系任务成功性评估框架；针对系统功能模块在运行性能退化过程中普遍具备的“多态”和“认知不确定”特性，开展了考虑性能退化特性的系统功能层任务可靠性评估；针对装备体系任务执行期间存在的运行依赖性问题，进行了基于运行依赖性的作战能力层任务成功性评估；针对装备体系总体任务成功性评估需要，成功实现了基于多层级使命任务线程的总体任务成功性评估。

第 2 章　装备体系任务成功性评估框架构建

针对装备体系任务成功性评估基本理论缺乏系统性研究的问题，本章重点对装备体系及任务成功性的概念、评估逻辑梳理等进行阐述，在此基础上，分析与归纳装备体系任务成功性评估的关键问题，建立相应的适合于体系任务成功性评估工作的整体研究框架，为开展装备体系任务成功性评估奠定基础。

2.1　概念剖析

2.1.1　装备体系的定义

国内外学者针对体系和体系工程的诸多方面进行了大量研究，但对于体系本身，不同领域的专家学者提出了不同的定义，在某种程度上存在一定争议，尚没有一个明确的、统一的解释。

装备体系属于体系在军事领域上应用的一类，国外一般对此不作明确区分，美国国防部（DoD）和英国国防部（MoD）都将体系的概念纳入到军事领域上来，并通过各自的结构框架 DoDAF 和 MoDAF 对军用体系进行详细的建模工作[167]。国内虽然对此进行一定分类，但未能给出统一的定义。不同专家学者对装备体系的概念提出了各自的解释：

① 美国国防部指出，系统是为完成既定目标而将一组要素集成在一起的有机整体，而任务能力是指在一定的标准和条件下，通过多种方式和手段来完成任务达到预期效果的能力，体系则是由独立系统集成的发挥特定任务能力的系统集合[168]。

② 美参联会主席在《联合能力集成与系统演化》（*Joint Capabilities Integration and Development System*，JCIDS）[169]中对体系进行如下定义："体系是为提供既定能力而集成在一起的相互依赖的系统集合，其中体系所发挥的能力是任何单一组成系统单独运行时所不能实现的，任何单一系统的损失会降低体系的性能或能力。"

③ Caffall 和 Michael[170]认为，体系是新旧系统的融合，提供了比体系内任何

单个系统更强的军事能力。

④ 刘斌[92]将装备体系的概念分为两大类：一类为一个国家或军兵种所拥有的武器装备的总和，另一类为由作战任务驱使形成的功能上相互关联的装备系统的集合。对装备体系进行了如下定义：“为有效发挥作战效能，由功能上相互联系和性能上相互补充的各种武器装备系统按照一定的体系结构集成的高层次的系统。”

⑤ 潘星等[62]将装备体系定义为：“根据军事需求、经济和技术可能，由一定数量和质量相互关联、功能互补的多种装备，按照装备的优化配置和提高整体作战能力的要求，综合集成不同类别、结构和规模的装备的有机整体。”

从上述学者对军用体系的定义可以分析得出装备体系应具备以下特点：

一是装备体系由使命任务驱使，不受国家或军队装备现有编制体制影响，是为了完成特定使命任务或作战目标，将不同的装备系统按照一定的网络形式集成的高层次系统。

二是装备体系的作战能力由其组成装备系统的各功能相互作用而实现。各装备系统均包含一项或多项功能，各装备系统在运行其相应功能的同时相互配合，从而形成满足体系使命任务要求的各项作战能力，确保使命任务的顺利完成。这种由现有系统功能产生体系作战能力的过程，也体现了装备体系的“涌现”特性。

三是装备体系内各装备系统在使命任务执行过程中存在运行依赖，体系内各装备系统具备运行和管理上的独立性，任一装备系统在脱离体系后仍可以继续工作，但体系的使命任务不是任何单一组成系统独自运行可以完成的，必须互相配合、互相协作形成体系级的作战能力。因此，在各装备系统相互作用的同时，必然会产生运行上的依赖性，某一系统功能的降级或故障会影响其他系统功能或体系作战能力的运行状态，而任一作战能力的降级或丧失必然影响装备体系整体的任务成功性。

四是装备体系具备层次化和网络化特征。涂刚等[114]将装备体系分为体系、系统和单元三层，并构建描述各层信息交互及资源共享等活动的网络化结构模型。张维明等[12]将体系的基本要素总结为使命任务、平台单元或设施和信息网络，因此本章接下来按照“体系由使命驱使”的原则，依据系统功能和作战能力的相互关系对装备体系的使命任务进行合理分解、划分不同层级，将各层级中的元素采取特定的网络结构进行连接，展现其相互作用关系，从而对装备体系的任务成功性评估问题进行分析。

综上可知，装备体系主要由异构装备系统组成，通过不同装备系统发挥不同功能配合实现不同作战能力，从而保证使命任务的高效完成。其规模可大可小，装备系统的数量多少并不是装备体系的判定依据，例如在航母装备体系的一次进攻作战使命任务中，虽然最终的进攻由攻击机发起和完成，但完成整个使命任务离不开电子侦察机、预警机、空中加油机、巡洋舰、航母指挥控制塔台等不同装备系统的相互配合和支持，一般还需要侦察卫星系统的介入。因此，本文将装备体系作如下定义：

定义 2.1　装备体系是指为完成使命任务，将功能上相互依赖、运行上相互独立的各类装备系统以松耦合的形式聚合起来，通过各系统间的协同配合提供所需作战能力的更高层次网络化复杂系统。因此，装备体系可表示为

$$\mathrm{SoS}=\{S_1,S_2,\cdots,S_{n_s}\} \tag{2-1}$$

其中，SoS 表示某装备体系；S_i 表示装备体系中所包含的第 i 个装备系统，$i=1,2,\cdots,n_s$。

此外，每个系统一般具备多项功能，系统功能通过选取关键性能参数（KPP）来描述，一般分为 7 类，包括指挥控制 KPP、战场空间感知 KPP、机动 KPP、火力 KPP、通信 KPP、防护 KPP 及辅助 KPP，假设装备系统 S_i 具备 n_i^f（$n_i^f\leqslant 7$）种功能，则其相应功能模块集合可表示为

$$F_i=\{F_1^i,F_2^i,\cdots,F_{n_i^f}^i\} \tag{2-2}$$

2.1.2　装备体系任务成功性的定义

美国国防部在体系层面进行装备采办和研制时，通常从用户需求出发，结合体系不同使命任务，分析得出相应的关键作战问题（Critical Operational Issues，COI），制定关键作战问题准则（Critical Operational Issues Criteria，COIC），从而在体系形成初期完成相应作战效能测度（Measures of Effectiveness，MOE）与作战适用性测度（Measures of Suitability，MOS）建模，并以此为依据构建适合装备体系的相应性能测度（Measure of Performance，MOP）模型，对装备体系的作战能力进行有效评估与分析，从而优化与改进当前体系以满足现代战场需要。在此基础上，闫旭将体系任务成功性定义为：装备体系在作战任务规定的任务剖面中，完成体系任务的能力，是在保障体系的保障作用下，完成特定使命任务的能力，反映了装备体系持续正常工作的能力[15]。在进行任务成功性评估时，将体系根据作战任务和装备系统类型分解为若干组分，通过分析评估各组分的任务成功性并对其进行叠加，得出体系的任务成功性评估指标及相应结果。

而对于装备体系而言，对其进行任务成功性评估不能仅仅是各装备系统或体系组分的简单叠加，必须考虑使命任务执行期间各装备系统在运行上的相互依赖关系。因此结合 GJB 451A[85]对于装备系统任务成功性的定义，本文将装备体系的任务成功性作如下定义：

定义 2.2　根据装备体系的使命任务要求，考虑系统功能与作战能力之间复杂运行依赖关系的影响，体系内各装备系统在各自开始执行任务时均处于可用状态的情况下，在体系使命任务规定的任务剖面中的任一(随机)时刻，保证装备体系能够正常运行且能完成规定功能的能力。

2.2　评估逻辑梳理

2.2.1　装备体系使命任务分解

体系由使命驱使，针对装备体系进行的各项研究工作，须以装备体系的具体使命任务为基础；但由于体系使命任务宏观性、笼统性和模糊性的存在，底层作战单元在理解和执行上存在一定局限性，因此使命任务的合理分解与详细描述显得尤为重要，也是决策者在体系层必须进行的首要工作。从而以此界定底层执行单元执行具体任务的行为边界，明确装备体系与使命任务之间的对应关系，为相应的任务成功性评估工作提供研究思路，而在对装备体系任务成功性评估指标及流程进行规划之前，需对装备体系的使命任务进行分解。

使命任务的分解方法多种多样，包括按目标分解、按区域分解、混合分解[171]等。下面按照《美陆军通用任务清单》对任务的相应定义，结合 2.1 节对于装备体系和任务成功性的相应定义，基于系统功能聚合形成作战能力的体系构建原理，将装备体系的使命任务按照自顶向下的顺序划分为作战使命、作战行动和作战任务三个层级，如图 2-1 所示。

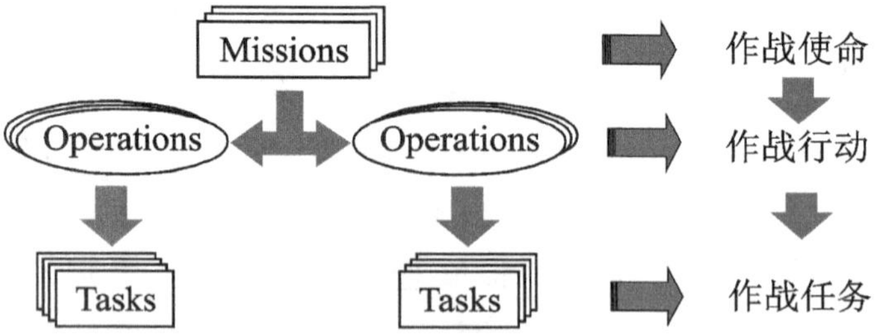

图 2-1　装备体系各层任务间的关系

1. 作战使命

某级或区域指挥员所接受的本级或本域作战任务可定义为作战使命，用 Mission 表示，直接体现上级意图，例如航母装备体系担负的进攻作战使命、防御作战使命等。此外，同一作战使命可向下分解为若干作战行动，同一装备体系可担负多项作战使命。假设装备体系 SoS 共担负 n 项作战使命，那么可表示为

$$\mathrm{MT} = \{\mathrm{Mission}_1, \mathrm{Mission}_2, \cdots, \mathrm{Mission}_n\} \tag{2-3}$$

其中,MT 表示装备体系 SoS 所担负的总体使命任务。

2. 作战行动

作战行动是使命任务分解中的中介任务结点,用 Operation 表示,反映作战使命的不同作战目标,如航母装备体系的进攻作战使命包含目标探测、火力毁伤等具体作战行动,辅助建立使命分解和细化思路。作战行动执行成功的重要标志是参与该作战行动的各装备系统通过运行各自的功能模块相互配合形成满足要求的作战能力。作战能力是指装备体系通过一定措施和方式的组合,在规定条件下按照规定标准执行一组作战任务并完成规定作战行动且实现期望效果的能力。假设作战行动$\mathrm{Operation}_i$ 共实现 n_i^c 项作战能力,那么其相应作战能力集合可表示为

$$C^i = \{C_1^i, C_2^i, \cdots, C_{n_i^c}^i\} \tag{2-4}$$

假设作战使命 $\mathrm{Mission}_j$ 共包含 n_j 个作战行动,那么作战行动集合可表示为

$$\mathrm{Operation}^j = \{\mathrm{Operation}_1^j, \mathrm{Operation}_2^j, \cdots, \mathrm{Operation}_{n_j}^j\} \tag{2-5}$$

此外,同一作战行动可以继续向下分解成若干作战任务,同一装备系统可担负多项作战行动,在不同作战行动中运行的功能模块可能有所区别。

3. 作战任务

作战任务是无法进一步分解的最小任务,用 Task 表示,由体系中各装备系统的功能模块单独或协同承担并执行,可作为装备体系使命任务的任务单元,即基本任务单元。不同作战行动包含一系列需要各装备系统各自执行的作战任务,例如在航母装备体系的目标探测作战行动中,侦察卫星系统与电子侦察机配合完成航空巡逻、信息通信和航天侦察等作战任务,其本质就是各装备系统的不同功能模块在作战行动中进行的相应使用活动。各作战任务执行成功的重要标志是参与该作战任务的系统功能模块在规定时间内保持良好运行不停机,且相应运行性能水平满足任务要求。假设作战行动 $\mathrm{Operation}_k^j\,(k=1,2,\cdots,n_j)$包含 n_{j_k} 个作战任务,那么可表示为

$$\mathrm{Task}^{j_k} = \{\mathrm{Task}_1^{j_k}, \mathrm{Task}_2^{j_k}, \cdots, \mathrm{Task}_{n_{j_k}}^{j_k}\} \tag{2-6}$$

此外,同一装备系统可在同一作战行动中执行多项作战任务。

2.2.2 整体分析

梳理装备体系任务成功性评估逻辑的目的是为了以使命任务分解为基础提出各层任务的评估指标,进而规划任务成功性评估流程,对装备体系的任务完成能力进行有效评估。装备体系由使命驱使,并通过各装备系统相互协调与配合完成不同任务。Helm[172]指出,在对装备体系作战适用性(MOS)和作战效能(MOE)进行

分析评估时，应根据总体使命任务提出相应的关键作战问题(COI)，按照任务层级对 COI 进行相应分解，得到各层任务的子 COI，由各层 COI 得到相应的任务属性和期望效果等，最终使得装备体系的 MOS 和 MOE 与装备系统的 MOP 相关联。根据上节对于装备体系任务成功性的定义，本节结合该文献所提出的研究思路，从作战适用性和作战效能相结合的角度出发，重点考虑装备体系中存在的各类运行依赖关系，对装备体系的任务成功性进行评估分析。图 2－2 为装备体系任务成功性评估逻辑梳理过程，左侧为分解过程，右侧为分析评估过程。

对于装备体系任务成功性评估，其评估逻辑为“指标规划—评估规划—评估运行”。在指标规划阶段，首先将复杂的装备体系使命任务进行分解细化，得到各层任务集合，并构建装备体系内各系统和各功能模块与各层任务的关联性，得到各层任务的任务成功性评估指标；在评估规划阶段，从作战适用性与作战效能相结合的角度出发，根据各层任务的目标和期望效果，确定各层任务的相应任务要求，并明确体系内各类运行依赖关系，构建运行依赖网络，结合使命任务分解结果构建装备体系总体任务线程；在评估运行阶段，以装备体系总体任务线程为基础，以系统功能模块的任务可靠性评估结果和作战能力的任务成功性评估结果为依据，通过仿真实验对装备体系的总体任务成功性进行有效评估。

2.2.3 装备体系任务成功性评估规划

装备体系通过各装备系统运行所需功能模块并相互配合，形成任务所需的作战能力，从而完成所赋予的使命任务，也就是说，系统功能通过实现作战能力服务于总体使命任务。因此，作战能力的高低是评估装备体系任务成功性的重要依据，装备体系任务成功性评估基本问题可转化为考虑手段和方式、期望效果(与目的达成有关的“成功要素”)、任务及要求等要素，确定“谁”、“什么”、“为什么”和“如何”的基本问题。从使命任务的角度来说，评估指标应聚焦于对效果的评估，即衡量任务执行得有多好，期望效果实现到多好的程度；而从体系和系统的角度来说，其重点则是从功能性和技术设计角度来评估体系中各装备系统的相应功能可实现“多大/多强”的作战能力，如图 2－3 所示。

以装备体系使命任务的 COI 和子 COI 规划为基础，对使命任务进行分解，形成作战使命、作战行动和作战任务三层任务，通过关联各层任务的任务属性，从而对各层任务的任务成功性指标进行规划，具体如下：

1. 作战使命的任务成功性指标规划

装备体系的使命任务可根据总体目标转化为顶层 COI，由顶层 COI 分解得到若干一级子 COI，即若干作战使命，作战使命的期望效果则由对应的子 COI 确定。

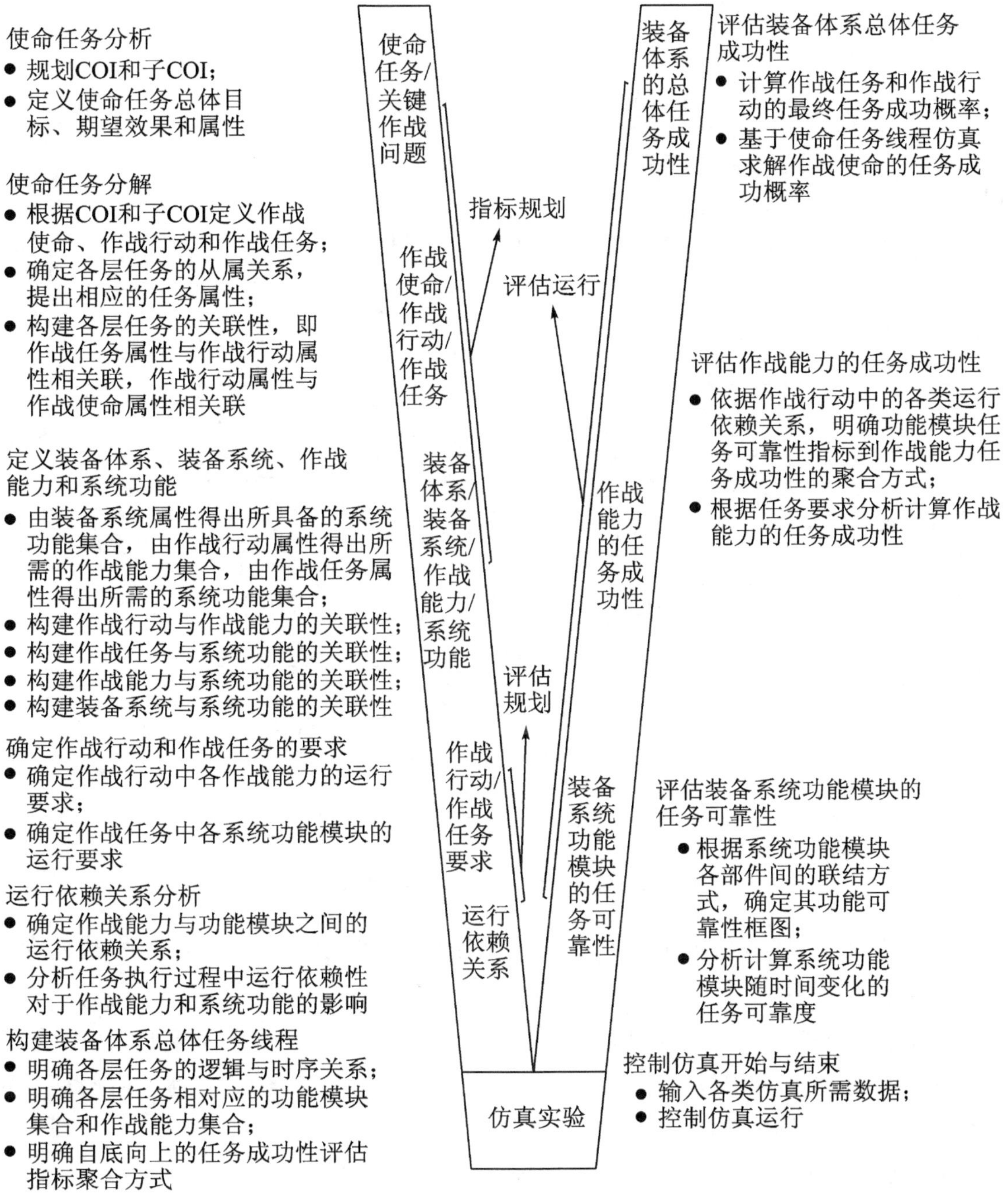

图 2－2　装备体系总体任务成功性评估逻辑梳理过程

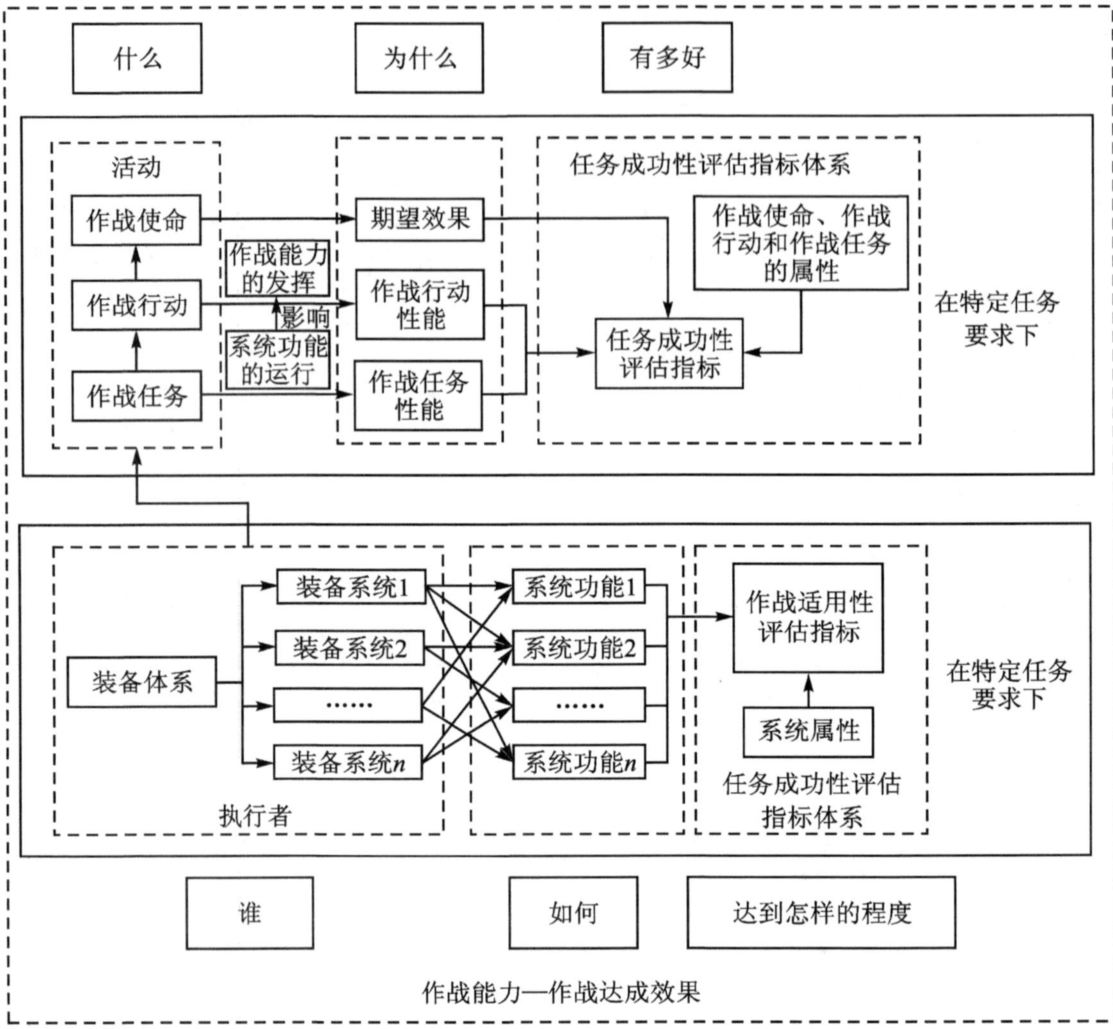

图 2－3　装备体系任务成功性评估指标规划框架

对于决策者而言，作战使命成功被执行为期望效果，期望效果的达成与作战使命的任务性能密不可分，而任务性能是作战使命任务属性的体现。为了达到这一期望效果，其所属的作战行动均需被成功执行，使得其任务性能满足任务要求，因此，作战使命的任务属性与作战行动的任务属性产生关联，其任务成功性评估指标受两者之间关联性的影响，如图 2－4 所示。

2. 作战行动的任务成功性指标规划

由作战使命可以分解得到若干二级子 COI，即若干作战行动，作战行动的期望效果则由对应的子 COI 确定，对于决策者而言，作战行动成功被执行为期望效果，期望效果的达成与作战行动的任务性能密不可分，而任务性能是作战行动任务属性的体现。为了达到这一期望效果，一方面其所属的作战任务均需被成功执行，另

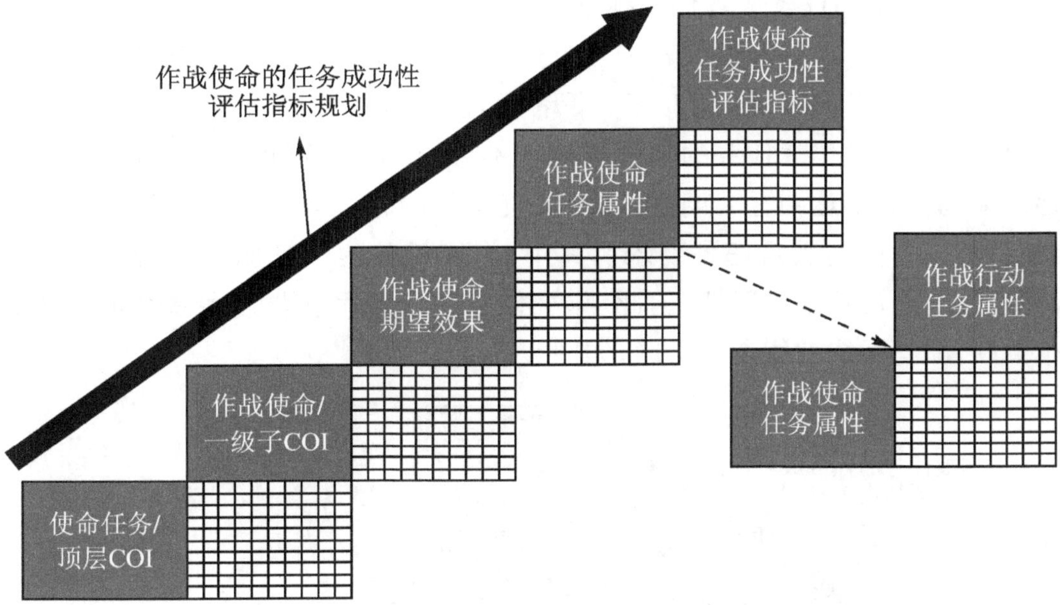

图 2-4　作战使命的任务成功性评估指标规划过程

一方面相应的作战能力均需发挥应有的作战效果,使得其任务性能满足任务要求。其中,作战行动的任务属性可转化为作战行动的作战能力,作战能力的发挥受系统功能的影响,而系统功能模块为作战任务的执行者,因此,作战行动的任务属性与作战任务的任务属性产生关联,其任务成功性评估指标受两者之间关联性的影响,如图 2-5 所示。

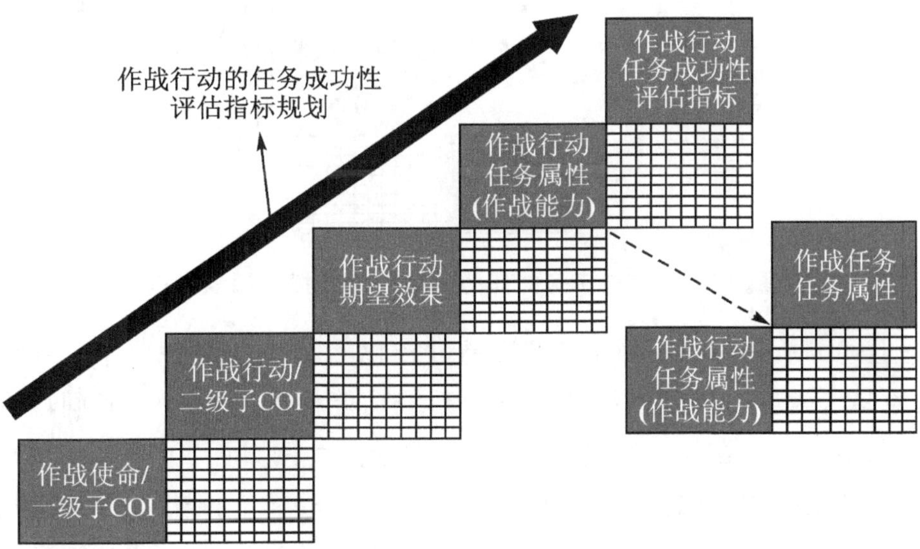

图 2-5　作战行动的任务成功性评估指标规划过程

3. 作战任务的任务成功性指标规划

由作战行动可以分解得到若干三级子 COI,即若干作战任务,作战任务的期望效果则由对应的子 COI 确定,对于决策者而言,作战任务成功被执行为期望效果,期望效果的达成与作战任务的任务性能密不可分,而任务性能是作战任务的任务属性的体现。为了达到这一期望效果,负责执行的相应系统功能模块均需正常运行,使得其任务性能满足任务要求。其中,作战任务的任务属性可转化为系统属性,而系统功能反映系统属性,因此,作战任务的任务属性与装备系统的系统属性产生关联,即与系统功能产生关联,如图 2-6 所示。

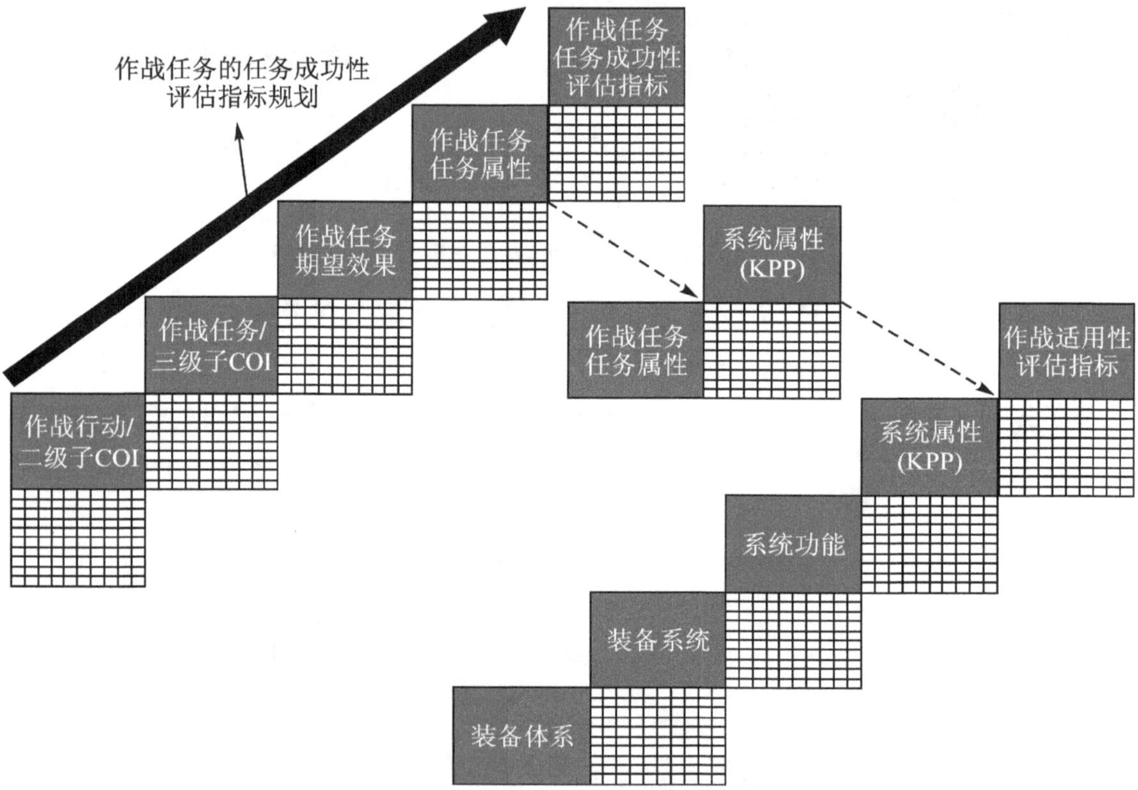

图 2-6　作战任务的任务成功性评估指标规划过程

根据上述分析,各层任务的期望效果可转化为相应的任务要求。在作战任务层,其任务要求为参与执行该任务的不同系统功能模块均在规定时间段内保持良好运行状态不停机。在作战行动层,其任务要求分为两方面:一是从属的所有作战任务必须在规定时间段内均被成功执行,二是相应的作战能力均需达到期望的作战效果。在作战使命层,其任务要求为从属的所有必要作战行动必须在规定时间段内均被成功执行。综上,根据各层任务属性的关联性,结合装备体系任务成功性的定义,考虑体系内运行依赖性的相应影响,构建装备体系任务成功性评估指标体系，如图 2-7 所示。

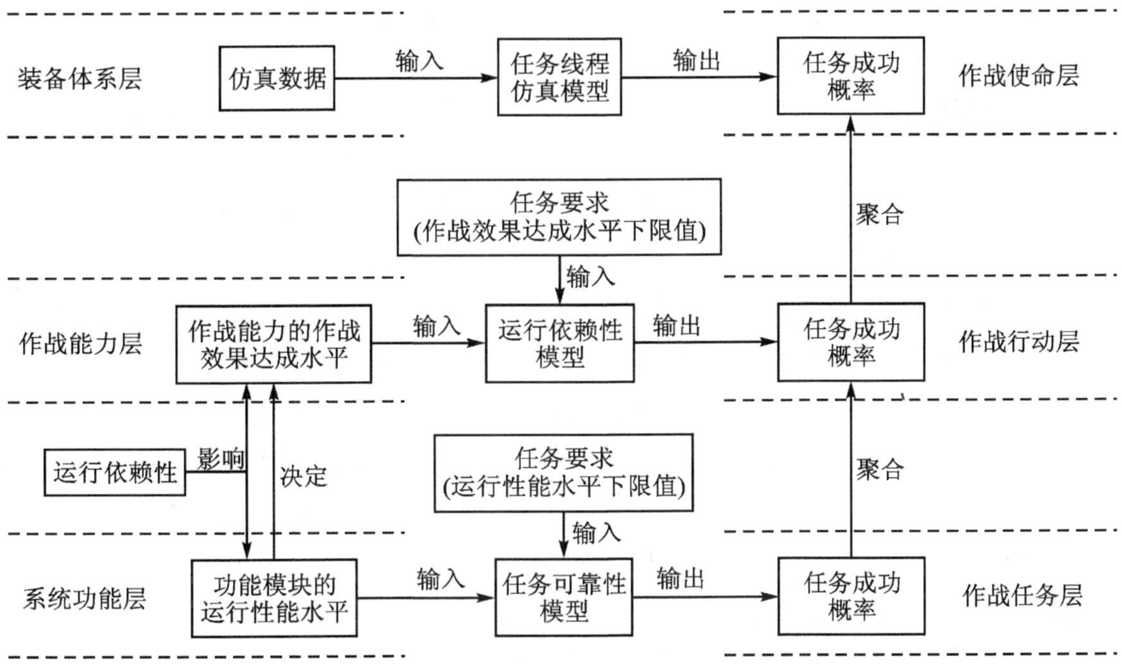

图 2-7　装备体系任务成功性评估指标体系

装备系统运行所需功能模块来保证作战任务的完成，从作战适用性和作战效能相结合的角度，通过分析功能模块的任务可靠性，以判断功能模块的当前运行性能水平能否满足其任务要求为依据，计算作战任务的任务成功概率，从而评估作战任务层的任务成功性。在运行依赖关系的影响下，不同系统功能通过协同配合形成所需作战能力来保证作战行动的完成，以判断所需作战能力的作战效果达成水平能否满足其任务要求为依据，计算作战行动的任务成功概率，从而评估作战行动层的任务成功性。装备体系需完成作战使命所包含的所有作战行动和作战任务来保证整个作战使命的完成，通过构建装备体系任务线程仿真模型并运行，将各层任务的任务成功概率结果按照一定原则向上聚合，得到作战使命的任务成功概率，从而评估作战使命层的任务成功性。

由上可得，对于装备体系任务成功性评估，评估指标规划需从使命任务角度考虑，按照作战使命层—作战行动层—作战任务层的顺序，通过对同层任务属性与任务性能之间、异层任务属性之间进行关联来完成；评估结果获取（即评估流程）则应从体系和系统角度考虑，按照系统功能层—作战能力层—装备体系层的顺序，从系统功能模块的任务可靠性分析开始，结合运行依赖性，通过运行装备体系任务线程仿真模型，将下层任务的任务成功概率依次向上聚合来完成。

2.3 关键问题分析

上节梳理了装备体系任务成功性的评估逻辑，但当前已有的理论研究不足以支撑完成本节所提出的评估工作，因此，为了更好地开展装备体系任务成功性评估研究，在上述分析的基础上，下面将进一步对研究中的关键问题进行有效分析，从而为后续章节研究奠定坚实的基础。

1. 系统功能层的任务可靠性评估

现有大多数可靠性评估模型一般以系统为研究对象，评估部件运行性能状态对系统整体可靠性的影响，而对于系统及其部件的运行性能状态而言，一般认定为“二态”，即完好状态和失效状态。但实际情况并非如此，系统及其部件在从完好状态到失效状态的整个退化过程中一般经历多个中间状态，即运行性能水平降低但仍能继续工作，仅用“二态”可靠性理论对装备体系中不同系统的功能模块进行任务可靠性评估可能存在误差，应结合装备系统的“多态”特性对此进行分析。

随着装备系统的复杂性逐步提高，相应功能模块及其部件的失效数据量较小，无法获取精确数据值，而只能表示为区间数的形式，导致退化参数具有一定的认知不确定性，可能对系统功能层任务可靠性评估产生一定影响，在开展相应研究工作时必须予以考虑。

2. 作战能力层的任务成功性评估

作战能力由体系内各装备系统的不同功能模块协同配合而形成，因此，这就导致各功能模块在运行期间，其是否运转正常在一定程度上取决于其他功能模块当前的运行状态或运行输出结果，即功能与功能之间、功能与能力之间以及能力与能力之间存在运行依赖性，体系内任一功能的故障或降级和能力的丧失或下降都会对体系内其他功能或能力的运行水平产生一定影响。因此，在作战能力层进行任务成功性评估时，必须针对由使命任务产生的运行依赖性进行深入分析，构建适用的运行依赖网络。

现有对装备体系运行依赖性的分析研究，仅考虑了其他功能模块运行性能水平变化或作战能力、作战效果达成水平变化对目标功能模块或作战能力运行水平的影响，而实际上，目标功能模块或作战能力当前自身的运行水平同样影响其完成任务的效果。因此，在开展相应研究工作时，必须对此予以考虑，从而保证作战能力层任务成功性评估的准确性和有效性。

3. 装备体系任务线程建模仿真与总体任务成功性评估

当前，关于体系任务线程和任务模型的研究，对体系使命任务的复杂性分析深入程度不足，虽对体系使命任务进行分解并划分层级，但一般假设各层任务的相应特性基本一致，研究重心主要集中于体系内各装备系统的系统特性。本节通过装备体系使命任务分解，得到作战使命、作战行动和作战任务三层任务。各层任务均由上层任务驱动，所包含的任务要素均有不同，所具备的任务特性必然也有所区别，需根据实际情况选取合适的建模方法进行深入分析。

系统功能层与作战任务层相对应，作战能力层与作战行动层相对应，在构建各层任务的任务线程时，必然应对系统功能层和作战能力层的相应特性予以考虑，将其转化为作战任务和作战行动的相应任务特性并深入分析，以所构建的装备体系任务线程模型为基础，通过仿真实验实现从各层评估结果到作战使命层的聚合，得到装备体系的总体任务成功性评估结果。

2.4　整体评估框架构建

围绕装备体系任务成功性评估的关键问题，本书提出的整体评估框架如图 2－8 所示，主要包括三个方面的研究内容，即考虑性能退化特性的系统功能层任务可靠性评估、基于运行依赖性的作战能力层任务成功性评估和基于多层级使命任务线程的总体任务成功性评估。

在考虑性能退化特性的系统功能层任务可靠性评估研究中，重点针对功能模块运行性能退化过程中出现的多态性和认知不确定性问题，引入证据理论对 GO 模型进行改进，构建证据多态 GO 操作符，完成功能模块及相应部件的运行性能状态不确定性量化，在利用 Markov 过程分析各部件运行性能状态退化过程的基础上，构建系统功能层的任务可靠性评估模型，为分析作战任务层的任务成功性提供前提。

在基于运行依赖性的作战能力层任务成功性评估研究中，重点针对装备体系中存在的运行依赖性问题，改进经典 FDNA 方法，分析运行依赖性作用和节点自身运行水平变化对于作战能力最终作战效果达成水平输出的双重影响，构建作战能力层的任务成功性评估模型，为分析作战行动层的任务成功性提供依据。

在基于多层级使命任务线程的总体任务成功性评估研究中，重点针对当前装备体系任务建模研究深入程度不足的问题，依据使命任务分解结果，构建装备体系使命任务概念模型，在对各层任务进行形式化描述的基础上，对各层任务线程进行分析与规划。尔后改进传统 DSPN 模型构建多层级使命任务线程，提出基于 RAA 的装备体系总体任务成功性的仿真评估算法，为分析装备体系总体任务成功性提供模型支撑。

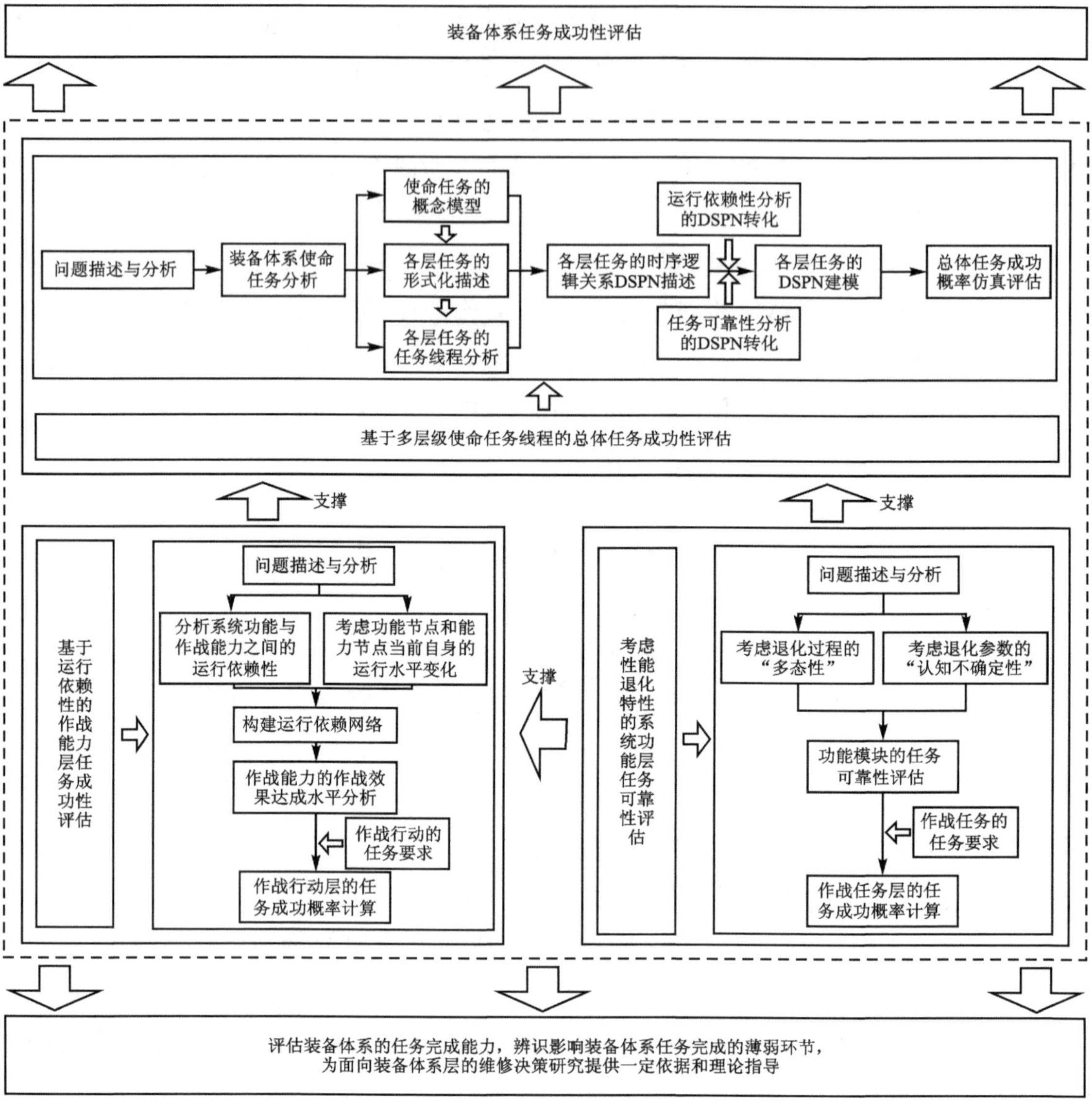

图 2－8　装备体系任务成功性评估框架

2.5　本章小结

本章重点针对装备体系任务成功性评估基本理论问题进行研究。首先，深入剖析装备体系和任务成功性的概念，为后续分析提供理论依据；其次，通过对装备体系使命任务进行有效分解，对装备体系任务成功性评估工作进行逻辑梳理，为指标规划与流程构建奠定基础；再次，结合装备体系、装备系统和使命任务的具体特点，对装备体系任务成功性评估研究中的关键问题进行分析，明确有待解决的重点和难点问题；最后，构建装备体系任务成功性评估的整体研究框架，为后续研究工作的展开提供理论指导。

第3章 考虑性能退化特性的系统功能层任务可靠性评估

第2章指出，装备体系的任务成功性结果应按照功能层—能力层—体系层的顺序向上聚合得出，本章重点分析系统功能层的任务可靠性。装备体系内各装备系统的不同功能由系统内不同部件通过组合进行实现，从作战适用性和作战效能相结合的角度考虑，装备系统的任务成功性由其所运行功能模块的任务可靠性决定。而系统功能模块的任务成功概率受各部件的任务可靠度、装备系统结构和任务持续时间等共同决定。因此需构造系统不同功能模块的可靠性框图，根据其相关部件的运行性能状态及连接方式分析系统功能模块的运行性能水平，从而得出系统功能层最终的任务可靠度及任务成功概率。

3.1 问题描述与分析

传统的可靠性分析方法[173]，如故障树分析法(FTA)、二元决策图等，通常均假设系统及其部件存在“正常工作”和“完全失效”两种运行性能状态[174]，即“二态性”，但通过对系统失效机理和失效规律的深入研究[175]，发现装备系统及其构成部件在失效过程中往往存在多态的特征，即系统及其部件在整个性能退化过程中具备若干降级运行状态。因此，仅从“二态”可靠性理论对功能模块进行可靠性分析可能存在一定误差，需要通过“多态”可靠性理论准确描述功能模块运行性能水平的相应变化[176]，从而更好地进行任务可靠性分析与评估工作。

装备体系在执行使命任务期间，不同系统的不同功能模块随任务时间的增长受性能衰退、环境变化及维修保障等多方面因素影响，其各类故障的发生主要由基本事件的静态逻辑组合和功能模块的动态变化行为两方面决定。为了准确把握系统功能层任务可靠性指标的演变规律，需要对其进行动态分析，但当前相关研究[177-180]大多以“二态”可靠性理论为基础，不太适用于本章对于系统功能层的研究。因此，根据系统功能模块的特点引入新的动态分析方法是必要的。体系内各装备系统的功能模块一般具备多状态特性且有时序，采用GO法较为适当。该方法以成功为导向，从输入事件开始，通过求解所构建的GO模型对功能模块完成任务的最终概率进行确定，系统中各部件或子系统的特定运行状态由模型中的各事件进行描述，可以较好地描述功能模块运行性能水平的时间变化和与多状态部件间的关系，因此也适用于本章对于功能模块的动态任务可靠性评估研究。

一般来说，系统功能模块及其部件由于小批量、定制化等特点，样本量相对较少。这必然导致在对功能模块进行动态可靠性评估时获取所需失效数据困难且数据量小，难以明确其失效或退化机理[181]，导致产生大量认知不确定性。当前，许多学者利用各种技术方法[182]对此予以描述和分析，通过对比发现，证据理论[183]的基本公理体系具备一定灵活性，在构建认知不确定性分析模型方面存在一定优势，可有效量化认知不确定性对于可靠性分析评估的相应影响[184-185]。

基于上述分析，本章以装备系统功能模块的任务可靠性为评估对象，考虑系统层面的"多态"特性和"认知不确定"特性，通过对认知不确定条件下系统功能层的任务可靠性进行合理地评估分析，从而为作战任务层的任务成功性评估提供一定指导。

3.2 基于证据理论的多态GO法认知不确定性量化

3.2.1 原理概述

3.2.1.1 GO原理

1. 操作符

若单元表示功能模块中的部件，GO操作符则表示其功能与输入、输出信号之间的逻辑关系，包括类型、数据和运算规则三项属性。图 3-1 为经典 GO 模型中标准操作符类型，共 17 种。

2. 信号流

功能模块内各部件的输入、输出以及相互关联在GO模型中通过信号流予以表征，各部件的不同运行性能状态及相应概率构成信号流的相应属性。假设体系中某装备系统为 S_m，具备若干个功能，每个功能则代表一个功能模块；功能模块 F_k^m 代表 S_m 中的第 k 个功能。假设 F_k^m 仅具备两个运行性能水平，即两个运行性能状态，状态 1 为成功状态（完好），状态 2 为失效状态（故障），其状态概率分别为 $p_{F_k^m}^1$ 和 $p_{F_k^m}^2$，则 $p_{F_k^m}^1+p_{F_k^m}^2=1$。若 F_k^m 具备多个运行性能状态，则用 $1,2,\cdots,n$ 整数状态值代表其 n 个运行状态，其相应状态概率为 $p_{F_k^m}^1,p_{F_k^m}^2,\cdots,p_{F_k^m}^n$，状态值 $1,2,\cdots,n-1$ 表示多个成功状态，状态 n 表示失效状态，且 $\sum_{i=1}^{n}p_{F_k^m}^i=1$。在GO模型

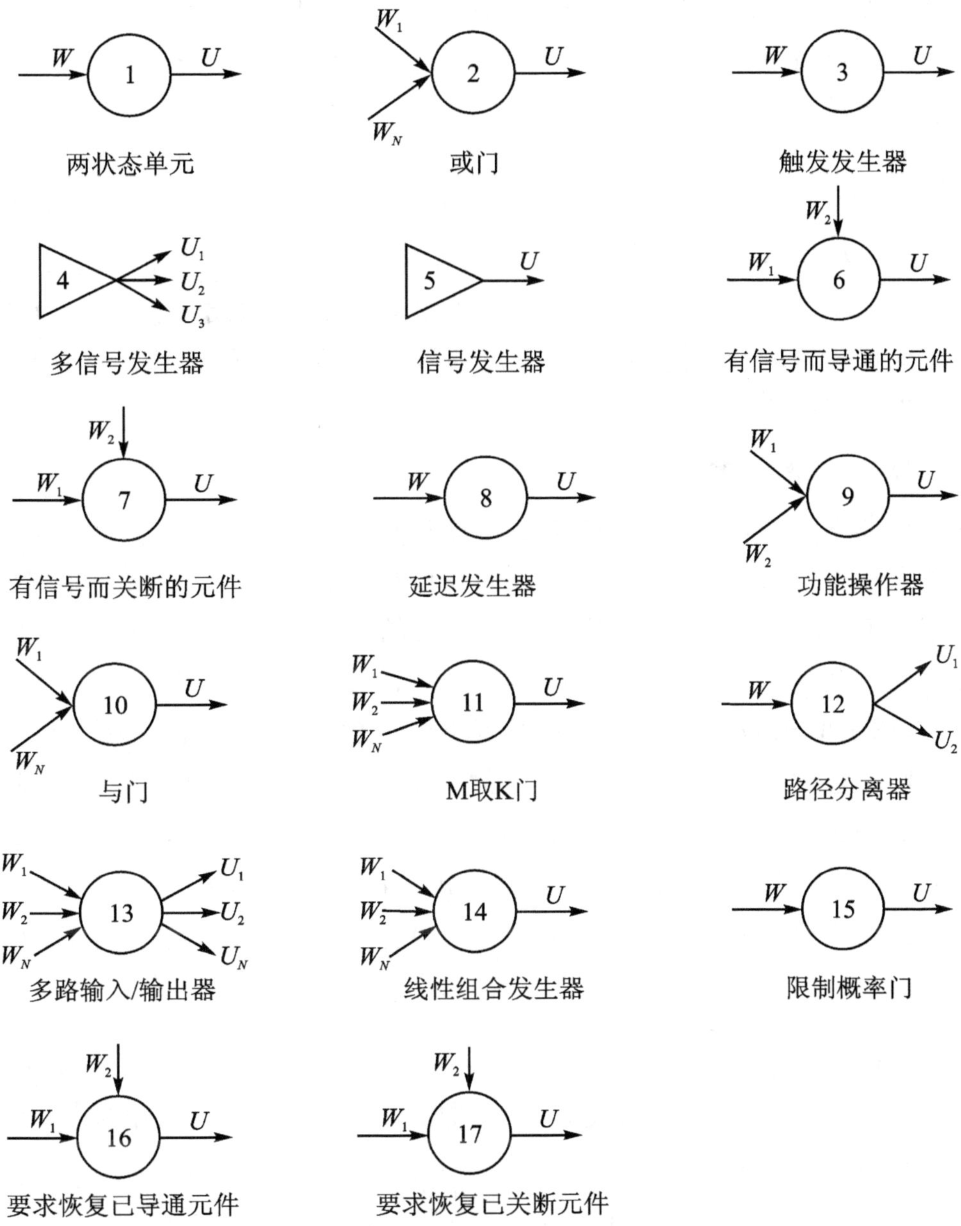

图 3-1　GO 标准操作符类型

中，采用状态值为 0 的状态对功能模块的提前状态予以表征，描述过早发出信号等情况。在多数研究中均假设状态值 1,0,2,…,$n-1$,n 表示功能模块 F_k^m 依次退化的运行性能水平，即 0,2,…,$n-1$ 为中间状态。

3. GO 图

GO 图是由 GO 操作符连接信号流生成，即功能模块的可靠性模型，可通过分析功能模块的可靠性框图建立。在构建 GO 图时，必须分别对所有操作符和信号流进行统一编号，所有起始操作符必须为类型 4 或类型 5，信号流之间具备连通性但不存在循环，操作符之间的信号流互为输入和输出。

4. GO 运算

通过对所建 GO 图进行 GO 运算，可获取最终的可靠性分析评估结果，主要包括两种求解思路：一是从定性角度出发，依据不同操作符的运算规则，按照信号流编号次序依次确定各操作符与相应输入信号流的状态组合，得到功能模块最终信号流各状态的相应组合，再代入相应状态概率进行求解；二是从定量角度出发，直接依据不同操作符的运算规则，按信号流编号次序求解功能模块最终输出信号流处于各状态的相应概率。

3.2.1.2　证据理论

在传统概率论中，假设 x 为样本空间 Ω 中的一个特定值，则随机变量 X 取得 x 的概率可通过 $\Pr\{X=x\}$ 予以表征。而在证据理论中，通过对 X 取值的并集上进行概率赋值处理，从而实现对认知不确定性的量化。证据理论通常定义于包含若干独立且相互排斥的判别假设的离散集合识别框架 DS 上，作为随机变量 X 的样本空间，识别框架 DS 包含了 X 的所有可能取值。假设证据函数为 DS 的一个幂集 2^{DS}，则所包含的每一个元素则定义为一个焦元。其相应概率取值为基本分配函数（Basic Probability Assignment，BPA），用 $m(X=x)$ 表示，以描述焦元差异性，即 $m(X):2^{\mathrm{DS}}\to[0,1]$，表示将幂集 2^{DS} 中每个焦元 X 映射为$[0,1]$区间内的一个确定值的相应映射函数。该值表示对焦元 X 的精确证据程度，其中，$m(\varnothing)=0$ 且 $\sum\limits_{X\in 2^{\mathrm{DS}}} m(X)=1$。

对于任何识别框架 DS 上的事件 X，即 $\forall X\subseteq \mathrm{DS}$，$m(X)$表示焦元 X 的精确的证据度；$m(\mathrm{DS})$表示不确定的程度以及对命题的不可知程度[186]，事件 X 的信任函数和似然函数定义如下：

$$\mathrm{Bel}(X)=\sum_{\substack{Y\subseteq X\\ X\subseteq \mathrm{DS}}} m(Y) \tag{3-1}$$

$$\mathrm{Pl}(X)=\sum_{Y\cap X\neq\varnothing} m(Y) \tag{3-2}$$

式中，$\mathrm{Bel}(X)$表示对“事件 X 为真”的证据程度，即对事件 X 及其所有子集的 BPA 进行求和；$\mathrm{Pl}(X)$表示对“事件 X 非假”的证据程度，即对与事件 X 交集不为空的所有集合的 BPA 进行求和。因此，事件 X 的认知不确定性量化结果可表示为 $\mathrm{Pl}(X)-\mathrm{Bel}(X)$，相应的认知不确定性量化区间可表示为$[\mathrm{Bel}(X),\mathrm{Pl}(X)]$。图 3-2 描述了事件 X 的证据程度在证据理论中的划分方法。

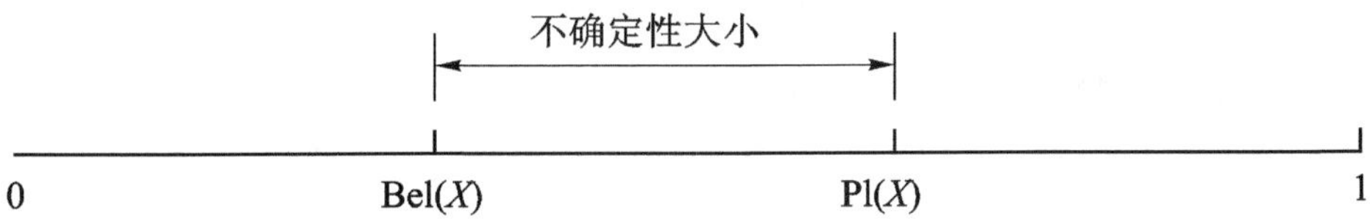

图 3-2　证据理论对于事件 X 的证据程度划分

3.2.2　相关定义

对于传统 GO 模型所包含的 17 种操作符而言，部分操作符不模拟具体单元，如逻辑操作符，仅对输入信号进行相应处理产生输出，且大多操作符模拟单元的状态数不超过 3 个，因此 GO 模型中并不存在能模拟任意多态单元的操作符，无法满足对多状态功能模块或部件可靠性评估模型的准确构建。江秀红等[187]定义了一种基于概率矩阵算法的多态 GO 操作符，有效避免了状态维数爆炸等问题，可以很好地满足多状态系统及部件的可靠性评估需要，但没有考虑由于数据不足或信息缺失等造成的认知不确定性因素。因此，本小节利用证据理论对多态操作符进行不确定性量化改进。

定义 3.1　证据状态向量

假设某独立单元或信号流 i 具有 $N+1$ 个状态，用于表示不同的运行性能状态：1 代表运行完好(成功)状态，N 代表失效状态，$2\sim N-1$ 表示介于运行完好和失效之间依次退化的中间状态。由于不确定性的存在，还具有状态值为 $N+1$ 的不确定性状态$[1,2,\cdots,N]$，用 $x_i^j(j=1,2,\cdots,N+1)$表示其相应运行性能状态所代表的运行性能水平度量值 g_i^j，$g_i^j\in \boldsymbol{G}_i=\{g_i^1,g_i^2,\cdots,g_i^N,g_i^{N+1}\}$，则该独立单元或信号流的证据状态向量 $\boldsymbol{X}_i$ 由 $N+1$ 个运行性能状态构成，即

$$\boldsymbol{X}_i=[x_i^1 \quad x_i^2 \quad \cdots \quad x_i^N \quad x_i^{N+1}] \tag{3-3}$$

定义 3.2　证据状态概率向量

根据定义 3.1 所述，假设独立单元或信号流 i 处于各状态的概率为 $p_i^j(j=1,2,\cdots,N+1)$，则该信号流的证据状态概率向量 $\boldsymbol{P}_i$ 由 $N+1$ 个状态概率构成，即

$$\boldsymbol{P}_i=[p_i^1 \quad p_i^2 \quad \cdots \quad p_i^N \quad p_i^{N+1}] \tag{3-4}$$

定义 3.3　联合证据状态矩阵

假设两独立单元 $i(i=1,2)$各具有 $N_i(i=1,2)$个状态，各单元运行性能状态用 $x_i^j(j=1,2,\cdots,N_i)$表示。由于不确定性的存在，各单元额外包含一个不确定性状态 $x_i^{N_i+1}=x_i^{[1,2,\cdots,N_i]}(i=1,2)$，除不确定性状态 $x_i^{N_i+1}$ 外，定义单元 i 的状态 1 为运行完好状态，状态 N_i 代表失效状态，$2\sim N_i-1$ 表示介于完全正常和失效之间

依次退化的 N_i-2 个中间状态，因此两单元构成信号或功能模块的输出状态为 $x_c=\phi_c(x_1,x_2)$。其输出运行性能状态与两单元状态之间的关系可用联合证据状态矩阵 $\boldsymbol{X}_c$ 表示为

$$
\boldsymbol{X}_c=\begin{bmatrix}
\phi_c(x_1^1,x_2^1) & \phi_c(x_1^1,x_2^2) & \cdots & \phi_c(x_1^1,x_2^{N_2}) & \phi_c(x_1^1,x_2^{[1,2,\cdots,N_2]}) \\
\phi_c(x_1^2,x_2^1) & \phi_c(x_1^2,x_2^2) & \cdots & \phi_c(x_1^2,x_2^{N_2}) & \phi_c(x_1^2,x_2^{[1,2,\cdots,N_2]}) \\
\vdots & \vdots & & \vdots & \vdots \\
\phi_c(x_1^{N_1},x_2^1) & \phi_c(x_1^{N_1},x_2^2) & \cdots & \phi_c(x_1^{N_1},x_2^{N_2}) & \phi_c(x_1^{N_1},x_2^{[1,2,\cdots,N_2]}) \\
\phi_c(x_1^{[1,2,\cdots,N_1]},x_2^1) & \phi_c(x_1^{[1,2,\cdots,N_1]},x_2^2) & \cdots & \phi_c(x_1^{[1,2,\cdots,N_1]},x_2^{N_2}) & \phi_c(x_1^{[1,2,\cdots,N_1]},x_2^{[1,2,\cdots,N_2]})
\end{bmatrix} \tag{3-5}
$$

矩阵 $\boldsymbol{X}_c$ 中，$(N_1+1)\times(N_2+1)$ 个元素即为考虑认知不确定性的两独立单元不同状态组合下对应的输出运行性能水平度量值；$\phi_c(x_1,x_2)$ 根据单元的实际连接方式和运行情况而定。

定义 3.4　联合证据状态概率矩阵

根据定义 3.3 所述，假设独立单元 $i(i=1,2)$ 处于各运行性能状态的概率为 $p_i^j(j=1,2,\cdots,N_i+1)$，则两单元不同运行性能状态组合的联合证据概率可用矩阵 $\boldsymbol{P}_c$ 表示，即

$$
\boldsymbol{P}_c=\begin{bmatrix}
p_1^1p_2^1 & p_1^1p_2^2 & \cdots & p_1^1p_2^{N_2} & p_1^1p_2^{[1,2,\cdots,N_2]} \\
p_1^2p_2^1 & p_1^2p_2^2 & \cdots & p_1^2p_2^{N_2} & p_1^2p_2^{[1,2,\cdots,N_2]} \\
\vdots & \vdots & & \vdots & \vdots \\
p_1^{N_1}p_2^1 & p_1^{N_1}p_2^2 & \cdots & p_1^{N_1}p_2^{N_2} & p_1^{N_1}p_2^{[1,2,\cdots,N_2]} \\
p_1^{[1,2,\cdots,N_1]}p_2^1 & p_1^{[1,2,\cdots,N_1]}p_2^2 & \cdots & p_1^{[1,2,\cdots,N_1]}p_2^{N_2} & p_1^{[1,2,\cdots,N_1]}p_2^{[1,2,\cdots,N_2]}
\end{bmatrix} \tag{3-6}
$$

定义 3.5　证据布尔矩阵

两独立单元的联合证据状态矩阵为 $\boldsymbol{X}_c$，其结构函数为 $\phi_c(x_1,x_2)$，若其输出运行性能水平包含 M 个不同的状态，则矩阵 $\boldsymbol{X}_c$ 可划分为 M 个证据布尔矩阵 $\boldsymbol{X}_c^1$，$\boldsymbol{X}_c^2,\cdots,\boldsymbol{X}_c^M$，对应相应的输出运行性能状态，将矩阵 $\boldsymbol{X}_c^i$ 中的元素定义为

$$
\boldsymbol{X}_c^i=\begin{cases}0, & \phi_c(a,b)\neq g_c^i \\ 1, & \phi_c(a,b)=g_c^i\end{cases} \tag{3-7}
$$

式中，$a=x_1^1,x_1^2,\cdots,x_1^{N_1+1}$，$b=x_2^1,x_2^2,\cdots,x_2^{N_2+1}$，$i=1,2,\cdots,M$。

3.2.3　证据多态 GO 操作符的构建

根据上一小节相关定义，对考虑认知不确定性的证据多态 GO 操作符进行构建，如图 3-3 所示，模拟具有 $N+1$ 个状态的单元，其中第 $N+1$ 个状态为单元的不确定性状态，$N\geqslant 2$。

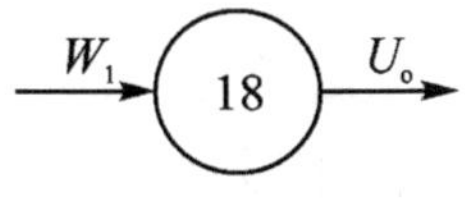

图 3-3　证据多态操作符

表 3-1 为证据多态操作符的运算规则，$\phi_{\mathrm{o}}(\cdot)$为输入信号与操作符的结构函数，因此，输出信号未化简的联合证据状态概率矩阵为 $\boldsymbol{P}_{\mathrm{o}}=\boldsymbol{P}_1^{\mathrm{T}}\boldsymbol{P}_{\mathrm{c}}$。假设输出信号在运用证据布尔矩阵化简后包含 M 个不同的状态，则输出信号化简后的证据状态概率向量 $\boldsymbol{P}_{\mathrm{o\_new}}$ 为

$$\boldsymbol{P}_{\mathrm{o\_new}}=[\mathrm{sum}(\boldsymbol{P}_{\mathrm{o}}\cdot *\boldsymbol{U}_{\mathrm{o}}^1)\quad \mathrm{sum}(\boldsymbol{P}_{\mathrm{o}}\cdot *\boldsymbol{U}_{\mathrm{o}}^1)\quad \cdots\quad \mathrm{sum}(\boldsymbol{P}_{\mathrm{o}}\cdot *\boldsymbol{U}_{\mathrm{o}}^M)] \tag{3-8}$$

式中，$\boldsymbol{U}_{\mathrm{o}}^i(i=1,2,\cdots,M)$为输出信号的证据布尔矩阵；sum(·)表示对相应元素求和；·＊表示点积运算，即矩阵中的元素对应相乘。

表 3-1　证据多态 GO 操作符的运算规则

输入信号 $\boldsymbol{W}_1$	证据多态操作符 $\boldsymbol{X}_{\mathrm{c}}$	输出信号 $\boldsymbol{U}_{\mathrm{o}}$
$w_1^1,w_1^2,\cdots,w_1^{N_1},w_1^{[1,2,\cdots,N_1]}$	$x_{\mathrm{c}}^1,x_{\mathrm{c}}^2,\cdots,x_{\mathrm{c}}^{N_2},x_{\mathrm{c}}^{[1,2,\cdots,N_2]}$	$\phi_{\mathrm{o}}(\boldsymbol{W}_1,\boldsymbol{X}_{\mathrm{c}})$

具体运算规则见参考文献[188]中对任务处理系统和流动传输系统中串并联规则的具体定义。若多态操作符的输入信号个数超过 2 个，则可以对多信号输入采取级联计算方式求得最终输出信号的证据状态矩阵和证据状态概率矩阵，如图 3-4 所示。假设每个输入信号均具备 N 个状态(包含不确定性状态)，若不足 N 个状态，那么在其证据状态矩阵和证据状态概率矩阵中临时用 0 补齐，在最终运算时再进行简化。其中，需通过将每次计算得出的联合证据状态矩阵和联合证据状态概率矩阵中的各元素按行取出并组成新的行矩阵，再进行下一次运算。例如 $\boldsymbol{P}=\begin{bmatrix}1 & 2\\ 3 & 4\end{bmatrix}$，则按行取出形成新的行矩阵为

$$\boldsymbol{P}_{\mathrm{new}}=[1\quad 2\quad 3\quad 4]$$

3.2.4　基于 GO 法的不确定性量化

假设独立单元 i 具有 N_i 个确定的运行性能状态，定义运行性能水平空间用 $\boldsymbol{G}_i=\{g_i^1,g_i^2,\cdots,g_i^{N_i}\}$表示。由于存在认知的不确定性，其状态概率无法用精确值

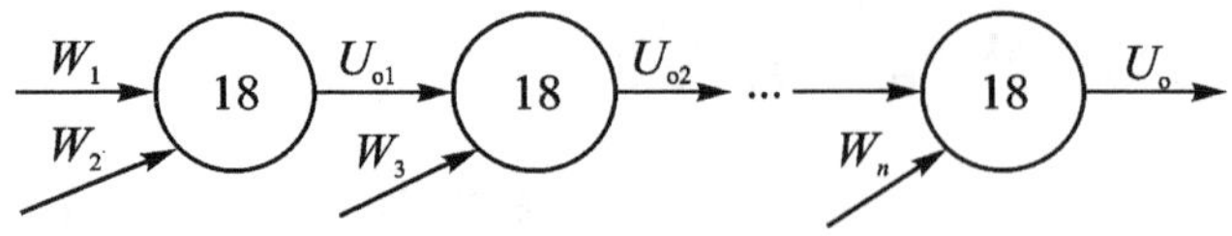

图 3-4 多信号输入级联计算方式

表示，故只能用相应区间代替，即$[\underline{p}_i^1,\bar{p}_i^1],[\underline{p}_i^2,\bar{p}_i^2],\cdots,[\underline{p}_i^{N_i},\bar{p}_i^{N_i}]$。Denoeux 等[189]提出的基于概率区间计算质量函数的方法，可以有效地将单元各运行性能状态的概率区间转化为识别框架内各焦元的 BPA，即对概率区间做如下处理得到相应的质量函数：

$$m(x_i^j)=\begin{cases}\underline{p}_i^j, & j=1,2,\cdots,N_i\\ 1-\sum_{l=1}^{N_i}\underline{p}_i^l, & j=[1,2,\cdots,N_i]\\ 0, & \text{其他}\end{cases} \tag{3-9}$$

式中，x_i^j 为独立单元 i 的第 j 个运行性能状态；$m(x_i^j)$为其运行性能水平度量值为 g_i^j 的质量函数。根据式(3-9)可以得到单元 i 处于各运行性能状态(包含不确定性状态)的 BPA。

假设某功能模块 F 包含 n 个部件(即独立单元)，其运行性能结构函数表示为 $\Phi(X_1,X_2,\cdots,X_n)$，经化简可确定共包含 n_F 个不同的运行性能状态，其证据状态矩阵和证据状态概率矩阵分别为 $\boldsymbol{X}_F$ 和 $\boldsymbol{P}_{oF}$。利用式(3-9)即可计算整个功能模块处于各运行性能状态的质量函数，当其任务要求为 D 时，定义如下两个公式对其任务可靠度取值的证据程度进行划分：

$$\underline{H}_D=\begin{cases}1, & \Phi(X_1,X_2,\cdots,X_n)\subseteq D\\ 0, & \text{其他}\end{cases} \tag{3-10}$$

$$\bar{H}_D=\begin{cases}1, & \Phi(X_1,X_2,\cdots,X_n)\cap D\neq\varnothing\\ 0, & \text{其他}\end{cases} \tag{3-11}$$

式(3-10)表示功能模块运行性能状态 $\Phi(X_1,X_2,\cdots,X_n)$中所有元素均大于或等于任务要求 D；式(3-11)表示功能模块运行性能状态 $\Phi(X_1,X_2,\cdots,X_n)$中至少有一个元素高于任务要求 D。由此可以得到该功能模块任务可靠度的信任函数和似然函数：

$$\mathrm{Bel}(D)=\sum_{j=1}^{n_F}p_{oF}^j\underline{H}_D \tag{3-12}$$

$$\mathrm{Pl}(D)=\sum_{j=1}^{n_F}p_{oF}^j\bar{H}_D \tag{3-13}$$

由式(3-12)、式(3-13)可得，当任务要求为 D 时，在考虑认知不确定情况下系统功能模块证据可靠度区间为[Bel(D)，Pl(D)]。其中，p_{oF}^{j} 为运行性能状态为 j 时的证据状态概率，即 $p_{\mathrm{oF}}^{j}\in\boldsymbol{P}_{\mathrm{oF}}$。

3.2.5　共有信号的修正

在 GO 模型中进行 GO 运算时，应修正包含同一共有信号的信号流，以便在概率计算时保证其独立性。沈祖培等[190]在计算所有共有信号初始状态组合下的输出信号成功概率集合的基础上，计算输出信号的成功概率为

$$p_{\mathrm{o}}=\sum_{k_1=0}^{1}\sum_{k_2=0}^{1}\cdots\sum_{k_L=0}^{1}p_{\mathrm{o}k_1k_2\cdots k_L}\prod_{l=1}^{L}[(1-p_{\mathrm{o}l})(1-k_l)+p_{\mathrm{o}l}k_l]\qquad(3-14)$$

式中，$p_{\mathrm{o}k_1k_2\cdots k_L}$ 为基于 L 个共有信号的任一状态组合条件下的输出信号状态累积概率；$k_l=0$ 表示第 l 个共有信号取失效状态，$k_l=1$ 表示第 l 个共有信号取成功状态，$p_{\mathrm{o}l}$ 表示第 l 个共有信号的状态累积概率。

对于两状态部件，L 个共有信号有 2^L 个状态，需进行 2^L 次 GO 运算，再代入式(3-14)中得出输出信号状态累积概率。这完全适用于两状态部件分析的需要，但对于多状态部件，此方法将状态 1 认定为成功状态，将其他状态均认定为故障状态。而体系内系统功能模块的任务成功概率计算是根据任务要求 D 的大小而确定的，高于 D 的状态均可认定为成功状态，显然该修正算法不足以适用于其任务成功概率的计算。江秀红[191]采用状态概率矩阵给出了一种针对复杂多态系统的修正算法，但未考虑认知不确定性对结果的影响，因此本章在江秀红[191]的基础上，给出一种考虑认知不确定性的系统功能模块共有信号修正算法。

假设功能模块包含两个共有信号 W_1 和 W_2，其分别包含 N_1+2 和 N_2+2 个运行性能状态(包含不确定性状态和提前状态)，其证据状态概率向量分别为 $\boldsymbol{P}_1$ 和 $\boldsymbol{P}_2$，其联合证据状态概率矩阵 $\boldsymbol{P}_{12}$ 可表示为

$$\boldsymbol{P}_{12}=\begin{bmatrix} p_1^1p_2^1 & p_1^1p_2^0 & p_1^1p_2^2 & \cdots & p_1^1p_2^{N_2} & p_1^1p_2^{N_2+1}\\ p_1^0p_2^1 & p_1^0p_2^0 & p_1^0p_2^2 & \cdots & p_1^0p_2^{N_2} & p_1^0p_2^{N_2+1}\\ p_1^2p_2^1 & p_1^2p_2^0 & p_1^2p_2^2 & \cdots & p_1^2p_2^{N_2} & p_1^2p_2^{N_2+1}\\ \vdots & \vdots & \vdots & & \vdots & \vdots\\ p_1^{N_1}p_2^1 & p_1^{N_1}p_2^0 & p_1^{N_1}p_2^2 & \cdots & p_1^{N_1}p_2^{N_2} & p_1^{N_1}p_2^{N_2+1}\\ p_1^{N_1+1}p_2^1 & p_1^{N_1+1}p_2^0 & p_1^{N_1+1}p_2^2 & \cdots & p_1^{N_1+1}p_2^{N_2} & p_1^{N_1+1}p_2^{N_2+1}\end{bmatrix}\qquad(3-15)$$

将 $\boldsymbol{P}_1$、$\boldsymbol{P}_2$ 和 $\boldsymbol{P}_{12}$ 中元素分别按行取出形成新的行矩阵 $\boldsymbol{P}_1^{\mathrm{T}}$、$\boldsymbol{P}_2^{\mathrm{T}}$ 和 $\boldsymbol{P}_{12}^{\mathrm{T}}$，假设共

有信号 W_1 和 W_2 以及联合共有信号 W_{12} 在 GO 模型中分别进行了 M_1、M_2 和 M_{12} 次运算，因此最终输出信号证据状态概率矩阵如下：

$$\boldsymbol{P}_o^{\mathrm{T}}=\boldsymbol{A}_0+\boldsymbol{A}_1(\boldsymbol{P}_1^{\mathrm{T}})^{M_1}+\boldsymbol{A}_2(\boldsymbol{P}_1^{\mathrm{T}})^{M_2}+\boldsymbol{A}_3(\boldsymbol{P}_{12}^{\mathrm{T}})^{M_{12}} \tag{3-16}$$

式中，$\boldsymbol{A}_0$、$\boldsymbol{A}_1$、$\boldsymbol{A}_2$ 和 $\boldsymbol{A}_3$ 是与共有信号无关的未知系数矩阵。

共有信号证据状态概率的高次项表明包含共有信号的信号流不具备发生的独立性，为保证结果的准确性，需修正式(3－16)中的高次项为一次项，即共有信号经修正的最终输出信号证据状态概率矩阵如下：

$$\boldsymbol{P}_{\mathrm{o\_new}}^{\mathrm{T}}=\boldsymbol{B}_0+\boldsymbol{B}_1\boldsymbol{P}_1^{\mathrm{T}}+\boldsymbol{B}_2\boldsymbol{P}_1^{\mathrm{T}}+\boldsymbol{B}_3\boldsymbol{P}_{12}^{\mathrm{T}} \tag{3-17}$$

式中，$\boldsymbol{B}_0$、$\boldsymbol{B}_1$、$\boldsymbol{B}_2$ 和 $\boldsymbol{B}_3$ 是与共有信号无关的未知系数矩阵。对共有信号 W_1 和 W_2 取 $p_1^i=1$ 和 $p_2^j=1$ 的状态组合($i=0,1,\cdots,N_1+1;j=0,1,\cdots,N_2+1$)，在不考虑共有信号修正的情况下，依次代入式(3－17)进行 GO 运算，求得 $\boldsymbol{B}_0$、$\boldsymbol{B}_1$、$\boldsymbol{B}_2$ 和 $\boldsymbol{B}_3$，再代入 $\boldsymbol{P}_1^{\mathrm{T}}$、$\boldsymbol{P}_2^{\mathrm{T}}$ 和 $\boldsymbol{P}_{12}^{\mathrm{T}}$ 计算得出 $\boldsymbol{P}_{\mathrm{o\_new}}^{\mathrm{T}}$。

为方便运算，可以先设定两个共有信号均具有 $N+2$ 个状态，在最终运算时再进行简化。假设存在 L 个共有信号，则最终输出信号的证据状态概率矩阵可推导得出：

$$\begin{aligned}\boldsymbol{P}_{\mathrm{o\_new}}^{\mathrm{T}}=&\boldsymbol{B}_0+\sum_{k_1=1}^{L}\boldsymbol{P}_{\mathrm{o}k_1}^{\mathrm{T}}\boldsymbol{B}_{k_1}+\sum_{k_2=1}^{L-1}\sum_{k_1=k_2+1}^{L}\boldsymbol{P}_{\mathrm{o}k_1k_2}^{\mathrm{T}}\boldsymbol{B}_{k_1k_2}+\cdots+\\&\sum_{k_l=1}^{L-l+1}\cdots\sum_{k_2=k_3+1}^{L-1}\sum_{k_1=k_2+1}^{L}\boldsymbol{P}_{\mathrm{o}k_1\cdots k_l}^{\mathrm{T}}\boldsymbol{B}_{k_1\cdots k_l}+\cdots+\boldsymbol{P}_{\mathrm{o}k_1\cdots k_L}^{\mathrm{T}}\boldsymbol{B}_{k_1\cdots k_L}\end{aligned} \tag{3-18}$$

式中，L 个具有 $N+2$ 个状态（包含提前状态和不确定性状态）的共有信号有 $(N+2)^L$ 种状态组合。利用上述规则进行若干次 GO 运算，即可求得功能模块最终输出信号证据状态概率矩阵 $\boldsymbol{P}_{\mathrm{o\_new}}^{\mathrm{T}}$。

3.3 系统功能层任务可靠性评估建模

3.3.1 Markov 过程

3.3.1.1 定　义

对于不可修系统而言，若装备系统功能模块及其部件在任意时间间隔内的故障次数服从 Poisson 过程，故障时间服从指数分布，则其运行性能状态的退化过程可以用 Markov 过程进行描述，从而构建相应的可靠性模型。

Markov 过程本质上是一种随机过程，用 $X(t)$ 表示，用于表征功能模块及其部件的不同运行性能状态，相应顺序由具体运行性能水平高低决定。若功能模块或

相应部件在 t_i 时的运行性能状态为 $X(t_i)$，则 $\{X(t)\mid t\geqslant 0\}$ 的 n 阶联合分布如下：

$$\begin{aligned}F(x_1,x_2,\cdots,x_n;t_1,t_2,\cdots,t_n)&=F_{X(t_1)X(t_2)\cdots X(t_n)}(x_1,x_2,\cdots,x_n)\\&=\Pr\{X(t_1)\leqslant x_1,X(t_2)\leqslant x_2,\cdots,X(t_n)\leqslant x_n\}\end{aligned} \tag{3-19}$$

其中，$t_1<t_2<\cdots<t_n$。

若 $\{X(t)\mid t\geqslant 0\}$ 具备独立性，则其 n 阶联合分布满足以下条件：

$$F(x_1,x_2,\cdots,x_n;t_1,t_2,\cdots,t_n)=\prod_{i=1}^{n}F(x_i;t_i)=\prod_{i=1}^{n}\Pr\{X(t_i)\leqslant x_i\} \tag{3-20}$$

若 $\{X(t)\mid t\geqslant 0\}$ 为一个 Markov 过程，对于任意时间关系满足 $t_0<t_1<t_2<\cdots<t_n<t$，则 $X(t)$ 为任意给定值的条件概率分布仅依赖于 $X(t_n)$，即

$$\Pr\{X(t)\leqslant x\mid X(t_0)=x_0,\ X(t_1)=x_1,\cdots,X(t_n)=x_n\}=\Pr\{X(t)\leqslant x\mid X(t_n)=x_n\} \tag{3-21}$$

在 Markov 过程中，$X(t\geqslant t_n)$ 的概率仅依赖于 $X(t_n)$，与 t_n 之前的过程无关，也就是 Markov 过程的“无记忆性”，即

$$\Pr\{X(t)\leqslant x\mid X(t_n)=x_n\}=\Pr\{X(t-t_n)\leqslant x\mid X(0)=x_n\} \tag{3-22}$$

3.3.1.2　多状态连续时间 Markov 过程

首先定义功能模块及相应部件的运行性能状态服从离散状态连续时间随机过程 $\{X(t)\mid t\geqslant 0\}$，$X(t)\in\{1,2,\cdots,n\}$。当 $X(t)=i$ 时，功能模块及部件的相应运行性能水平度量值为 $G(t)=g_i$，则对应的状态集合为 $C=\{1,2,\cdots,n\}$。一般来说，状态 1 为失效状态，状态 n 为运行完好状态，状态 $2,\cdots,n-1$ 为中间状态，属于退化状态。

若一个离散状态连续时间的随机过程 $\{X(t)\mid t\geqslant 0\}$ 为 Markov 过程，则对于任意时间关系满足 $t_0<t_1<\cdots<t_{n-1}<t_n$，其条件概率函数满足：

$$\begin{aligned}&\Pr\{X(t_n)=x_n\mid X(t_{n-1})=x_{n-1},\cdots,X(t_1)=x_1,X(t_0)=x_0\}\\&=\Pr\{X(t_n)\leqslant x_n\mid X(t_{n-1})=x_{n-1}\}\end{aligned} \tag{3-23}$$

令 $t=t_{n-1}$ 和 $t_n=t_{n-1}+\Delta t$，则有

$$\Pr\{X(t+\Delta t)=i\mid X(t)=j\}=\pi_{ji}(t,t+\Delta t) \tag{3-24}$$

$$\pi_{ji}(t,t+\Delta t)=\pi_{ji}(t,\Delta t) \tag{3-25}$$

若 $\{X(t)\mid t\geqslant 0\}$ 中的转移概率 $\pi_{ji}(t,\Delta t)$ 仅由运行性能状态 i、j 及时间间隔 Δt 决定，不受时间 t 的制约，则 $\{X(t)\mid t\geqslant 0\}$ 可称为齐次 Markov 过程，其相应的状态转移密度为

$$a_{ji}(t)=\lim_{\Delta t\to 0}\frac{\pi_{ji}(t,t)-\pi_{ji}(t,t+\Delta t)}{\Delta t}=\lim_{\Delta t\to 0}\frac{\pi_{ji}(t,t+\Delta t)}{\Delta t} \tag{3-26}$$

根据齐次 Markov 过程的性质，可用常数 a_{ji} 替代 $a_{ji}(t)$。

若 $\{X(t)|t\geqslant 0\}$ 在给定时刻处于状态 j，经过时间间隔 Δt 后，其状态可能处于状态 j，也可能转移至状态集合中的任意一个，如状态 i，则

$$\pi_{jj}(\Delta t)+\sum_{\substack{i=1\\ i\neq j}}^{n}\pi_{ji}(\Delta t)=1 \tag{3-27}$$

假设 $a_j=a_j(t)=\lim\limits_{\Delta t\to 0}\dfrac{\pi_{jj}(t,t)-\pi_{jj}(t,t+\Delta t)}{\Delta t}=\lim\limits_{\Delta t\to 0}\dfrac{1-\pi_{jj}(t,t+\Delta t)}{\Delta t}=-a_{jj}$，则结合式(3-27)可得

$$a_{jj}=-a_j=\lim_{\Delta t\to 0}-\frac{1}{\Delta t}\sum_{\substack{i=1\\ i\neq j}}^{n}\pi_{ji}(\Delta t)=-\sum_{\substack{i=1\\ i\neq j}}^{n}\lambda_{ji} \tag{3-28}$$

令 $p_i(t)$ 为 $X(t)$ 在 t 时刻的状态概率，则有

$$p_i(t)=\Pr\{X(t)=i\},\quad i\in C \tag{3-29}$$

$$\sum_{i=1}^{n}p_i(t)=1,\quad t\geqslant 0 \tag{3-30}$$

对于给定的 $t>t_1$，并令 $t_1=0$，利用全概率公式可求解 $X(t)$ 的状态概率函数：

$$\begin{aligned}p_j(t)&=\Pr\{X(t)=j\}=\sum_{i=1}^{n}\Pr\{X(t)=j\,|\,X(t_1)=i\}\Pr\{X(t_1)=i\}\\&=\sum_{i=1}^{n}\pi_{ij}(t_1,t)p_i(t_1)\end{aligned} \tag{3-31}$$

$$p_j(t)=\sum_{i=1}^{n}\pi_{ij}(0,t)p_i(0) \tag{3-32}$$

已知 $\pi_{ij}(t_1,t)=\sum\limits_{k=1}^{n}\pi_{ik}(t_1,t_2)\pi_{kj}(t_2,t)$，$0\leqslant t_1\leqslant t_2\leqslant t$，则 $X(t)$ 在 $t+\Delta t$ 时刻处于状态 j 的概率为

$$p_j(t+\Delta t)=p_j(t)\left[1-\sum_{\substack{i=1\\ i\neq j}}^{n}a_{ji}\Delta t\right]+\sum_{\substack{i=1\\ i\neq j}}^{n}p_i(t)a_{ij}\Delta t,\quad i,j=1,2,\cdots,n \tag{3-33}$$

$X(t)$ 在 $t+\Delta t$ 时刻可由两种方式转移到状态 j：一是在 t 时刻处于状态 j，经过 Δt 后，仍处于状态 j，则其状态概率和转移概率分别为 $p_j(t)$ 和 $1-\sum\limits_{\substack{i=1,\\ i\neq j}}^{n}a_{ji}\Delta t$；二是在 t 时刻处于状态 $i(i\neq j)$，经过 Δt 后，由状态 i 转移至状态 j，则其状态概率和转移概率分别为 $p_i(t)$ 和 $a_{ij}\Delta t$。

结合式(3-32)和式(3-33),可得

$$
\begin{aligned}
p_j(t+\Delta t)-p_j(t) &= \sum_{\substack{i=1\\ i\neq j}}^{n} p_i(t)a_{ij}\Delta t + p_j(t)a_{jj}\Delta t \\
&= \sum_{\substack{i=1\\ i\neq j}}^{n} p_i(t)a_{ij}\Delta t - p_j(t)\sum_{\substack{i=1\\ i\neq j}}^{n} a_{ji}\Delta t
\end{aligned} \tag{3-34}
$$

对上式进行化简处理可得

$$
\frac{\mathrm{d}p_j(t)}{\mathrm{d}t} = \sum_{\substack{i=1\\ i\neq j}}^{n} p_i(t)a_{ij} - p_j(t)\sum_{\substack{i=1\\ i\neq j}}^{n} a_{ji},\quad j=1,2,\cdots,n \tag{3-35}
$$

引入状态概率向量 $\boldsymbol{p}(0)=[p_1(0),p_2(0),\cdots,p_n(0)]$和转移密度矩阵

$$
\boldsymbol{a}=\begin{bmatrix} a_{11} & a_{12} & \cdots & a_{1n} \\ a_{21} & a_{22} & \cdots & a_{2n} \\ \vdots & \vdots & & \vdots \\ a_{n1} & a_{n2} & \cdots & a_{nn} \end{bmatrix} \tag{3-36}
$$

$\boldsymbol{a}$ 中的对角线元素为 $a_{jj}=-a_j$,则式(3-35)可表示为矩阵形式:

$$
\frac{\mathrm{d}\boldsymbol{p}(t)}{\mathrm{d}t} = \boldsymbol{p}(t)\boldsymbol{a} \tag{3-37}
$$

3.3.2　部件运行性能状态退化过程分析

这里从部件运行性能状态分析出发,根据功能模块内各部件的结构层级关系,结合 GO 法和 Markov 过程,在考虑认知不确定性的情况下,构建其运行性能状态模型。

考虑到认知不确定性和时间因素对部件性能状态的不同影响,对系统功能模块及其内部部件作如下假设:

假设 1　某功能模块由 N 个多状态部件构成,且部件间的退化过程相互独立[192],部分部件存在提前状态。

假设 2　系统功能模块中各多状态部件均不可修,其运行性能退化过程均处于渐变-突变失效共存的条件下,部件 m 从状态 i 到状态 j 的转移强度 $\lambda_m^{i,j}$($i,j\in 0,1,2,\cdots,n_m$)为常数,0 为部件 m 的提前状态,1 为部件 m 的运行完好状态(成功状态),n_m 为部件 m 的完全失效状态,且根据 GO 法可知,提前状态 0 为部件一特殊的中间状态,成功状态 1 和提前状态 0 均可以退化至状态 $2\sim n_m$ 之一,但成功状态 1 还可转移至提前状态 0,且转移均不可逆,皆为退化过程,如图 3-5 所示。

假设 3　用 $\lambda_m^{i,j}=[\underline{\lambda}_m^{i,j},\bar{\lambda}_m^{i,j}]$这一区间形式表示认知不确定性条件下的状态转

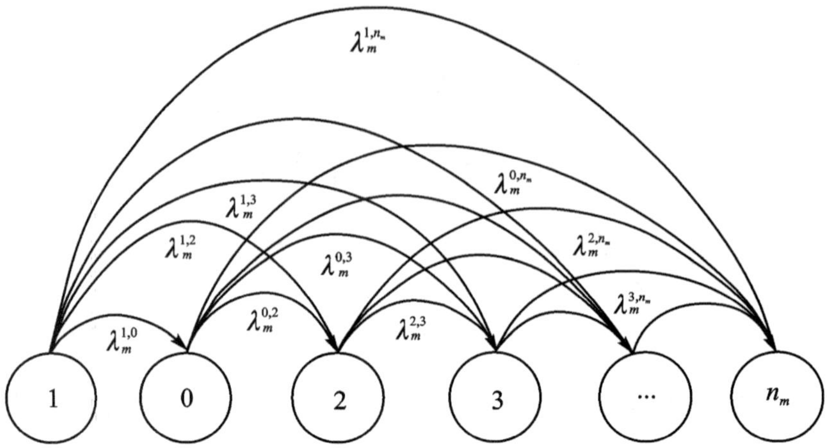

图 3-5　基于 GO 法的多状态部件 Markov 模型

移强度 $\lambda_m^{i,j}$。

假设 4　假设多状态部件 m 的运行性能状态概率为 $p_m^i(t)(i=0,1,\cdots,n_m)$，其退化的随机过程从最佳状态 1 开始，即初始条件为

$$\begin{cases} p_m^1(0)=[\underline{p}_m^1(0),\bar{p}_m^1(0)]=[1,1] \\ p_m^0(0)=p_m^2(0)=\cdots=p_m^{n_m}(0)=[0,0] \end{cases} \tag{3-38}$$

Destercke 等[193]提出一种通过部件状态转移强度区间和相应的 Kolmogorov 微分方程组求解其运行性能状态概率区间的分析方法，但对于 GO 模型中的某些部件而言，存在提前状态，而参考文献[193]中的微分方程组未考虑这种情况。而由假设 2 和图 3-5 可知，多状态部件 m 的状态退化顺序一般为 $1,0,2,3,\cdots,n_m$，对参考文献[193]中的微分方程组进行一定改进，可以得到关于多状态部件 m 状态概率的微分方程组：

$$\begin{cases} \dfrac{\mathrm{d}\bar{p}_m^1(t)}{\mathrm{d}t}=-\bar{p}_m^1(t)\underline{\lambda}_m^{1,0}-\bar{p}_m^1(t)\sum\limits_{e=2}^{n_m}\underline{\lambda}_m^{1,e} \\ \dfrac{\mathrm{d}\bar{p}_m^0(t)}{\mathrm{d}t}=\bar{\lambda}_m^{1,0}\bar{p}_m^1(t)-\bar{p}_m^0(t)\sum\limits_{e=2}^{n_m}\underline{\lambda}_m^{0,e} \\ \dfrac{\mathrm{d}\bar{p}_m^i(t)}{\mathrm{d}t}=\sum\limits_{e=1}^{i-1}\bar{\lambda}_m^{e,i}\bar{p}_m^e(t)+\bar{\lambda}_m^{0,i}\bar{p}_m^0(t)-\bar{p}_m^i(t)\sum\limits_{e=i+1}^{n_m}\underline{\lambda}_m^{i,e},\quad i=2,3,\cdots,n_m-1 \\ \dfrac{\mathrm{d}\bar{p}_m^{n_m}(t)}{\mathrm{d}t}=\sum\limits_{e=0}^{n_m-1}\bar{\lambda}_m^{e,n_m}\bar{p}_m^e(t) \end{cases} \tag{3-39}$$

$$\begin{cases}\dfrac{\mathrm{d}\underline{p}_m^1(t)}{\mathrm{d}t}=-\underline{p}_m^1(t)\bar{\lambda}_m^{1,0}-\underline{p}_m^1(t)\sum\limits_{e=2}^{n_m}\bar{\lambda}_m^{1,e}\\ \dfrac{\mathrm{d}\underline{p}_m^0(t)}{\mathrm{d}t}=\underline{\lambda}_m^{1,0}\underline{p}_m^1(t)-\underline{p}_m^0(t)\sum\limits_{e=2}^{n_m}\bar{\lambda}_m^{0,e}\\ \dfrac{\mathrm{d}\underline{p}_m^i(t)}{\mathrm{d}t}=\sum\limits_{e=1}^{i-1}\underline{\lambda}_m^{e,i}\underline{p}_m^e(t)+\underline{\lambda}_m^{0,i}\underline{p}_m^0(t)-\underline{p}_m^i(t)\sum\limits_{e=i+1}^{n_m}\bar{\lambda}_m^{i,e},\quad i=2,3,\cdots,n_m-1\\ \dfrac{\mathrm{d}\underline{p}_m^{n_m}(t)}{\mathrm{d}t}=\sum\limits_{e=0}^{n_m-1}\underline{\lambda}_m^{e,n_m}\underline{p}_m^e(t)\end{cases}\tag{3-40}$$

运用 Laplace - Stieltjes 变换定理和初始条件，即可对式(3 - 39)和式(3 - 40)进行求解，得出多状态部件 m 在任意 t 时刻时处于各个运行性能状态的概率区间，即 $[\underline{p}_m^0(t),\bar{p}_m^0(t)]$，$[\underline{p}_m^1(t),\bar{p}_m^1(t)]$，$\cdots$，$[\underline{p}_m^i(t),\bar{p}_m^i(t)]$，$\cdots$，$[\underline{p}_m^{n_m}(t),\bar{p}_m^{n_m}(t)]$，从而计算多状态部件所有运行性能状态的 BPA(包括不确定性状态)。

3.3.3　功能模块任务成功概率评估

假设作战任务 Task_k 由功能模块 F 负责执行，功能模块 F 包含 n 个相互独立的部件，其结构函数可表示为 $\Phi(\boldsymbol{X}_1,\boldsymbol{X}_2,\cdots,\boldsymbol{X}_n)$，$\boldsymbol{X}_i(i=1,2,\cdots,n)$ 为各部件的证据状态矩阵，$\boldsymbol{P}_{oi}^{\mathrm{T}}(i=1,2,\cdots,n)$ 为各部件的最终证据状态概率行矩阵。经 GO 模型分析计算得出功能模块 F 共具备 n_{F} 个运行性能状态(包含若干个不确定性状态)，$x_{\mathrm{F}}^i(i=1,2,\cdots,n_{\mathrm{F}})$ 为其第 i 个运行性能状态，其度量值为 g_{F}^i，其相应的状态概率为 $p_{\mathrm{F}}^i(t)(i=1,2,\cdots,n_{\mathrm{F}})$，若任务要求为 D^{T_k}，任务持续时间为 t^{T_k}，结合式(3 - 10)和式(3 - 11)，可求得最终功能模块 F 的运行性能水平满足任务要求的概率(即任务成功概率)为

$$\begin{aligned}\mathrm{SU}_{\mathrm{Task}_k}(D^{T_k},t^{T_k})&=\left[\underline{\mathrm{SU}_{\mathrm{F}}}(D^{T_k},t^{T_k}),\overline{\mathrm{SU}_{\mathrm{F}}}(D^{T_k},t^{T_k})\right]\\&=\left[\sum_{i=1}^{n_{\mathrm{F}}}p_{\mathrm{F}}^i(t^{T_k})\cdot\underline{H}_{D^{T_k}},\sum_{i=1}^{n_{\mathrm{F}}}p_{\mathrm{F}}^i(t^{T_k})\cdot\bar{H}_{D^{T_k}}\right]\end{aligned}\tag{3-41}$$

式中，$\underline{H}_{D^{T_k}}$ 和 $\bar{H}_{D^{T_k}}$ 可作为指示函数，用于判断在证据框架下功能模块当前运行性能状态是否满足任务要求。

当任务持续时间 t^{T_k} 为服从概率密度函数 $f(t^{T_k})$ 的随机变量时，式(3 - 41)可变换为如下形式：

$$
\begin{aligned}
&\mathrm{SU}_{\mathrm{Task}_k}(D^{T_k},t^{T_k}) \\
&=\left[\sum_{i=1}^{n_{\mathrm{F}}}\int_0^{\infty}p_{\mathrm{F}}^{i}(t^{T_k})\cdot f(t^{T_k})\mathrm{d}t^{T_k}\cdot \underline{H}_{D^{T_k}},\sum_{i=1}^{n_{\mathrm{F}}}\int_0^{\infty}p_{\mathrm{F}}^{i}(t^{T_k})\cdot f(t^{T_k})\mathrm{d}t^{T_k}\cdot \bar{H}_{D^{T_k}}\right]
\end{aligned}
\tag{3-42}
$$

由此可构建出基于证据 GO 模型的系统功能层任务可靠性评估流程，如图 3-6 所示。

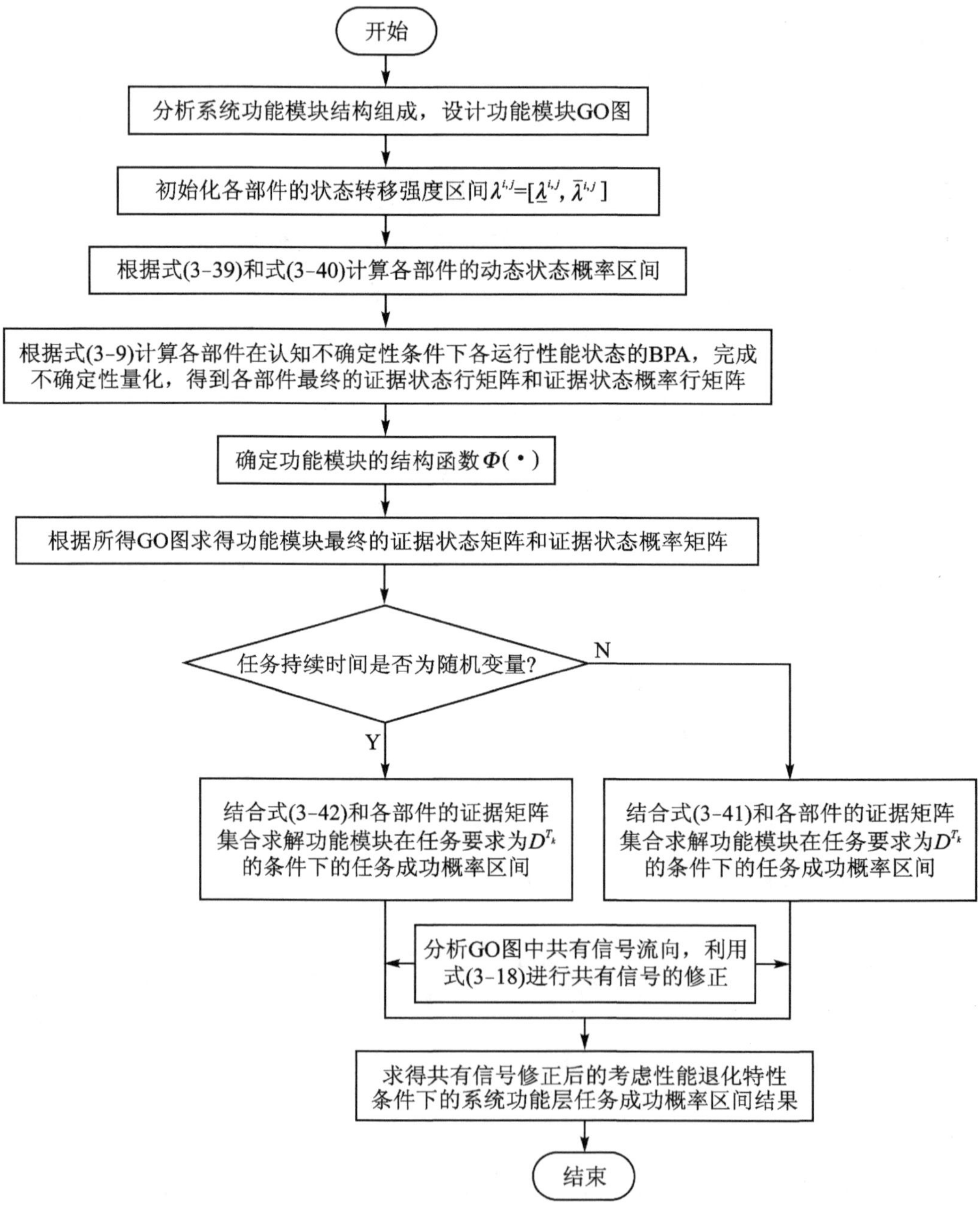

图 3-6　基于证据 GO 模型的系统功能层任务可靠性评估流程

3.4　系统功能层任务可靠性评估应用实例分析

以某侦察机感知功能模块为例，图 3－7 为其可靠性简化框图。

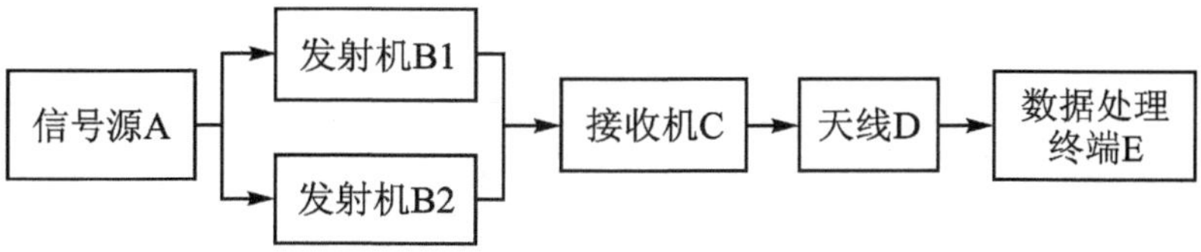

图 3－7　功能模块可靠性简化框图

3.4.1　功能模块的 GO 图构建应用分析

信号源 A 驱动整个功能模块工作，这里不考虑信号源的不确定性，使用类型 5 单信号发生器代表。发射机 B1 与 B2 并联，且为同类型的 3 状态单元，均包含不确定性状态，使用类型 18 证据多态操作符代表，操作符 18－4 表示多状态信号流 2 和 3 之间的并联关系。接收机 C 和数据处理终端 E 为包含不确定性状态的 3 状态单元，分别用操作符 18－5 和 18－7 表示。天线 D 为包含不确定性状态的 2 状态单元，用操作符 18－6 表示，构建如图 3－8 所示的功能模块 GO 图。

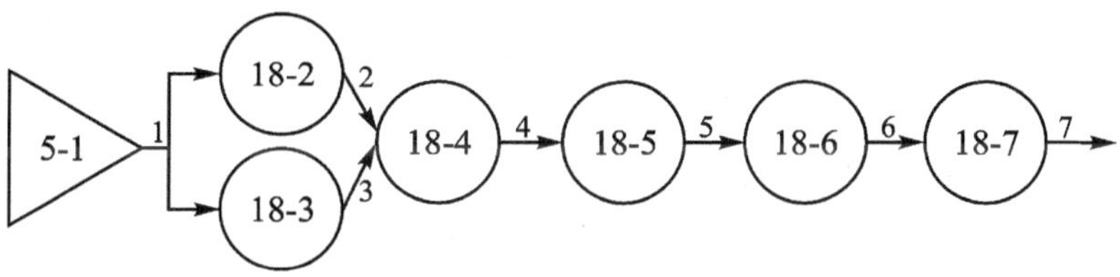

图 3－8　功能模块的 GO 图

3.4.2　考虑不确定性的部件运行性能分析

表 3－2 为该功能模块中各部件的名称、状态数以及不确定性状态转移强度。

运用 Laplace－Stieltjes 变换定理及式(3－38)、式(3－39)和式(3－40)，可求解功能模块中各部件处于不同运行性能水平的概率或概率区间。这里以接收机 C 为例，其处于各运行性能水平的概率区间结果为

$$\begin{cases} p_{\mathrm{C}}^{1}(t)=[\mathrm{e}^{-8.1\times10^{-5}t},\mathrm{e}^{-7.0\times10^{-5}t}] \\ p_{\mathrm{C}}^{2}(t)=[1.08\mathrm{e}^{-3.1\times10^{-5}t}-1.08\mathrm{e}^{-8.1\times10^{-5}t},1.261\mathrm{e}^{-2.4\times10^{-5}t}-1.261\mathrm{e}^{-7\times10^{-5}t}] \\ p_{\mathrm{C}}^{3}(t)=[0.713-0.836\mathrm{e}^{-3.1\times10^{-5}t}+0.123\mathrm{e}^{-8.1\times10^{-5}t}, \\ \qquad 1.399-1.629\mathrm{e}^{-2.4\times10^{-5}t}+0.230\mathrm{e}^{-7\times10^{-5}t}] \end{cases} \tag{3-43}$$

表 3-2　部件运行性能状态信息

部件名称	运行性能水平度量值	状态编号	瞬时状态转移强度×$10^5/h^{-1}$		
			$\lambda^{1,2}$	$\lambda^{1,3}$	$\lambda^{2,3}$
信号源 A	100	1	1.8	—	—
	0	2			
发射机 B1/B2	100	1	[8.8,9.3]	[2.7,3.3]	[5.6,6.4]
	50	2			
	0	3			
接收机 C	100	1	[5.4,5.8]	[1.6,2.3]	[2.4,3.1]
	60	2			
	0	3			
天线 D	100	1	[4.5,5.1]	—	—
	0	2			
数据处理终端 E	100	1	[6.7,7.3]	[2.6,3.1]	[4.3,4.8]
	75	2			
	0	3			

根据所求结果可得出该功能模块中各部件处于不同运行性能水平随时间变化的概率(概率区间)曲线,如图 3-9 所示。

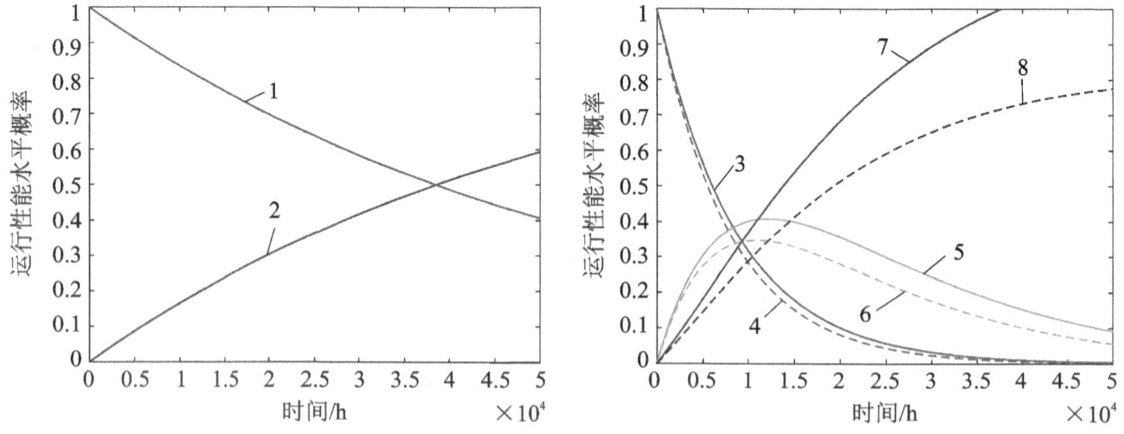

(a) 信号源A　　(b) 发射机B1

图 3-9　不同部件处于各运行性能水平的概率(概率区间)曲线

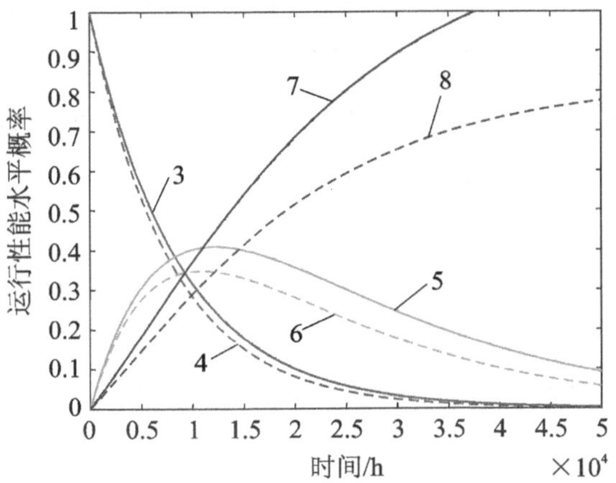

(c) 发射机B2

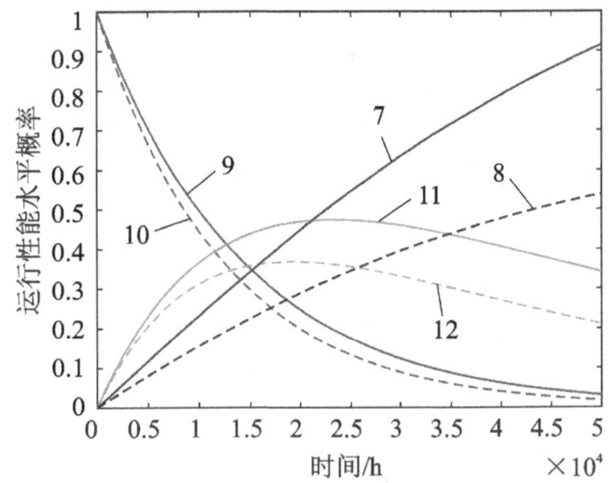

(d) 接收机C

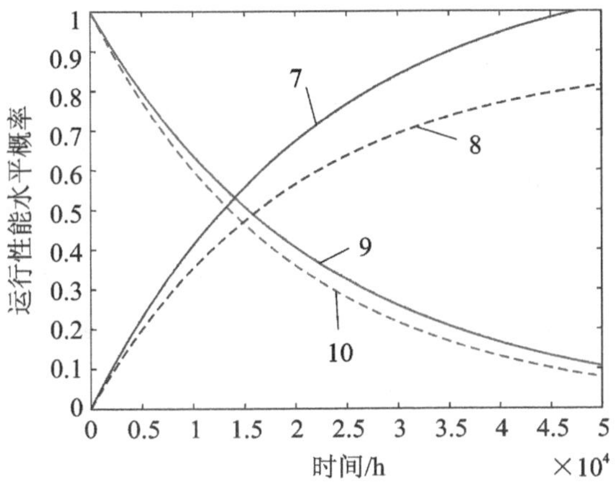

(e) 天线D

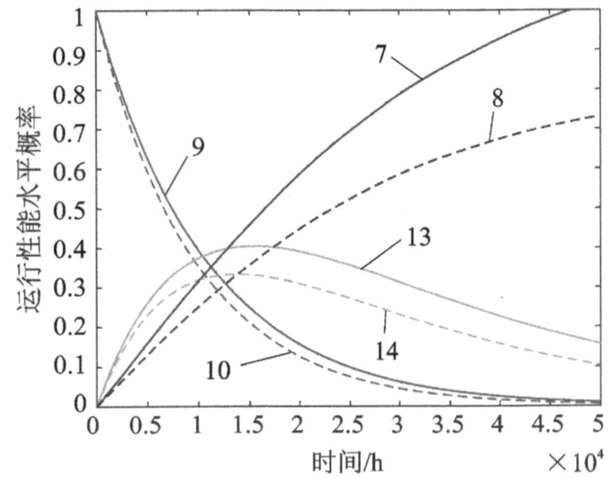

(f) 数据处理终端E

1—运行性能水平度量值为 100；2—运行性能水平度量值为 0；
3—运行性能水平度量值为 50 的上限值；4—运行性能水平度量值为 50 的下限值；
5—运行性能水平度量值为 25 的上限值；6—运行性能水平度量值为 25 的下限值；
7—运行性能水平度量值为 0 的上限值；8—运行性能水平度量值为 0 的下限值；
9—运行性能水平度量值为 100 的上限值；10—运行性能水平度量值为 100 的下限值；
11—运行性能水平度量值为 60 的上限值；12—运行性能水平度量值为 60 的下限值；
13—运行性能水平度量值为 75 的上限值；14—运行性能水平度量值为 75 的下限值

图 3-9　不同部件处于各运行性能水平的概率(概率区间)曲线(续)

3.4.3　任务成功概率评估应用分析

根据各部件处于各运行性能水平的概率(概率区间)结果，结合式(3-9)，可求解各部件处于不同运行性能水平的 BPA，如表 3-3 所列。

根据功能模块中各部件的运行性能水平及相应的 BPA，构建各部件的证据状态向量和证据状态概率向量，尔后依据参考文献[188]中所定义的运算规则，依次得出各信号流的联合证据状态矩阵及联合证据状态概率矩阵。通过构建证据布尔矩阵将各信号流的相应矩阵转化为向量的形式，从而根据具体任务要求和任务持续时间，求解在认知不确定性条件下功能模块的证据任务成功概率区间。这里以GO图中的信号流2为例讲解。

表 3-3　各部件的运行性能水平及相应的 BPA

部件名称	状态编号	运行性能水平度量值	BPA
信号源 A	1	100	$P_{\mathrm{A}}^{1}=\mathrm{e}^{-1.8\times10^{-5}t}$
	2	0	$P_{\mathrm{A}}^{2}=1-\mathrm{e}^{-1.8\times10^{-5}t}$
发射机 B1/B2	1	50	$P_{\mathrm{B1/B2}}^{1}=\mathrm{e}^{-1.26\times10^{-4}t}$
	2	25	$P_{\mathrm{B1/B2}}^{2}=1.419\mathrm{e}^{-6.4\times10^{-5}t}-1.419\mathrm{e}^{-1.26\times10^{-4}t}$
	3	0	$P_{\mathrm{B1/B2}}^{3}=0.825-1.242\mathrm{e}^{-6.4\times10^{-5}t}+0.417\mathrm{e}^{-1.26\times10^{-4}t}$
	4	[0,25,50]	$P_{\mathrm{B1/B2}}^{4}=0.175-0.177\mathrm{e}^{-6.4\times10^{-5}t}+0.002\mathrm{e}^{-1.26\times10^{-4}t}$
接收机 C	1	100	$P_{\mathrm{C}}^{1}=\mathrm{e}^{-8.1\times10^{-5}t}$
	2	60	$P_{\mathrm{C}}^{2}=1.08\mathrm{e}^{-3.1\times10^{-5}t}-1.08\mathrm{e}^{-8.1\times10^{-5}t}$
	3	0	$P_{\mathrm{C}}^{3}=0.713-0.836\mathrm{e}^{-3.1\times10^{-5}t}+0.123\mathrm{e}^{-8.1\times10^{-5}t}$
	4	[0,60,100]	$P_{\mathrm{C}}^{4}=0.287-0.244\mathrm{e}^{-3.1\times10^{-5}t}-0.043\mathrm{e}^{-8.1\times10^{-5}t}$
天线 D	1	100	$P_{\mathrm{D}}^{1}=\mathrm{e}^{-5.1\times10^{-5}t}$
	2	0	$P_{\mathrm{D}}^{2}=0.882-0.882\mathrm{e}^{-5.1\times10^{-5}t}$
	3	[0,100]	$P_{\mathrm{D}}^{3}=0.118-0.118\mathrm{e}^{-5.1\times10^{-5}t}$
数据处理终端 E	1	100	$P_{\mathrm{D}}^{1}=\mathrm{e}^{-1.04\times10^{-4}t}$
	2	75	$P_{\mathrm{D}}^{2}=1.196\mathrm{e}^{-4.8\times10^{-5}t}-1.196\mathrm{e}^{-1.04\times10^{-4}t}$
	3	0	$P_{\mathrm{D}}^{3}=0.827-1.072\mathrm{e}^{-4.8\times10^{-5}t}+0.245\mathrm{e}^{-1.04\times10^{-4}t}$
	4	[0,75,100]	$P_{\mathrm{D}}^{4}=0.173-0.049\mathrm{e}^{-1.04\times10^{-4}t}-0.124\mathrm{e}^{-4.8\times10^{-5}t}$

信号流2是由信号源A信号通过发射机B1形成的联合信号，其联合证据状态矩阵为

$$\boldsymbol{X}_2=\begin{bmatrix}50 & 25 & 0 & [0,25,50] \\ 0 & 0 & 0 & 0\end{bmatrix} \tag{3-44}$$

$\boldsymbol{X}_2$ 中包含4种不同的元素，代表信号流2具备的4种运行性能水平，因此该信号流包含4个证据布尔矩阵，分别为

$$\boldsymbol{X}_2^{50}=\begin{bmatrix}1&0&0&0\\0&0&0&0\end{bmatrix}\tag{3-45}$$

$$\boldsymbol{X}_2^{25}=\begin{bmatrix}0&1&0&0\\0&0&0&0\end{bmatrix}\tag{3-46}$$

$$\boldsymbol{X}_2^{0}=\begin{bmatrix}0&0&1&0\\1&1&1&1\end{bmatrix}\tag{3-47}$$

$$\boldsymbol{X}_2^{[0,25,50]}=\begin{bmatrix}0&0&0&1\\0&0&0&0\end{bmatrix}\tag{3-48}$$

根据式(3-8),可以求得信号流2最终的联合证据状态概率向量为

$$\boldsymbol{P}_{2\_new}=[P_{2\_new}^{50}\quad P_{2\_new}^{25}\quad P_{2\_new}^{0}\quad P_{2\_new}^{[0,25,50]}]\tag{3-49}$$

$$P_{2\_new}^{50}=e^{-1.44\times10^{-4}t}$$

$$P_{2\_new}^{25}=1.419e^{-8.2\times10^{-5}t}-1.419e^{-1.44\times10^{-4}t}$$

$$P_{2\_new}^{0}=1-0.175e^{-1.8\times10^{-5}t}+0.417e^{-1.44\times10^{-4}t}-1.242e^{-8.2\times10^{-5}t}$$

$$P_{2\_new}^{[0,25,50]}=0.175e^{-1.8\times10^{-5}t}-0.177e^{-8.2\times10^{-5}t}+0.002e^{-1.44\times10^{-4}t}$$

由GO图可知,信号流3的相应结果与信号流2相同,操作符18-4的并联运算规则为信号流2与信号流3当前运行性能水平之和,故信号流4的联合证据状态矩阵和联合证据状态概率矩阵分别为

$$\boldsymbol{X}_4=\begin{bmatrix}100&75&50&[50,75,100]\\75&50&25&[25,50,75]\\50&25&0&[0,25,50]\\{[50,75,100]}&[25,50,75]&[0,25,50]&[0,25,50,75,100]\end{bmatrix}\tag{3-50}$$

$$\boldsymbol{P}_4=\begin{bmatrix}P_{2\_new}^{50}P_{3\_new}^{50}&P_{2\_new}^{50}P_{3\_new}^{25}&P_{2\_new}^{50}P_{3\_new}^{0}&P_{2\_new}^{50}P_{3\_new}^{[0,25,50]}\\P_{2\_new}^{25}P_{3\_new}^{50}&P_{2\_new}^{25}P_{3\_new}^{25}&P_{2\_new}^{25}P_{3\_new}^{0}&P_{2\_new}^{25}P_{3\_new}^{[0,25,50]}\\P_{2\_new}^{0}P_{3\_new}^{50}&P_{2\_new}^{0}P_{3\_new}^{25}&P_{2\_new}^{0}P_{3\_new}^{0}&P_{2\_new}^{0}P_{3\_new}^{[0,25,50]}\\P_{2\_new}^{[0,25,50]}P_{3\_new}^{50}&P_{2\_new}^{[0,25,50]}P_{3\_new}^{25}&P_{2\_new}^{[0,25,50]}P_{3\_new}^{0}&P_{2\_new}^{[0,25,50]}P_{3\_new}^{[0,25,50]}\end{bmatrix}\tag{3-51}$$

根据GO图中信号流流向和证据多态GO操作符的运算规则,可依次求解各信号流最终化简的联合证据状态向量和联合证据状态概率向量,这里不再赘述。其中整个功能模块的相应结果可用信号流7的求解结果替代。假设该功能模块单独执行作战任务Task_k,其任务要求$D^{T_k}=60$,则相应的任务成功概率区间应根据任务持续时间分布类型进行具体分析。

1）假设任务持续时间为确定值，则根据式（3－10）、式（3－11）和式（3－41）可得，作战任务 Task_k 最终的任务成功概率区间为

$$\begin{cases} \mathrm{SU}_{\mathrm{Task}_k}(D^{T_k},t^{T_k})=[\underline{\mathrm{SU}_\mathrm{F}}(D^{T_k},t^{T_k}),\overline{\mathrm{SU}_\mathrm{F}}(D^{T_k},t^{T_k})] \\ \underline{\mathrm{SU}_\mathrm{F}}(D^{T_k},t^{T_k})=[(p_\mathrm{A}^1 p_\mathrm{B1/B2}^1)^2+2(p_\mathrm{A}^1)^2 p_\mathrm{B1/B2}^1 p_\mathrm{B1/B2}^2](p_\mathrm{C}^1+p_\mathrm{C}^2)p_\mathrm{D}^1(p_\mathrm{E}^1+p_\mathrm{E}^2) \\ \overline{\mathrm{SU}_\mathrm{F}}(D^{T_k},t^{T_k})=1-p_\mathrm{E}^3-(1-p_\mathrm{E}^3)\{p_\mathrm{D}^2+(p_\mathrm{D}^1+p_\mathrm{D}^3)\times \\ \qquad [(1-p_\mathrm{C}^3)(2p_\mathrm{A}^1(p_\mathrm{A}^1 p_\mathrm{B1/B2}^3+p_\mathrm{A}^2)(1-p_\mathrm{B1/B2}^3)+ \\ \qquad (p_\mathrm{A}^1 p_\mathrm{B1/B2}^2)^2)+(p_\mathrm{C}^1+p_\mathrm{C}^2)(p_\mathrm{A}^1 p_\mathrm{B1/B2}^3+p_\mathrm{A}^2)^2+p_\mathrm{C}^3]\} \end{cases} \tag{3-52}$$

从 $t^{T_k}=0$ 开始，以 $\Delta t^{T_k}=5\ 000\ \mathrm{h}$ 为采样时间，利用 MATLAB 进行仿真分析，得到 Task_k 的任务成功概率区间曲线，如图 3－10 所示。

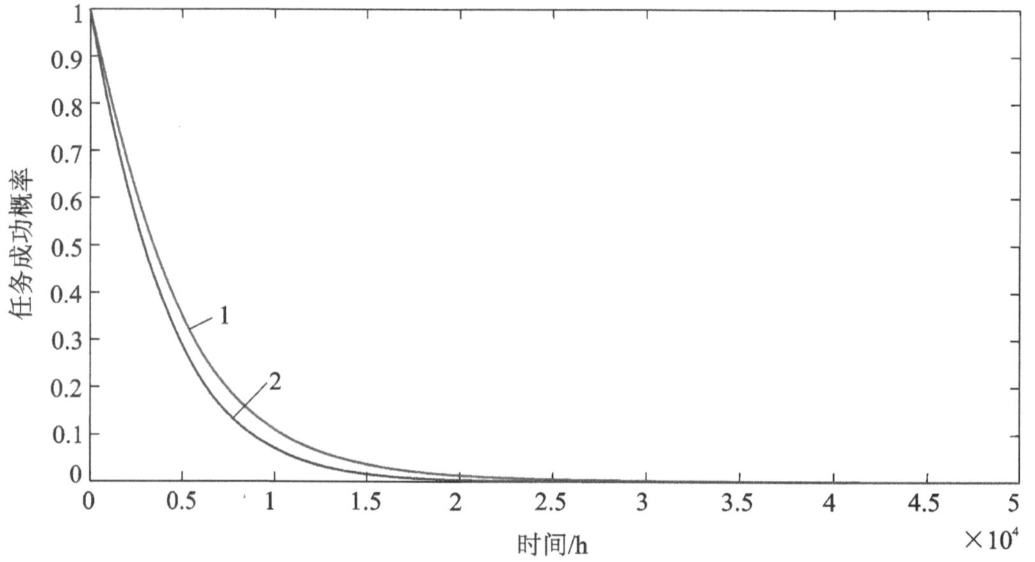

1—任务要求为60时的上限值；2—任务要求为60时的下限值

图 3－10　作战任务 Task_k 的任务成功概率曲线

由 GO 图可知，信号流 1 为共有信号，而上述分析计算并未对信号流 7 中所包含的共有信号进行修正，根据式（3－18）可求得共有信号修正后的信号流 7 的证据状态概率矩阵，即

$$\boldsymbol{P}_{7\_\mathrm{new}}^\mathrm{T}=\boldsymbol{B}_0+\boldsymbol{B}_1\boldsymbol{P}_1^\mathrm{T} \tag{3-53}$$

而信号流 1 的状态即为信号源 A 的运行性能状态，仅包含两个确定性状态。这里将信号流 1 化简后的证据状态向量和证据状态概率向量代入式（3－53）中，即可对信号流 7 进行修正，求解得出其最终的证据状态向量和相应的证据状态概率

向量,进而通过仿真计算获得修正后的 $Task_k$ 的任务成功概率区间曲线,如图 3－11 所示。

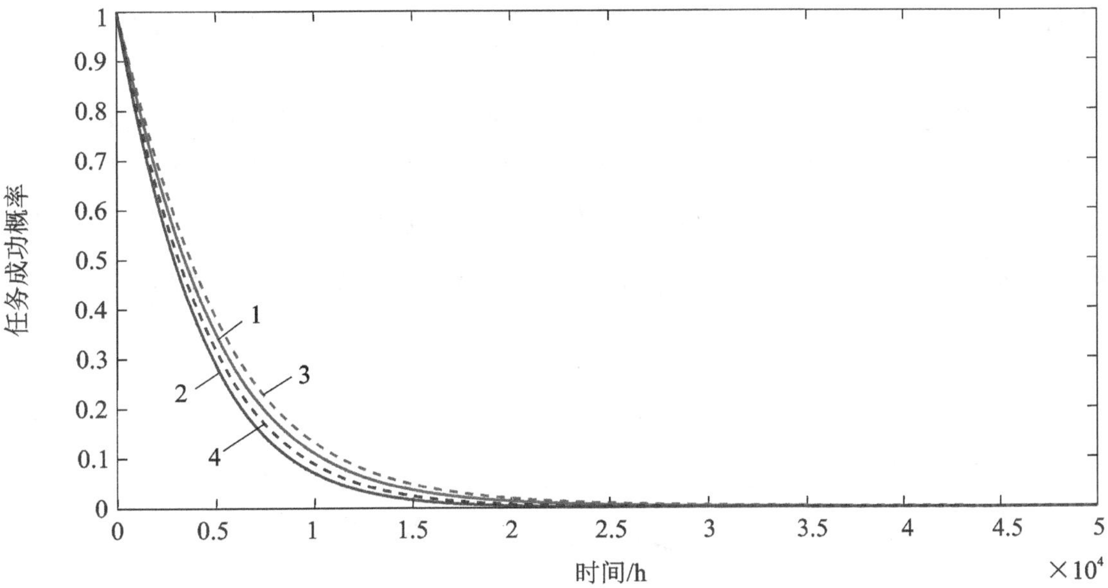

1—任务要求为60时的上限值(未修正)；2—任务要求为60时的下限值(未修正)；
3—任务要求为60时的上限值(修正)；　4—任务要求为60时的下限值(修正)

图 3－11　修正与未修正的概率区间曲线对比

由图 3－11 可知：

① 在装备体系使命任务执行过程中,随着任务时间推移,$Task_k$ 的任务成功概率区间在总体上会不断下降。这是由于随着运行时间的增长,功能模块内各部件的性能退化导致功能模块整体的运行性能水平不断降低。

② 在一定时间范围内,$Task_k$ 的任务成功概率区间会逐渐增大。这是由功能模块内各部件退化参数的认知不确定性所引起的,会影响决策者对于该功能模块能否成功执行相应作战任务的判断。例如,功能模块的运行时间超过 20 000 h 后,$Task_k$ 的任务成功概率下限值已趋于 0,表示功能模块已无法完成任务,而相应上限值则表示功能模块在一定程度上可以继续执行任务。在保证体系总体使命任务成功性要求的前提下如何取舍,是决策者在进行维修决策时面临的重要问题。上述分析在一定程度上可作为维修决策的依据。

③ 随着任务时间继续增大,概率区间变小直至为 0。这是因为在不考虑维修的情况下,时间趋于无穷大必然导致功能模块内各部件都发生失效,最终引起功能模块失效,无法继续完成任务,任务成功概率趋于 0。

综上,考虑性能退化特性对于系统功能层的任务成功性评估是尤为重要的。此外,以 $t^{T_k}=5\ 000$ h 为例,共有信号未修正时,Task_k 的任务成功概率区间为[0.288,0.351],共有信号修正后,该结果为[0.321,0.384]。因此,为保证结果的真实性和精确性,在利用 GO 模型分析系统功能层的任务成功性时,需通过修正算法减小共有信号对于结果的不良影响。

2) 任务持续时间为服从指数分布的随机变量,分布参数为 λ^{T_k},则首先利用式(3-10)、式(3-11)和式(3-42)求解初始任务成功概率区间,再结合式(3-18)对共有信号进行修正,从而得到 Task_k 修正后的任务成功概率区间。从 $\lambda^{T_k}=0$ 开始,以 $\Delta\lambda^{T_k}=10^{-5}/h$ 为步长采样,利用 MATLAB 进行仿真分析,得到 Task_k 的任务成功概率区间曲线,如图 3-12 所示。

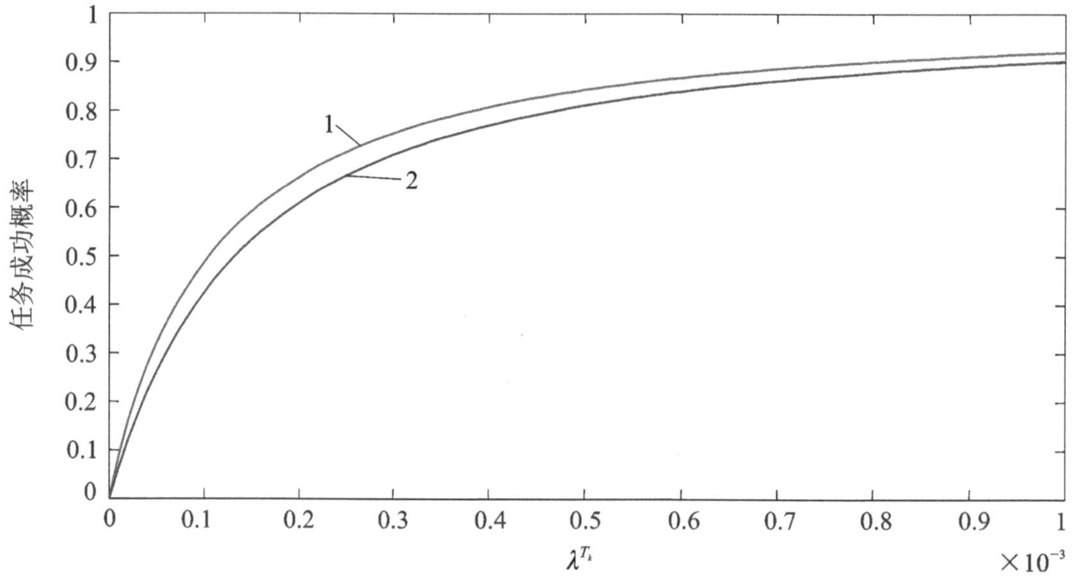

1—任务要求为60时的上限值;2—任务要求为60时的下限值

图 3-12　任务持续时间随机时的任务成功概率曲线

当任务持续时间为随机变量时,参数 λ^{T_k} 通过控制任务持续时间的长度决定 Task_k 的任务成功概率:λ^{T_k} 越小,任务持续时间越长,在不考虑维修的情况下,各部件的运行性能水平会随时间增长一直退化直至发生失效,最终导致任务成功概率不断降低直至为 0。综上,当任务持续时间随机时,系统功能层的任务成功概率区间在总体上会随着 λ^{T_k} 的增大而增大,直至为 1 后不再变化,而区间宽度会呈现先增大后减小的趋势。

3.5　本章小结

本章提出一种基于证据 GO 模型的系统功能模块任务可靠性评估方法，以 GO 法原理为分析基础，结合证据理论构建一种考虑认知不确定性的多态 GO 法操作符，完成对系统功能模块的不确定性量化；结合 Markov 模型对功能模块及相应部件的运行性能状态进行可靠性建模，从而有效地分析性能退化特性对系统功能层任务可靠性的影响。此外，考虑任务持续时间的随机性，研究任务持续时间随机情况下系统功能层任务可靠性评估问题，并分析任务时间分布参数对任务成功概率的影响。

第4章　基于运行依赖性的作战能力层任务成功性评估

第3章针对装备体系中的系统功能层构造了相应的任务可靠性评估模型，而在装备体系中，同一作战行动需要多种装备系统独立工作并相互配合来执行，不同系统的不同功能相互配合，形成同一作战行动的不同作战能力以保证作战行动的成功，而这一形成过程伴随着运行依赖性的产生，必然与系统运行特性相互作用共同影响作战行动的执行。因此，本章重点针对基于运行依赖性的作战能力层任务成功性评估进行阐述，分析判断装备体系在作战行动执行过程中所形成的各种作战能力在运行依赖性的影响下是否均达到相应任务要求，从而为作战行动层乃至整个使命任务的任务成功性评估工作的展开提供依据。

4.1　问题描述与分析

4.1.1　装备体系运行依赖性分析

体系由使命驱使，装备体系内各组分系统在配合执行一项作战行动时，往往表现出管理和运行的独立性，但必须在无故障运行（使用）的条件下协调一致地工作，以实现一组总体作战能力来完成相应的作战行动。而在系统运行期间，其是否运转正常，在一定程度上取决于其他系统当前的运行性能状态或运行输出结果，即系统与系统之间、系统与能力之间以及能力与能力之间存在运行依赖性；体系内单一系统的故障或降级以及作战能力的丧失或下降会对体系内其他系统或能力的运行水平产生一定影响。因此，从作战适用性和作战效能相结合的角度来说，体系内参与规定作战行动的各装备系统相应功能的良好运行不足以保证作战行动的成功，作战能力层的任务成功性也不仅仅取决于通过对各个系统不同功能模块的运行性能水平进行叠加来评估，还受系统和能力间的复杂运行依赖性[194-195]的影响。如图4-1所示，在执行某作战行动过程中，三架无人机、一颗卫星和一艘舰船构成一个体系，各装备系统相互配合，共同实现目标探测和火力毁伤等作战能力。舰船需要无人机和卫星经探测捕获的信息作为其运行的输入，依赖于它们本身探测功能运行性能水平的发挥。

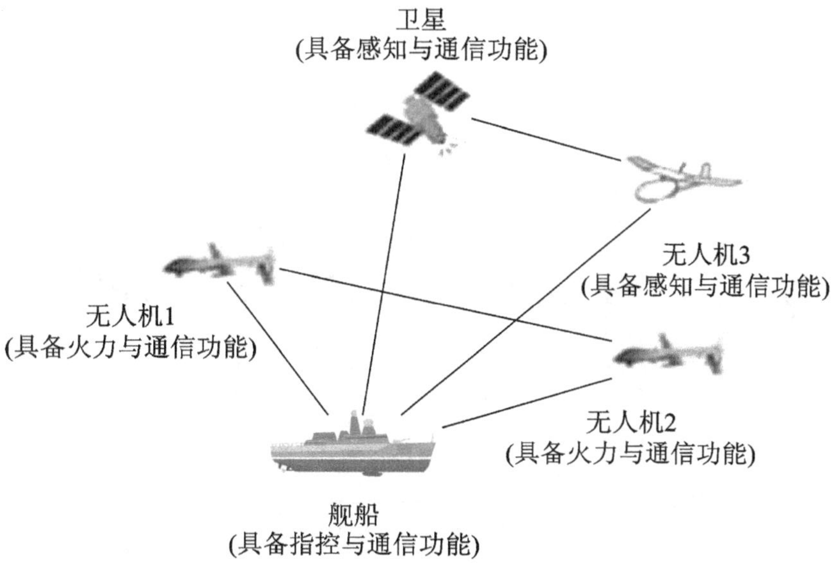

图 4-1　体系运行依赖性示例

一般来说,装备体系是提供体系级作战能力的各装备系统的网络化组合,如图 4-2 所示。在最高层次,装备体系本质上是执行各项任务所需作战能力的集合,由作战使命驱使。作战行动的执行需要体系中各组分系统协同配合运行实现相应的作战能力,不同作战行动所需的作战能力是体系层作战能力集合中的一个或几个元素,而能力均从系统级功能的集合中产生,功能由各个系统提供,每个系统一般具备多项功能,可为实现不同的作战能力提供辅助和支撑。不同系统功能之间、功能与能力之间以及能力与能力之间通过运行依赖关系而相互联结,同一系统在同一作战行动的不同作战任务中所运行的功能不同,其运行水平所代表的涵义也有所区别。从作战适用性和作战效能相结合的角度来看,根据各系统不同功能的任务可靠性框图,构建动态的系统功能的任务可靠性评估模型;通过分析系统在不同任务下各功能使用活动的运行水平高低,分析其故障或降级在运行依赖关系中对作战行动中各作战能力的影响,从而对作战行动层的任务成功性进行有效分析与评估。

因此,为了对作战行动层的任务成功性进行合理评估,需要对作战能力层进行重点分析。而在进行作战能力层任务成功性评估时,不能孤立地研究体系内的各单一系统,需要从整体的角度出发,研究系统间的相互作用对作战能力的影响,即识别、描述和度量体系内各系统功能和作战能力之间依赖关系对于整体的影响;通过研究体系内某一功能或能力运行水平变化对整个体系中其他相互依赖的功能或能力的连锁反应,采用一定方法预估其相应影响,从而最大程度地降低运行风险,提高体系的任务成功概率[196]。而对于装备体系的运行依赖性而言,一般具备以下

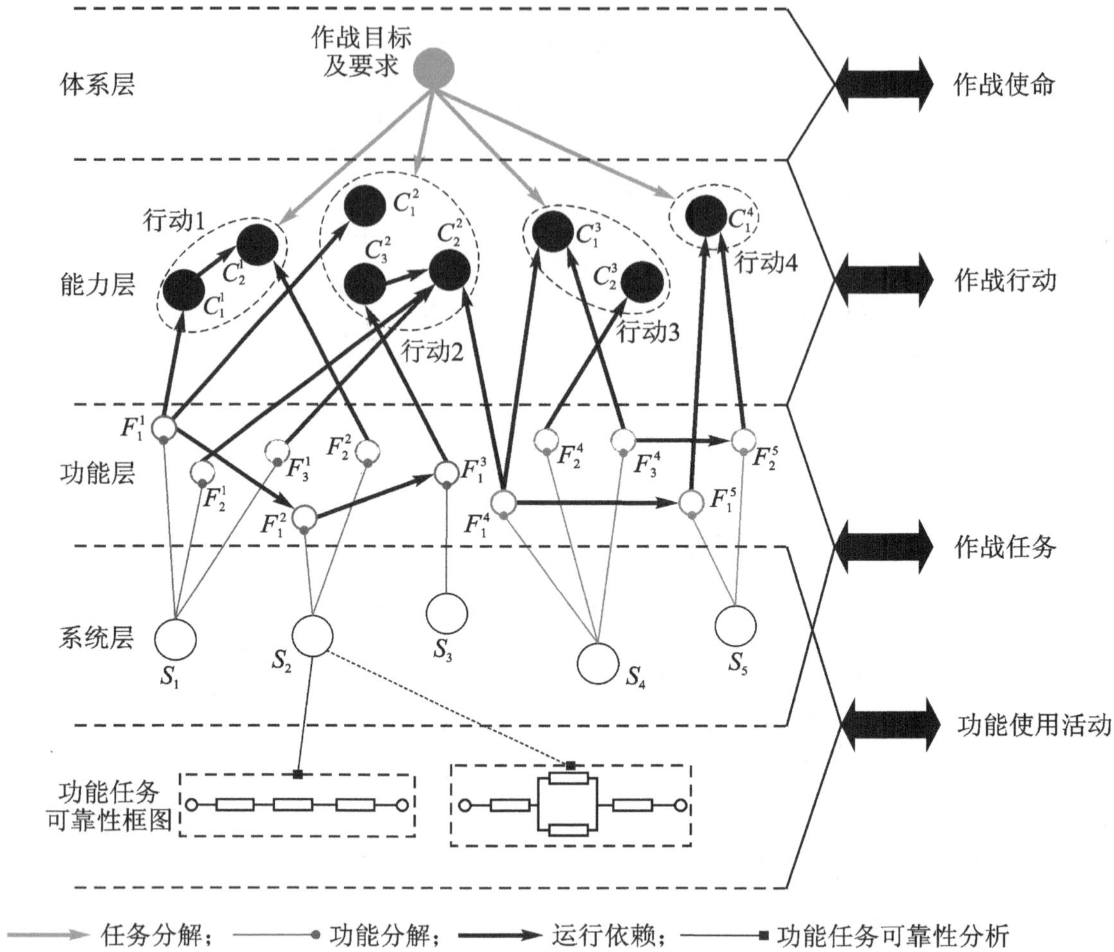

图 4-2　基于运行依赖性的装备体系网络化组成

几个特点：

（1）运行依赖性在装备体系执行使命任务期间普遍存在

装备体系是由相互配合协同运行的异构装备系统通过有机集成形成的更为复杂的系统，各组分系统间必然相互依赖，任何装备体系都具备运行依赖性，其中任一组分系统功能运行性能水平的降级或失效必定对其他系统乃至整个体系产生一定的影响，从而影响体系的任务成功性。

（2）运行依赖性受制于使命任务

体系由使命驱使，其运行依赖性必然也受制于使命任务，由具体的作战行动所决定。不同作战行动由不同装备系统配合完成，一项作战行动未必需要体系中全部装备系统参与，因此，装备系统间的运行依赖关系根据作战行动不同会有所区别，而作战行动的任务要求也决定了任务成功需达成什么样的作战能力，从而形成相应的运行依赖网络。此外，使命任务的动态性也决定了运行依赖性具备动态特征，在分析时需考虑时间因素。

（3）运行依赖性的产生与各装备系统间的协同和交互密切相关

装备体系在执行使命任务的过程中，所包含的各类装备系统通过协同与交互在功能上产生多种供给和接收关系，从而形成相应的运行依赖网络。在网络中某个或多个节点的运行水平降低、故障或资源冲突等均会对其他节点的运行产生一定影响，从而导致一定的风险，影响任务成功性。

（4）运行依赖性表现为一种趋势

装备体系中单一或多个装备系统功能的降级或故障会通过运行依赖性在体系执行使命任务过程中传播、转化和放大，从而表现为作战能力降级或丧失，无法完成相应作战行动的趋势，最终导致装备体系任务成功性降低。

综上所述，装备体系的运行依赖性是面向体系使命任务和作战能力的，需要从任务成功性的角度考察体系作战能力在不同系统、不同功能运行性能水平降级或故障等异常条件下的变化情况和满足程度。此外，在评估作战能力层的任务成功性时引入体系的运行依赖性分析，构建相应的运行依赖网络，可度量各装备系统或作战能力相对于任务成功性的重要度，筛选出影响体系任务成功性的关键节点，即关键装备系统或关键系统功能，对其进行重点的维修和保障工作，对于提升装备体系的任务完成能力和整体的任务成功性具有重要意义。

4.1.2　评估方法分析

在单一装备系统中，各部件以紧耦合形式聚合在一起形成不同的系统结构，各部件间的性能相依、共因失效和故障级联等特性导致它们之间存在一定依赖关系[197-202]；而装备体系中各组分系统在任务执行过程中同样具有类似特性，在进行体系依赖性分析时可借鉴单一系统层的相应分析方法。但是，装备体系的结构是由各装备系统通过松耦合的形式聚合而成的，各装备系统均具备独立运行的能力，因此在进行装备体系层面的依赖性分析时，又不能完全照搬单一系统层的相应分析方法，必须结合装备体系依赖性特点，选取适用于装备体系依赖性分析的方法。功能依赖网络分析（Functional Dependency Network Analysis，FDNA）方法是一种利用数学图论对体系依赖性进行风险评估的方法，为研究体系依赖性问题提供了较好思路，在一定程度上满足装备体系运行依赖性分析的需要，但该方法在运用上存在一些缺陷和不足，需要加以改进。

4.1.2.1　FDNA 的基本原理

FDNA 是由 Garvey 和 Pinto[203] 于 2009 年提出的一种体系依赖性分析方法，用于度量由于风险所导致的实体或供给-接收链的运行水平降级对于体系的连锁影响，从而分析体系内各实体（或链）不可运行程度对体系任务成功性所产生的损失能否被接受。如图 4－3 所示，在体系能力组合过程中，将体系内各组分系统划分为供给节点和接收节点，由一组有向的线和点来描述两种节点间的依赖关系，从而构成有向的依赖网络图。其中，接收节点的运行水平在某种程度上依赖于一个或多个供给节点的运行水平，也就是说，体系中某功能的运行或能力的实现依赖于一个或多个功能（或能力）的运行水平高低。

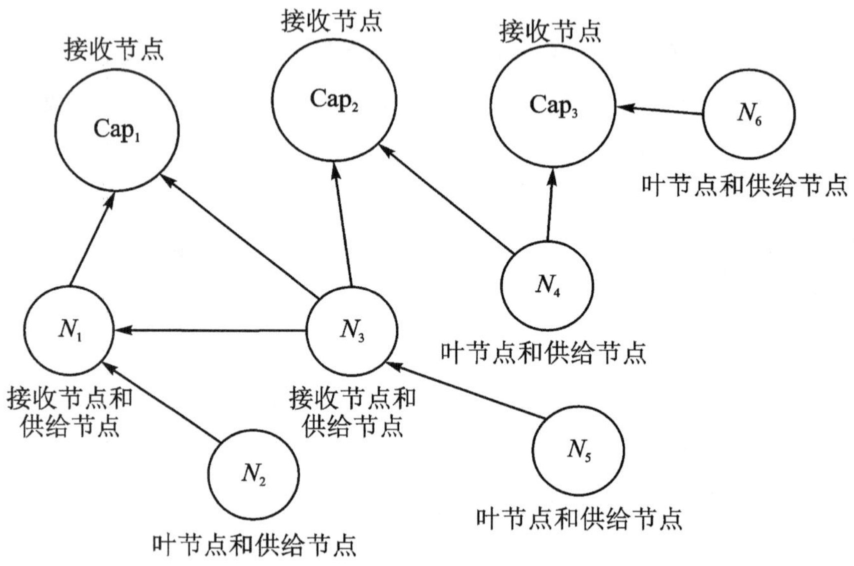

图 4－3　体系能力组合的 FDNA 图

FDNA 的依赖网络图也可从“父子关系”的角度来看。其中，父节点是包含对应供给节点的接收节点，这些供给节点被称为该父节点的子节点，而叶节点是指没有子节点的节点，即网络中最底层的供给节点。

装备体系内不同节点间的运行依赖关系，表现在某一节点的运行需要其他节点良好运行的支持，而节点在一定性能水平上运行的状态就定义为节点的运行水平。在 FDNA 中，一般用 MOP（性能测度）表示节点运行输出；用 MOE（效能测度）表示其相应的大小，即范围在 0～100 之间的无量纲的效能值。不同节点相应的 MOP 所代表的物理参量有所不同，但相应的 MOE 在 FDNA 中需通过处理保持一致。例如飞机速度为节点性能水平所代表的相应参数，其值在 50～500 m/s 之间，该节点的运行水平与性能参数的映射关系如图 4－4 所示。当飞行速度为 500 m/s 时，节点运行水平为 100，表示该节点处于运行完好状态；飞行速度为 50 m/s 及以下时节点运行水平为 0，表示该节点处于失效状态；飞行速度为 170 m/s 时节点运行水平为 50。

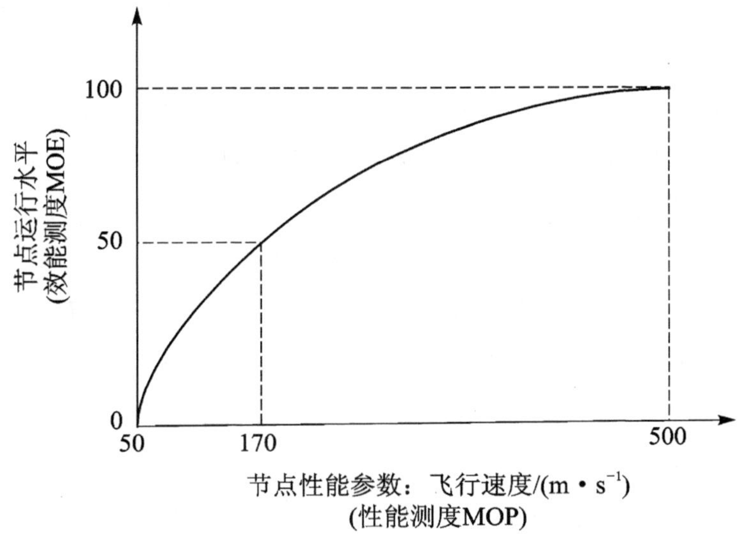

图 4-4　节点效能函数曲线示例

4.1.2.2　FDNA 的基本算法

FDNA 根据最弱链规则发展而来，并以此为基础构造依赖网络中各节点的运行水平函数。假设节点 N_j 与节点 $N_1,N_2,N_3,\cdots,N_h$ 存在依赖关系，$N_1,N_2,N_3,\cdots,N_h$ 均为供给节点，N_j 为接收节点，如图 4-5 所示，则使用一组参数 $\{SOD_{ij},COD_{ij},BOL_j\}$ 来构造其依赖性计算函数。其中，SOD_{ij} 表示节点 N_i 和 N_j 之间的依赖强度，用于描述依赖关系对于接收节点基本运行水平的额外贡献，即表征依赖关系的辅助特性，使用依赖强度系数 α_{ij} 来进行具体计算，且 $0\leqslant\alpha_{ij}\leqslant1$；$COD_{ij}$ 表示两节点间的依赖关键度，用于描述依赖关系对于接收节点基本运行水平的牵制或限制，即表征依赖关系的制约特性，使用依赖关键度系数 β_{ij} 来进行具体计算，且 $0\leqslant\beta_{ij}\leqslant100$；$BOL_j$ 表示所有供给节点均失效时接收节点 N_j 的基本运行水平。

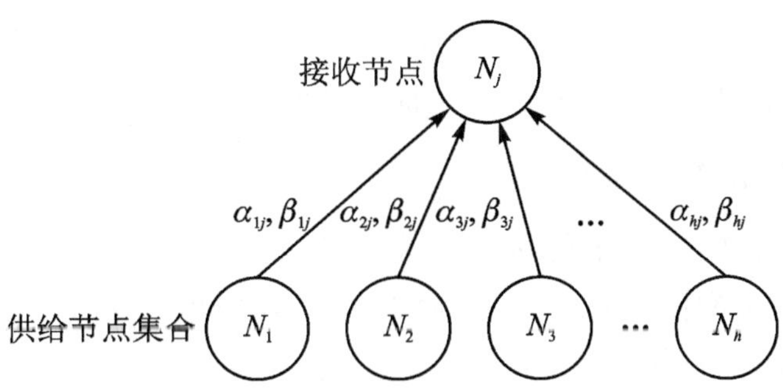

图 4-5　多节点依赖关系的 FDNA 示例

根据最弱链规则对 FDNA 的定义，接收节点 N_j 的运行水平度量值为

$$O_j = \min\{F(O_1, O_2, O_3, \cdots, O_h), G(O_1, O_2, O_3, \cdots, O_h)\} \tag{4-1}$$

式中，$F(O_1, O_2, O_3, \cdots, O_h)$和 $G(O_1, O_2, O_3, \cdots, O_h)$分别为接收节点 N_j 基于供给节点集合依赖强度和依赖关键度的运行水平函数；$O_i(i=1,2,\cdots,h)$为各供给节点的运行水平度量值。

$$F(O_1, O_2, O_3, \cdots, O_h) = O_{\mathrm{SOD}_j} = \mathrm{Average}(O_{\mathrm{SOD}_{1j}}, O_{\mathrm{SOD}_{2j}}, \cdots, O_{\mathrm{SOD}_{hj}}) \tag{4-2}$$

$$O_{\mathrm{SOD}_{ij}} = \alpha_{ij} O_i + 100(1-\alpha_{ij}), \quad i=1,2,\cdots,h \tag{4-3}$$

式中，$O_{\mathrm{SOD}_{ij}}(i=1,2,\cdots,h)$为节点 N_j 与 N_i 之间基于 SOD_{ij} 的运行水平度量值；α_{ij} 为节点 N_j 与 N_i 之间的依赖强度系数，值越大表示供给节点的贡献越大，接收节点对于该供给节点的依赖越强。

$$O_{\mathrm{BOL}_{ij}} = 100(1-\alpha_{ij}), \quad i=1,2,\cdots,h \tag{4-4}$$

$$O_{\mathrm{BOL}_j} = \mathrm{Average}(O_{\mathrm{BOL}_{1j}}, O_{\mathrm{BOL}_{2j}}, \cdots, O_{\mathrm{BOL}_{hj}}) \tag{4-5}$$

式中，$O_{\mathrm{BOL}_{ij}}$ 为当供给节点 N_i 运行水平度量值为 0 时，节点 N_j 的基本运行水平度量值。当 N_j 存在多依赖关系时，其基本运行水平度量值为各供给节点单独与 N_j 构成依赖时 N_j 运行水平度量值的平均值。

因此，由上可以确定

$$\alpha_{ij} = \frac{O_j^i - O_{\mathrm{BOL}_j}}{O_j^i} \times 100\% \tag{4-6}$$

式中，O_j^i 表示供给节点集合中 N_i 的运行水平度量值为 100 且其他节点均为 0 时，节点 N_j 的运行水平度量值。对于单依赖关系而言，O_j^i 恒为 100。

$$G(O_1, O_2, O_3, \cdots, O_h) = O_{\mathrm{COD}_j} = \min(O_{\mathrm{COD}_{1j}}, O_{\mathrm{COD}_{2j}}, \cdots, O_{\mathrm{COD}_{hj}}) \tag{4-7}$$

$$O_{\mathrm{COD}_{ij}} = O_i + \beta_{ij}, \quad i=1,2,\cdots,h \tag{4-8}$$

式中，$O_{\mathrm{COD}_{ij}}(i=1,2,\cdots,h)$为节点 N_j 与 N_i 之间基于 COD_{ij} 的运行水平度量值；β_{ij} 为节点 N_j 与 N_i 之间的依赖关键度系数。当供给节点的运行水平度量值为 0 时，会使得接收节点的运行水平度量值从其基本运行水平发生降级，即产生一定损失$(100-\beta_{ij})$。该值越小表示供给节点对于接收节点的制约越大，其关键度越高。

4.1.2.3 FDNA 的适用性

目前，许多学者在体系研究的多个方面对 FDNA 进行了应用和扩展。例如，陈跃等[204]利用 FDNA 构造体系依赖关系波及效应的邻接矩阵和可达矩阵，提出一种体系效能贡献度分析方法；陈宽等[205]结合 FDNA 中的依赖、制约关系分析体系结构的韧性水平，并对体系的弹性问题进行了分析与讨论；张旺勋等[206]基于 FDNA 构建装备体系的威胁模型，提出一种装备体系安全性分析方法；Guariniello

等[207]以 FDNA 为基础，分别提出体系在运行（使用）和研制过程中的依赖分析方法——SODA 和 SDDA，对体系的弹性和鲁棒性进行了有效分析。以上研究表明，FDNA 方法在一定程度上满足体系依赖性分析的基本要求，其直观的表现形式和良好的数学表达对于作战能力层的任务成功性评估工作具有较好的适用性。

1. 能够准确描述装备体系的基本信息

装备体系的作战行动由各装备系统配合完成，作战能力的形成与不同系统功能间的相互依赖密不可分，作战能力层的任务成功性评估工作是通过分析作战能力和系统功能之间的依赖关系来完成的；因此，FDNA 中的节点既可代表不同系统的不同功能，也可代表不同作战行动中的不同作战能力，可根据运行依赖性分析的需要对节点属性进行扩充，而 FDNA 中的边可针对具体依赖关系的不同进行区分。

2. 能够通过准确描述节点运行水平变化支持任务成功性的分析

FDNA 图可以很好地展现节点之间不同依赖关系的传递过程，并以此为基础计算分析网络中由单个或多个节点运行水平的变化而导致的其他与之存在依赖关系的各节点的运行水平的相应变化，最终分析这些变化所引起的目标作战能力的运行水平变化，从而结合行动要求判断作战行动是否成功执行，计算相应的任务成功概率等。

3. 能够通过准确描述组合效应支持整体任务成功性的分析

同一作战行动需要多个装备系统运行多个功能来完成，因此，仅单个节点运行水平变化对于其他节点乃至整体的影响不足以对作战行动执行全过程进行准确描述；而 FDNA 可以通过改变多个节点或边的参数值，分析多个节点运行水平同时发生降级或失效对于整体任务成功性的影响，并得到组合效应导致的最终任务成功概率结果。

4. 能够与系统功能层的任务可靠性评估工作相兼容

作战能力层的任务成功性评估是以系统功能层的任务可靠性评估结果为基础的。该层级的评估工作需要以系统功能层所得的相应结果为输入，通过对 FDNA 中传统节点进行扩展并区分其种类，这样可以很好地兼顾两个层级的评估工作，从而保证装备体系任务成功性评估的完整性和有效性。

5. 模型易于分析，计算较为简便，结果可借助 MATLAB 数学工具快速获取

通过对 FDNA 基本原理和基础算法的介绍可以看出，运用 FDNA 分析体系的运行依赖性较为简易，所构建的模型通过图论进行表示较为直观，其数学计算过程易于编程，在构建作战能力层复杂庞大的运行依赖关系时可借助 MATLAB 数学工具自动分析计算，从而可较快地获取任务成功性评估结果。

4.1.2.4　FDNA 的局限性

利用 FDNA 对于体系依赖性的研究，虽然在一定程度上分析了体系依赖性对于体系运行的相应影响，但深入程度不够，对依赖网络中节点、依赖关系及依赖种类的解释不足，未能解决由于同节点执行不同行动而可能出现的双向依赖问题，未考虑体系执行任务过程中的动态性和系统自身运行性能退化等方面对运行依赖性的影响。分析运行依赖性的相关参数有待进一步扩展，其存在一定的局限性：

1. FDNA 中的相关概念不够完善

当前对于 FDNA 的研究还停留在较为初期的状态，功能依赖网络中各类元素如节点、依赖关系等的概念含糊不清，网络中的节点、依赖关系等的种类未进行细化分类，导致形成的依赖网络较为粗糙。此外，FDNA 基础算法中的一些参数的概念也不够明确，在分析计算时容易混淆，产生一些不必要的错误。

2. FDNA 基础算法中的参数偏少

FDNA 基础算法包含 $\{SOD_{ij}, COD_{ij}, BOL_j\}$ 三个参数。其中，节点属性仅用运行水平描述，而依赖关系属性仅用依赖强度和依赖关键度来描述。对于考虑作战适用性和作战效能相结合的装备体系任务成功性评估而言，节点自身运行水平会发生一定退化，也可能由于维修等因素产生一定提升。若要描述这些现象对于整体的影响，仅用当前三个参数是远远不够的，必须针对任务成功性评估工作的具体需要，对 FDNA 中的参数进行扩展和补充。

3. FDNA 对于网络节点属性的描述不够细致

对于装备体系而言，其作战行动是否成功执行的判据为参与该行动的各装备系统是否相互配合形成了满足要求的相应作战能力，并能持续运行不中断，而作战能力的形成实际上是由系统功能实现的。一般来说，每个装备系统具备多项功能，即同一装备系统可能参与不同作战行动，且在不同行动中可能运行不同功能，而 FDNA 一般将节点统一看成单个装备系统，无法准确描述系统所具备的多项功能，即 FDNA 对于节点的多属性特征处理不足，因此也无法准确描述作战行动中各系统的运行过程。此外，FDNA 单一的节点属性描述参数也无法解决具备多属性特征的节点的运行依赖分析计算问题。

4. 难以描述双向依赖问题

FDNA 图为有向网络图，即信息的流动是定向的，但装备体系在执行使命任务过程中，可能出现双向依赖问题。如图 4－6 所示，某装备体系由一个指控中心、一艘舰船和两架无人机组成。在执行情报搜索行动时，需通过无人机的感知功能搜索目标，尔后将目标信息发送至海上舰船，由舰船对信息进行处理发送至指控中心，主要实现目标探测能力。而在执行目标打击行动时，需先完成上述过程，尔后再由指控中心发出打击指令，经舰船处理发送至无人机，再由无人机的火力功能对目标予以打击。对于此类过程，传统 FDNA 无法进行描述，需根据任务成功判据和目标作战能力构建相适应的运行依赖网络。

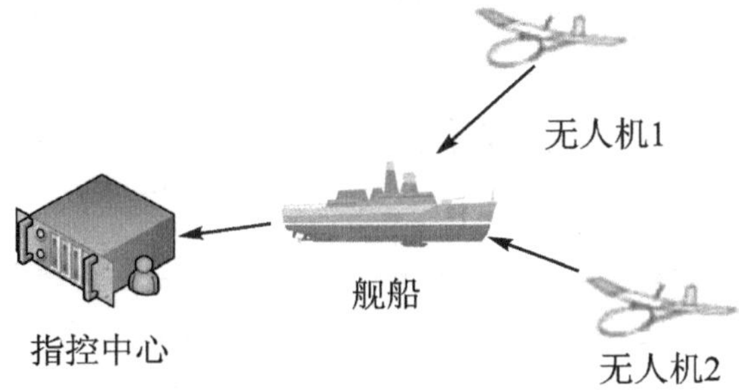

情报搜索行动：实现目标探测能力

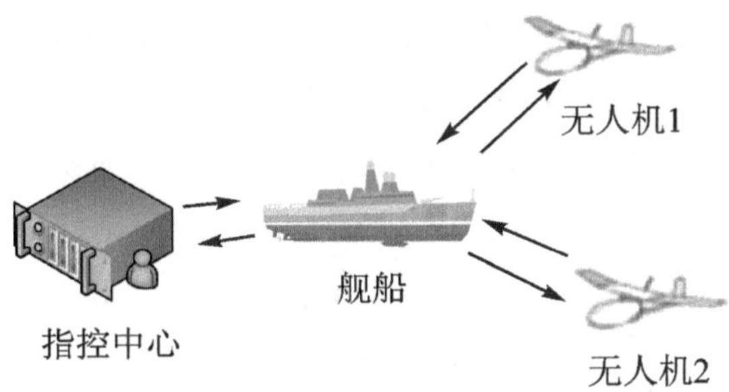

目标打击行动：实现目标探测能力和火力毁伤能力

图 4－6　双向依赖关系示例

5. 未考虑装备系统各功能模块自身运行性能水平退化对于运行依赖性的影响

根据 FDNA 基础算法可知，接收节点的最终运行水平由与之形成依赖关系的各供给节点的运行水平以及依赖参数决定，即均假设接收节点本身处于运行完好状态，在 $F(O_1,O_2,O_3,\cdots,O_h)$ 和 $G(O_1,O_2,O_3,\cdots,O_h)$ 两个函数中均假设接收节点的运行水平为 100。第 3 章指出，从作战适用性和作战效能相结合的角度考虑，装备系统中任一功能模块的运行性能水平会随任务时间的增长而下降。其原因为功能模块内各部件可能发生性能降级或失效等现象。因此，假设运行依赖网络中的各接收节点运行水平均为 100 是不合理也不符合实际的。此外，与接收节点产生依赖关系的各供给节点，若其自身运行性能水平发生降级，对接收节点的辅助依赖和制约依赖均应产生影响，即应对 $F(O_1,O_2,O_3,\cdots,O_h)$ 和 $G(O_1,O_2,O_3,\cdots,O_h)$ 两个函数进行一定改进，考虑节点自身运行性能水平退化对运行依赖性的影响，从而保证作战能力层任务成功性评估的准确性和有效性。

6. 未考虑装备体系执行任务的动态性和复杂性

FDNA 所构建的依赖网络可以看作是静态网络，未考虑时间因素。而装备体系在执行作战行动的过程中,随时间的延长其运行依赖网络可能发生结构变化,且一项作战行动中根据目标作战能力和任务成功判据的不同,可能需要构建多个运行依赖网络,其复杂程度会呈指数增长。传统 FDNA 尚且无法完全适用于此类问题的分析,因此需根据作战行动的具体要求对其进行适用性改进。

4.2 运行依赖网络的构建

根据上述分析,在构建装备体系的运行依赖网络之前,需注意以下几个问题:

① 装备体系中运行依赖关系的内涵与形式会随着对象种类(即系统功能和作战能力)的不同而发生变化,在构建依赖网络时必须对其进行清晰界定。

② 装备体系的任务成功性要求装备系统在执行任务期间保证在运行完好状态或在任务要求以上的工作状态下运行,而由于运行依赖性的存在,某一装备系统功能发生故障或运行性能水平降级时,不仅会中断自身功能的运行,也会对其他系统功能或作战能力的运行产生中断或降级的影响。这种影响涉及辅助和制约两方面,需对此分别进行定性和定量处理。

③ 产生运行依赖的主体和客体之间可能为一对一,也可能为一对多,需要对此分情况讨论。

④ 装备体系在执行使命任务期间所产生的运行依赖关系必然与时间因素产生联系,必须在考虑任务动态性的基础上构建依赖网络,满足体系任务成功性评估的需要。

4.2.1 基本概念界定

运行依赖网络用 $G=\{N,E\}$ 表示,主要由节点和边构成。节点代表装备系统、系统功能或作战能力,用 $N=\{N_1,N_2,\cdots,N_p\}$ 表示运行依赖网络中所有类型的节点,这些节点既可以为供给节点或接收节点,也可以同时为供给节点和接收节点。而边代表节点之间的相互依赖关系,用 $E=\{E_1,E_2,\cdots,E_q\}\subseteq N\times N$ 表示运行依赖网络中所有类型的边,即不同种类的依赖关系。下面对运行依赖网络中的相应概念进行界定。

1. 节点(Node *N*)

运行依赖网络中的节点可以表示为装备系统、功能模块或作战能力。在 FDNA 中一般将节点定义为装备系统,用一个整体的效能测度指标——运行水平,来描述节点的属性。但对于体系中的复杂装备系统而言,任一系统一般具备多个功能,使用单一指标或节点描述整个系统不够具体,甚至影响其相应依赖关系的描述，从而难以保证网络构建的准确性和有效性。张旺勋[208]对此采用多属性向量扩展的方法，将系统不同功能进行封装处理，如下式：

$$N_1=\{N_{11},N_{12},\cdots,N_{1n}\} \tag{4-9}$$

式(4－9)表示系统节点 N_1 包含 n 个效能测度指标，即 n 个运行性能参数。虽然在一定程度上该式对系统属性进行了细致描述，但对于包含若干装备系统的体系而言，势必造成运行依赖关系描述的复杂化，在进行 FDNA 网络转化时易导致图形化表示的不直观和不清晰，且当前 FDNA 基础算法不适用于这种情况的分析计算，如图 4－7 所示。

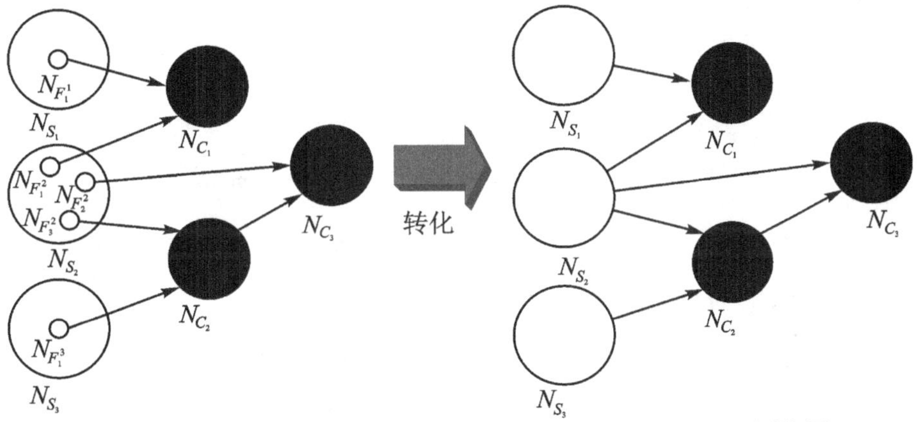

图 4－7　系统节点与能力节点的运行依赖网络

对于装备体系的运行依赖网络而言，实际上是描述系统功能和作战能力之间的依赖关系，因此这里将系统节点分解为相应的功能节点。假设装备系统 S_i 共具有 $n_i^f(n_i^f\leqslant 7)$ 个功能模块，用节点 $N_{F_j^i}$ 表示系统节点 N_{S_i} 的第 j 个功能，即

$$N_{S_i}=\{N_{F_1^i},N_{F_2^i},\cdots,N_{F_{n_i^f}^i}\} \tag{4-10}$$

这样即可在 FDNA 图中分别用单个效能测度指标对各个功能节点的运行性能水平进行相应描述，并以此为基础准确构建运行依赖网络，如图 4－8 所示。

根据上述分析，装备体系的运行依赖网络中大致包含两类节点，一类为功能节点，另一类为能力节点。

功能节点代表装备系统的具体功能，由系统各部件进行一定串并联后配合形成，是系统结构的外在表现，属于实体节点。根据装备功能种类的不同，大致可分为指控节点、感知节点、机动节点、火力节点、通信节点、防护节点和辅助节点。

而能力节点主要指为完成体系目标或任务所需的基本能力，如火力毁伤能力、快速机动能力等，属于虚拟节点，是由相关装备系统根据任务目标和需要运行各自

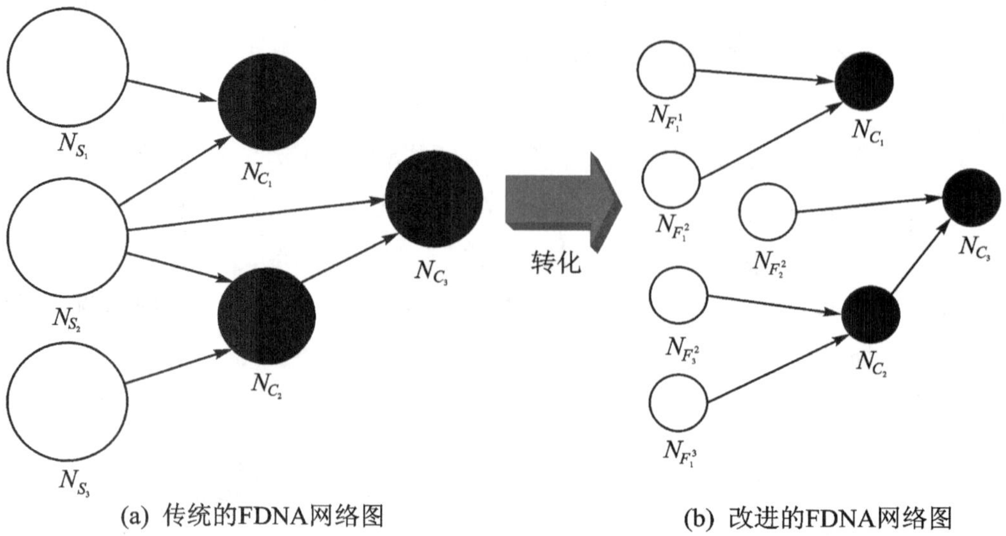

图 4-8 功能节点与能力节点的依赖网络

功能并且相互配合形成的,依赖于系统功能而存在。其种类根据指挥员对于评估体系作战达成效果的需要而有所不同。

此外,从依赖角度考虑,可分为供给节点和接收节点,类似于“父子”关系。接收节点的运行水平取决于供给节点的运行水平,供给节点将自身输出效能贡献供给一个或多个接收节点。换言之,接收节点为依赖者,供给节点为被依赖者。

2. 边(Edge *E*)

“边”指用于描述装备体系中各系统功能之间的运行依赖关系,表示存在于两节点之间的一种条件或状态,即一个节点的运行在一定程度上依赖于其他节点的运行。在运行依赖网络中将存在依赖关系的各节点相互连接,将运行依赖关系进行数学化描述,可方便进行相应的运行水平分析和任务成功性评估。

根据节点种类的不同,可以分为功能节点与功能节点之间的连接边、功能节点与能力节点之间的连接边以及能力节点与能力节点之间的连接边,分别表征相同和不同种类节点之间的运行依赖关系。

而根据节点数量的不同,可以分为单依赖关系(一对一)的连接边和多依赖关系(一对多)的连接边。其中,单依赖关系存在于单一接收节点和单一供给节点之间,多依赖关系存在于单一接收节点和多个供给节点之间,两者的具体内涵还受节点种类的控制。

3. 运行水平(Operational Level *O*)

在运行依赖网络中,运行水平 O 用于度量节点根据预先定义的作战或使用要求处于可靠运行状态的能力,范围在 0~100 之间。

能力节点的运行水平定义为作战效果达成水平 O_C，是表征所实现作战能力大小的效能测度指标。

功能节点的运行水平定义为运行性能水平 O_F，是表征系统功能的运行状态好坏的效能测度指标。对于不同的功能节点，其不同物理量对应的性能参数大小和量纲均不同，在网络中通过处理统一表示为无量纲的度量值。

4. 基本运行水平(Baseline Operational Level O_B)

基本运行水平 O_B 指当所有依赖关系均不可用时，接收节点独自在体系内工作的运行水平。能力节点的基本运行水平定义为基本作战效果达成水平 O_B^C。由于能力节点依赖于功能节点而存在，因此 O_B^C 取值一般为 0，而功能节点的基本运行水平定义为基本运行性能水平 O_B^F，其值根据运行依赖网络进行具体分析计算得出。

5. 独立运行水平(Independent Operational Level O^I)

FDNA 主要针对依赖关系本身造成的运行水平变化及连锁反应进行分析，均假设节点原有运行水平度量值为 100，在实际中显然是不合理的。而在体系执行任务过程中，功能节点自身会发生故障或性能退化等现象，导致其自身运行性能水平无法达到最佳值，即功能节点自身具备“多态”特性。需要明确的是，能力节点不存在这种情况。对于能力节点而言，其作战效果达成水平产生的根本是因为功能节点的输出，故能力节点本身不具备这种特性，在计算时需要具体分析。因此，这里仅定义功能节点的独立运行性能水平 O_F^I，其范围为 0～100，与 O_F 基本一致；但两者也存在区别，O_F^I 不考虑任何依赖关系，仅考虑节点自身性能退化对此产生的影响，即表示节点单独工作的运行性能水平，而 O_F 是综合考虑依赖关系和 O_F 得出的节点在体系执行任务期间的最终输出结果。

4.2.2　连接规则分析

在装备体系的运行依赖网络中，各节点间的连接是根据所执行的作战行动决定的，而相应的连接规则是由构成关系的节点的种类和运行依赖关系的种类决定的。

1) 单依赖关系主要表示网络中两节点之间的依赖关系，根据节点种类，可作如下分析：

① 功能节点与功能节点　运行独立性是装备体系的主要特点之一，因此对于存在依赖关系的两功能节点 N_i 和 N_j(假设 N_i 为供给节点，N_j 为接收节点)，N_j 的运行性能水平不会因为 N_i 的故障而变为 0，但会随着 N_i 运行性能水平的降低而逐渐降低。即当 $O_i=0$ 且 $O_{F_j}^I\neq 0$ 时，$0<O_j<100$；而当 $0<O_i\leqslant 100$ 时，O_j 的

大小取决于 $O_{F_j}^{\mathrm{I}}$ 的大小和节点间运行依赖参数两方面。

② 功能节点与能力节点　作战能力是系统功能在执行任务期间的具体体现，因此在这种情况下，接收节点必为能力节点，供给节点必为功能节点。对于这种情况，若供给节点发生故障，则接收节点的作战效果达成水平必为0。

2）多依赖关系主要表示网络中一个接收节点与若干供给节点之间的依赖关系，根据节点种类，可作如下分析：

① 接收节点为功能节点，供给节点均为功能节点。在这种情况下，接收节点与供给节点之间的依赖关系表现为两种形式。一种是"与"依赖，即所有供给节点对接收节点都产生一定贡献，任一供给节点不可用（故障）均导致接收节点的运行性能水平为0；另一种为"或"依赖，即所有供给节点均可对接收节点产生贡献，当且仅当所有供给节点均不可用（故障）时，接收节点的运行性能水平为0。

② 接收节点为能力节点，供给节点均为功能节点。在这种情况下，供给节点可能为同种功能，例如在某目标探测行动中，所需的作战能力为侦察探测能力，而该能力由舰船和直升机的雷达系统配合形成，即舰船的感知功能与直升机的感知功能共同对侦察探测能力产生一定依赖关系；也可能为异种功能，例如在某进攻作战行动中，无人机的感知功能与舰船的火力功能配合实现火力毁伤能力。此外，其依赖关系可表现为"与"依赖、"或"依赖。

③ 接收节点为能力节点，供给节点包含功能节点和能力节点。在这种情况下，供给节点集合中的能力节点一般为接收节点提供一定辅助贡献，而供给节点集合中的功能节点一般为接收节点提供主要贡献。例如在某行动中，对于火力毁伤能力而言，既需要舰船的武器系统行使火力功能，也需要直升机与舰船各自的雷达系统配合形成的侦察探测能力辅助武器系统形成火力毁伤能力。因此若供给节点集合中的能力节点不可用（丧失），不会对接收节点运行水平产生毁灭性影响，但会导致接收节点的作战效果达成水平发生降级。而供给节点集合中的功能节点则与②中所述类似，它们与接收节点的运行依赖关系可表现为"与"依赖、"或"依赖。

4.2.3 参数扩展与计算分析改进

上述分析指出，FDNA 的基础算法存在一定缺陷：一是未考虑独立运行水平对于运行依赖关系的影响；二是所使用的基本参数只有基本运行水平、依赖强度系数和依赖关键度系数三个，不足以准确描述装备体系的运行依赖性；三是不能适用于各种节点、各类运行依赖关系的分析计算，因此需针对节点和运行依赖关系的种类不同，对基础算法进行适用性改进。

1. 单依赖关系

对于单依赖关系而言，其供给节点一般均为功能节点，接收节点为功能节点或能力节点，因此对于接收节点运行水平的计算，主要会因接收节点种类的不同而有所区别。

在式(4－3)中，基于依赖强度的运行水平函数仅由单一参数 α 控制，而装备系统在执行任务过程中各功能模块随时间会产生性能退化现象，导致其相应的运行性能水平降低，作为供给节点将影响接收节点的运行水平，作为接收节点也可能对自身运行水平的最终结果产生影响。因此，在这里结合参考文献[208]引入功能退化系数 δ，从而改进基于依赖强度的运行水平函数，δ 的计算公式如下：

$$\delta=\frac{O^{\mathrm{I}}}{100}\times 100\% \tag{4-11}$$

而作为能力节点，其本身完全受功能节点影响，本身不存在丧失与运行水平退化。假设供给节点和接收节点分别为 N_i 与 N_j，改进基于依赖强度的运行水平函数如下：

功能节点：
$$\begin{cases}O_{\mathrm{SOD}_j}=\delta_j\alpha_{ij}O_i+O^{\mathrm{I}}_{F_j}(1-\alpha_{ij})\\ \delta_j=\dfrac{O^{\mathrm{I}}_{F_j}}{100}\times 100\%\end{cases} \tag{4-12}$$

能力节点：
$$O_{\mathrm{SOD}_j}=\alpha_{ij}O_i+100(1-\alpha_{ij}) \tag{4-13}$$

假设 N_i 和 N_j 均为功能节点，两者之间存在运行依赖关系，且 N_i 为供给节点，N_j 为接收节点。其中，N_j 具备 3 个独立运行性能水平，其度量值分别为 100、75 和 0；N_i 具备 3 个独立运行性能水平，其度量值分别为 100、50 和 0；α_{ij} 取 0.5，对Garvey 方法和本文改进方法进行对比，其计算结果如表 4－1 所列。

由表 4－1 可以看出，当接收节点未出现失效或运行性能水平降级时，两者的计算结果相同；而当接收节点出现上述情况时，利用 Garvey 方法存在一定缺陷。例如当 $O^{\mathrm{I}}_{F_j}=0$(即 N_j 失效)时，利用 Garvey 方法计算的 O_{SOD_j} 仍为 100，结果缺乏合理性，而本书改进方法所得的结果为 0，说明当节点自身发生失效时，节点对整个体系不产生任何贡献。此外，利用本书改进方法计算的 O_{SOD_j}，在 $O^{\mathrm{I}}_{F_i}$ 保持不变时随 $O^{\mathrm{I}}_{F_j}$ 的下降而不断减小，在 $O^{\mathrm{I}}_{F_j}$ 保持不变时随 $O^{\mathrm{I}}_{F_i}$ 的减小而持续下降，与实际较为相符。

假设供给节点和接收节点分别为 N_i 和 N_j，当供给节点的运行水平较低时，COD_{ij} 为体系运行依赖性产生的主要因素；而在式(4－8)中，基于依赖关键度的运行水平函数仅由单一参数 β 控制，即在 COD 区中 N_j 基于依赖关键度的运行水平函数的斜率总为 1，且 O_j 仅取决于 O_i，N_j 的独立运行水平对此不产生任何影响。

表 4-1 两种方法的对比

参数设置	Garvey 方法	改进方法
	$O_{\mathrm{SOD}_j}=\alpha_{ij}O_i+100(1-\alpha_{ij})$	$\begin{cases}O_{\mathrm{SOD}_j}=\delta_j\alpha_{ij}O_i+O_{F_j}^{\mathrm{I}}(1-\alpha_{ij})\\ \delta_j=\dfrac{O_{F_j}^{\mathrm{I}}}{100}\times 100\%\end{cases}$
$O_i=O_{F_i}^{\mathrm{I}}=100, O_{F_j}^{\mathrm{I}}=100$	$O_{\mathrm{SOD}_j}=100$	$O_{\mathrm{SOD}_j}=100$
$O_i=O_{F_i}^{\mathrm{I}}=100, O_{F_j}^{\mathrm{I}}=75$	$O_{\mathrm{SOD}_j}=100$	$O_{\mathrm{SOD}_j}=75$
$O_i=O_{F_i}^{\mathrm{I}}=100, O_{F_j}^{\mathrm{I}}=0$	$O_{\mathrm{SOD}_j}=100$	$O_{\mathrm{SOD}_j}=0$
$O_i=O_{F_i}^{\mathrm{I}}=50, O_{F_j}^{\mathrm{I}}=100$	$O_{\mathrm{SOD}_j}=75$	$O_{\mathrm{SOD}_j}=75$
$O_i=O_{F_i}^{\mathrm{I}}=0, O_{F_j}^{\mathrm{I}}=100$	$O_{\mathrm{SOD}_j}=50$	$O_{\mathrm{SOD}_j}=50$
$O_i=O_{F_i}^{\mathrm{I}}=50, O_{F_j}^{\mathrm{I}}=75$	$O_{\mathrm{SOD}_j}=75$	$O_{\mathrm{SOD}_j}=56.25$

在装备体系实际运行中发现[209]，在 COD 区 O_j 可以比 O_i 增加得更快，关键度依赖的影响应被限制在更小的区域，且 β_{ij} 应随着 O_j^{I} 的降低而逐步减小。因此这里引入依赖影响系数 $\gamma(1\leqslant\gamma\leqslant 100)$，表征供给节点运行水平降级所导致的接收节点运行水平的相应损失，方便根据实际情况对 COD 区中 N_j 的基于依赖关键度的运行水平函数的斜率进行一定调整，如图 4-9 所示。

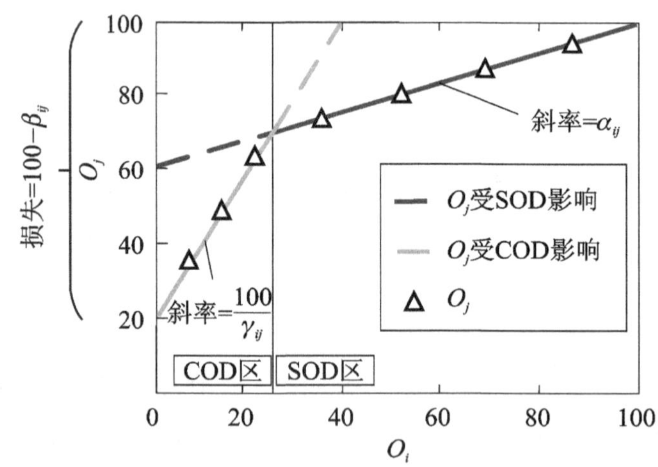

图 4-9 运行依赖网络中单依赖关系的运行水平分段线性模型

由上，结合功能退化系数 δ，改进基于依赖关键度的运行水平函数如下：

功能节点：

$$O_{\mathrm{COD}_j}=\frac{100}{\gamma_{ij}}O_i+\delta_j\beta_{ij} \tag{4-14}$$

能力节点：

$$O_{\mathrm{COD}_j}=\frac{100}{\gamma_{ij}}O_i+\beta_{ij} \tag{4-15}$$

式中，γ_{ij} 的值越小，则关键度依赖的影响越小。此外，在由功能节点与能力节点所构成的单依赖关系中，若功能节点的运行性能水平为 0，则能力节点的作战效果达成水平必然为 0，即能力节点的运行水平完全依赖于功能节点的运行水平。因此对于这种情况，一般取 $\alpha=1$ 或 $\beta=0$。

2. 多依赖关系

对于多依赖关系而言，在计算接收节点的运行水平时，不仅要考虑节点种类，如功能节点的独立运行性能水平对依赖关系的影响，还要针对依赖关系表现形式的不同进行细化。

假设接收节点为 N_j，其供给节点集合为 $\{N_1,N_2,N_3,\cdots,N_h\}$，两者在运行依赖网络中构成多依赖关系。多依赖关系的主要表现形式可分为“与”依赖和“或”依赖两种，根据上文对两种表现形式的定义可以得出，在该方面对于运行依赖性计算方法的改进主要集中在 COD 区。

若供给节点之间构成“与”依赖，则 O_{COD_j} 的计算公式如下：

$$O_{\mathrm{COD}_j}=\begin{cases}\min(O_{\mathrm{COD}_{1j}},O_{\mathrm{COD}_{2j}},\cdots,O_{\mathrm{COD}_{hj}}), & \prod_{i=1}^{h}O_i^{\mathrm{I}}\neq 0\\ 0, & \prod_{i=1}^{h}O_i^{\mathrm{I}}=0\end{cases} \tag{4-16}$$

若供给节点之间构成“或”依赖，则 O_{COD_j} 的计算公式如下：

$$O_{\mathrm{COD}_j}=\begin{cases}\min(O_{\mathrm{COD}_{1j}},O_{\mathrm{COD}_{2j}},\cdots,O_{\mathrm{COD}_{hj}}), & \sum_{i=1}^{h}O_i^{\mathrm{I}}\neq 0\\ 0, & \sum_{i=1}^{h}O_i^{\mathrm{I}}=0\end{cases} \tag{4-17}$$

若供给节点集合与接收节点的依赖关系表现形式为混合型，则根据具体形式利用式(4－16)和式(4－17)进行一定组合，在此不再赘述。

能力的形成依赖于系统功能的运行与发挥，而系统功能的良好运行有时也依赖于其他系统相应功能模块的运行输出结果。在 SOD 区各供给节点对接收节点产生辅助依赖，对接收节点的运行水平具有一定贡献，其计算公式与单依赖关系大致相同，可根据多依赖关系的种类并结合式(4－2)、式(4－12)和式(4－13)对每一个依赖关系中节点 N_j 基于依赖强度的运行水平进行计算后取平均值，在此不再赘述。

而在COD区，假设接收节点为能力节点，则供给节点集合中所有功能节点均失效时，接收节点的作战效果达成水平会降至0。若接收节点为功能节点，则供给节点集合中所有功能节点均失效并不意味着接收节点的运行性能水平一定降为0。

此外，在多依赖关系中，γ_{ij} 表征当其他供给节点正常运行时，$N_i(i=1,2,\cdots,h)$运行水平降级导致 N_j 运行水平的相应损失，应在多依赖关系的分析计算中予以考虑。而 β_{ij} 被定义为，当其他供给节点运行正常时，节点 N_i 失效对 N_j 的制约，在多依赖关系中，各供给节点对接收节点所产生的制约依赖大小根据节点不同而有所不同，即 β_{ij} 大小不一，而当除节点 N_i 以外的其他供给节点的运行水平发生降级时，β_{ij} 应产生一定损失。因此，应引入权重因子分析计算任一供给节点完全失效对接收节点最终运行水平产生损失的大小。本章在参考文献[209]的基础上，引入功能权重系数 ω 和关键度权重系数 μ，对基于依赖关键度的运行水平函数进行一定改进。

若接收节点为功能节点，则供给节点集合中全部为功能节点。其改进公式具体如下：

$$\begin{cases} O_{\mathrm{COD}_{ij}}=\dfrac{100}{\gamma_{ij}}O_i+\omega_{ij}\delta_j\beta_{ij} \\ \omega_{ij}=\dfrac{\sum\limits_{\substack{k=1\\k\neq i}}^{h}\mu_{kj}O_{F_k}^{\mathrm{I}}}{100\sum\limits_{\substack{k=1\\k\neq i}}^{h}\mu_{kj}}\times 100\% \\ \mu_{kj}=\dfrac{\beta_{kj}}{\sum\limits_{i=1}^{h}\beta_{ij}}\times 100\% \\ i=1,2,\cdots,h;k=1,2,\cdots,h \end{cases} \tag{4-18}$$

若接收节点为能力节点，则供给节点集合中可能均为功能节点，也可能为功能节点和能力节点的组合。在运行依赖网络中，能力节点的作战效果达成水平默认为100，但当能力节点作为供给节点出现时，其最终的作战效果达成水平根据相应计算后可能低于100。此时，应将供给节点集合中的能力节点看作特殊的功能节点，即任一供给节点 N_k 均存在独立运行水平 O_k^{I}。虽然运行依赖性的存在导致其发生了运行水平的降级，但作为接收节点的能力节点，应与之前保持一致，不存在运行水平降级等现象。其改进公式具体如下：

$$\begin{cases} O_{\mathrm{COD}_{ij}} = \dfrac{100}{\gamma_{ij}} O_i + \omega_{ij}\beta_{ij} \\ \omega_{ij} = \dfrac{\sum\limits_{\substack{k=1 \\ k\neq i}}^{h} \mu_{kj} O_k^{\mathrm{I}}}{100 \sum\limits_{\substack{k=1 \\ k\neq i}}^{h} \mu_{kj}} \times 100\% \\ \mu_{kj} = \dfrac{\beta_{kj}}{\sum\limits_{i=1}^{h} \beta_{ij}} \times 100\% \\ i = 1,2,\cdots,h; k = 1,2,\cdots,h \end{cases} \tag{4-19}$$

由上可知，在具体的装备体系运行依赖网络中，根据不同情况对上述公式进行组合，便可计算得出网络中各节点运行水平，此处不再赘述。

4.2.4　双向依赖关系消除

从 FDNA 的局限性分析可知，装备体系的运行依赖网络中可能存在双向依赖关系，而在用 FDNA 进行描述时存在一定困难，且网络中各节点运行水平的计算分析容易陷入死循环之中。因此，在详细分析装备体系执行作战行动过程中的复杂依赖关系后，对其进行运行依赖网络转化时，可通过以下三点对其中的双向依赖关系进行拆解，转化为若干个适用于 FDNA 计算分析的单向依赖关系，并逐个进行求解。

1. 作战行动逻辑分析

如图 4-6 所示的双向依赖问题，是由于同一组体系成员执行不同作战行动而产生的，在情报搜索行动中，最终指挥员需在指控系统上获取相应的情报信息。因此在该作战行动中，其运行依赖关系可转变为单向依赖，如图 4-10 所示。

在目标打击行动中，指挥员重点关注需实现的火力毁伤能力，其中的双向依赖关系可拆解为单向依赖关系，如图 4-11 所示。

因此，根据作战行动的目的和要求，理清作战行动中依赖关系的主因逻辑，可将双向依赖关系拆解为单向依赖关系，从而构建可用于分析计算的装备体系运行依赖网络。

2. 作战行动时序分析

作战行动随着时间向前推进，不同装备系统的不同功能模块在不同时刻与其他系统的相应功能模块发生交互并产生运行依赖关系，这是因为在同一作战行动中的不同时刻，各装备系统进行不同的作战任务。因此，若以作战行动不同时刻或

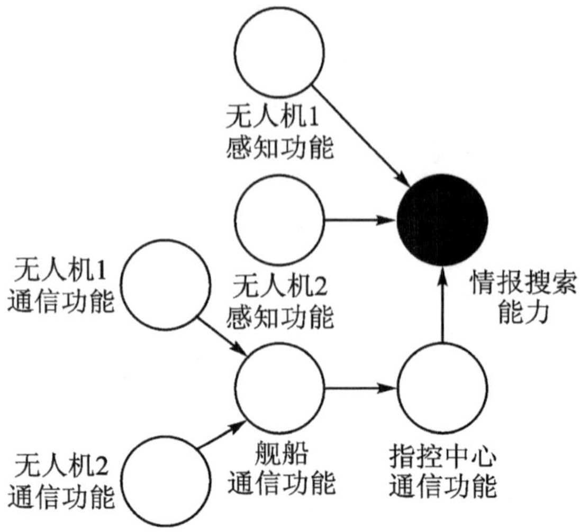

图 4-10　情报搜索行动中的运行依赖网络

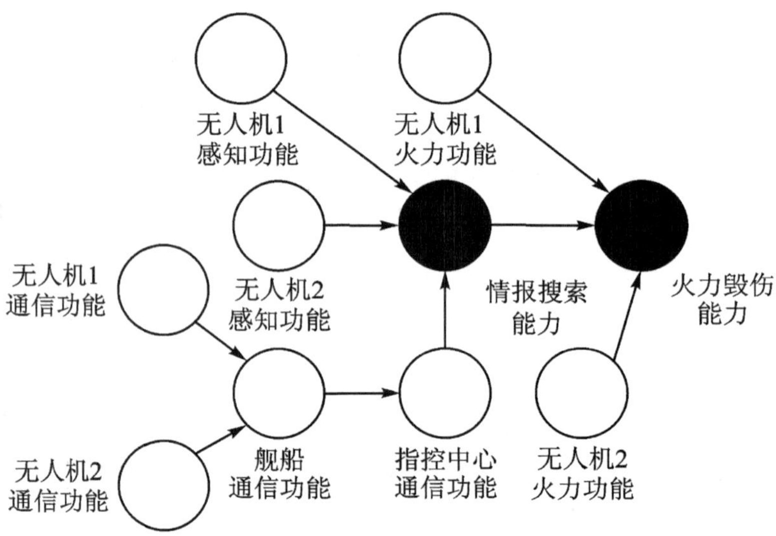

图 4-11　目标打击行动中的运行依赖网络

时间段为分析依据，考虑重点时刻或时间段的条件约束，则可构建由于不同作战任务导致的不同运行依赖网络，从而在一定程度上避免双向依赖问题。

3. 作战行动中节点或依赖关系的增减

如图 4-11 所示，若指挥员重点关注体系执行目标打击行动中的火力毁伤能力，则可将图中表征各装备系统通信功能的相应节点合并为一个总体的通信功能节点或特殊的通信能力节点，减少网络中非重点的边或节点，在解决双向依赖关系问题的同时简化计算，从而提高运行依赖性分析的效率。

以上方式虽可在一定程度上解决双向依赖问题，但不当的人为拆解可能导致模型部分计算结果丢失或与实际值略有偏差，因此需根据具体情况灵活运用三种方式构建满足要求的运行依赖网络。

4.3　作战能力层的任务成功概率评估

综上，将第 3 章求得的装备系统功能模块的运行性能水平向量和相应状态概率向量结果代入作战能力层的运行依赖网络中，即可通过上述分析计算方法求得满足任务要求的作战能力层任务成功性评估结果。假设某作战行动 Operation_m 的完成需实现 n_m^c 种作战能力，相应的作战能力要求向量为

$$\boldsymbol{D}^{O_m} = \begin{bmatrix} D_1^{O_m} & D_2^{O_m} & \cdots & D_{n_m^c}^{O_m} \end{bmatrix}$$

作战行动中各作战能力的持续时间向量为

$$\boldsymbol{t}^{O_m} = \begin{bmatrix} t_1^{O_m} & t_2^{O_m} & \cdots & t_{n_m^c}^{O_m} \end{bmatrix}$$

则对于作战能力 C_i^m 而言，其任务成功概率可以转换为该能力的作战效果达成水平在特定时间段内满足作战行动相应要求的概率，即

$$\text{SU}_{C_i^m}(D_i^{O_m}, t_i^{O_m}) = \Pr\{O_{C_i^m}(t_i^{O_m}) \geqslant D_i^{O_m}\} \tag{4-20}$$

当持续时间 $t_i^{O_m}$ 为服从概率密度函数 $f(t_i^{O_m})$ 的随机变量时，式(4－20)可变换为如下形式：

$$\text{SU}_{C_i^m}(D_i^{O_m}, t_i^{O_m}) = \int_0^{\infty} \Pr\{O_{C_i^m}(t_i^{O_m}) \geqslant D_i^{O_m}\} \cdot f(t_i^{O_m}) \mathrm{d}t_i^{O_m} \tag{4-21}$$

作战能力层的任务成功性评估结果在一定条件下可以看作是作战行动 Operation_m 被成功执行的概率，也就是需实现的或所关注的各项作战能力均满足相应能力要求的概率，即

$$\text{SU}_{\text{Operation}_m}(\boldsymbol{D}^{O_m}, \boldsymbol{t}^{O_m}) = \text{SU}_{\text{Operation}_m}^{O_C} = \prod_{i=1}^{n_m^c} \Pr\{O_{C_i^m}(t_i^{O_m}) \geqslant D_i^{O_m}\} \tag{4-22}$$

$$\text{SU}_{\text{Operation}_m}(\boldsymbol{D}^{O_m}, \boldsymbol{t}^{O_m}) = \text{SU}_{\text{Operation}_m}^{O_C} = \prod_{i=1}^{n_m^c} \int_0^{\infty} \Pr\{O_{C_i^m}(t_i^{O_m}) \geqslant D_i^{O_m}\} \cdot f(t_i^{O_m}) \mathrm{d}t_i^{O_m} \tag{4-23}$$

根据持续时间类型不同，可结合式(4－22)和式(4－23)求解最终的任务成功性评估结果。

由此可构建出基于运行依赖性的作战能力层任务成功性评估流程，如图 4－12 所示。

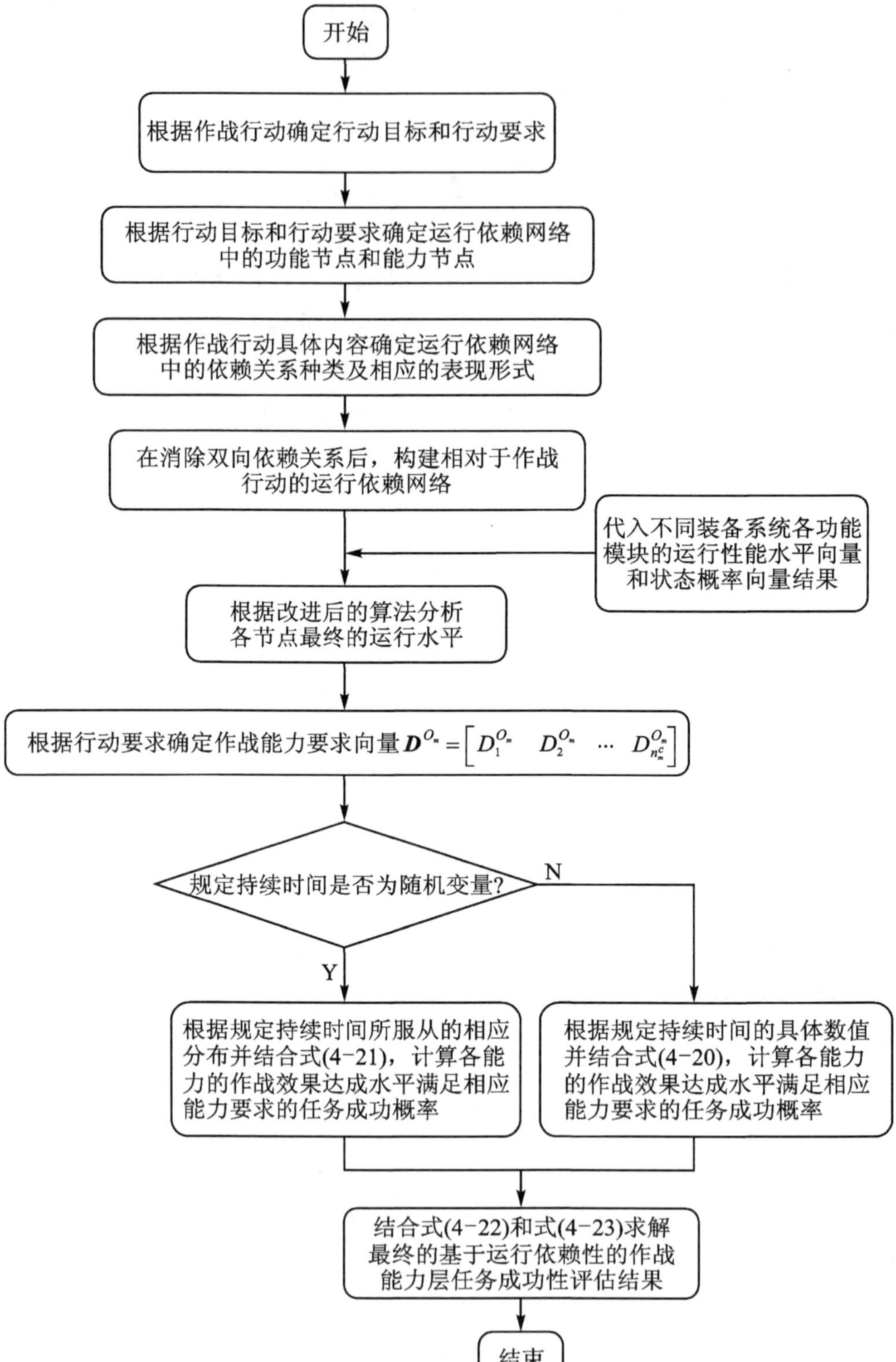

图 4-12 基于运行依赖性的作战能力层任务成功性评估流程

4.4　作战能力层任务成功性评估应用实例分析

本节以参考文献[209]中提供的案例和相应数据为基础，对本章所提方法进行分析和验证。在作战行动 Operation_m 中，一架侦察机和一艘配备探测和作战系统的舰船构成执行该作战行动的装备体系，敌方目标为一艘驶向海岸的敌舰，侦察机和舰船均可对该目标进行探测，尔后由舰船上的作战系统对其进行火力打击。在该行动中，指挥员关注的是敌舰遭受的火力打击程度。根据本章提出的流程，对该问题进行相应分析。

4.4.1　运行依赖网络的构建应用分析

依据场景所述，可确定网络中的五个节点，分别为侦察机感知功能节点 N_1、舰船感知功能节点 N_2、目标探测能力节点 $N_3(C_1^m)$、舰船火力功能节点 N_4 和火力毁伤能力节点 $N_5(C_2^m)$。其中，N_1 和 N_2 共同作用形成该任务中的目标探测能力，即 N_1 和 N_2 对 N_3 均产生一定贡献，且构成“或”依赖。为有效对敌舰进行火力打击，一方面需要舰船的火力功能发挥作用，另一方面也需要目标探测能力提供辅助作用，提高毁伤精度。因此，N_3 和 N_4 对 N_5 产生一定贡献，构成相应依赖关系，从而形成如图 4－13 所示的运行依赖网络。

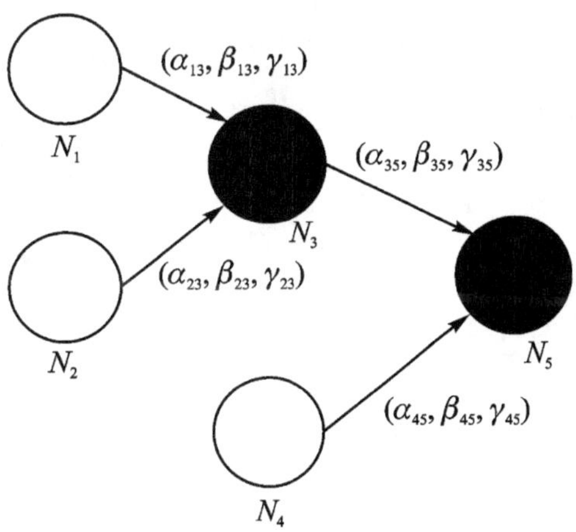

图 4－13　作战行动 Operation_m 中的运行依赖网络

由上给出该依赖网络中 α、β 和 γ 的参数矩阵如下：

$$\boldsymbol{\alpha}_{ij}=\begin{bmatrix}0 & 0 & 0.28 & 0 & 0\\ 0 & 0 & 0.88 & 0 & 0\\ 0 & 0 & 0 & 0 & 0.89\\ 0 & 0 & 0 & 0 & 1\\ 0 & 0 & 0 & 0 & 0\end{bmatrix} \tag{4-24}$$

$$\boldsymbol{\beta}_{ij}=\begin{bmatrix}0&0&9.03&0&0\\0&0&85.7&0&0\\0&0&0&0&60\\0&0&0&0&39.7\\0&0&0&0&0\end{bmatrix} \tag{4-25}$$

$$\boldsymbol{\gamma}_{ij}=\begin{bmatrix}0&0&100&0&0\\0&0&57.6&0&0\\0&0&0&0&100\\0&0&0&0&52.1\\0&0&0&0&0\end{bmatrix} \tag{4-26}$$

已知在该场景的依赖网络中，功能节点 N_1、N_2 与能力节点 N_3 构成“或”依赖关系，且能力节点 N_3 对能力节点 N_5 产生一定辅助作用；但 N_3 不可用时不会对 N_5 产生毁灭性影响，N_4 的运行性能水平高低对 N_5 的作战效果达成水平起决定性作用，而节点 N_3 的作战效果达成水平度量值会受 N_1 和 N_2 的影响而发生一定改变。因此在计算 N_5 的作战效果达成水平时，可将 N_3 看作特殊功能节点。由上可知，节点 N_3 和 N_5 的作战效果达成水平函数：

$$N_3\begin{cases}O_{C_1^m}=O_{C_3}=\min[f(O_{F_1},O_{F_2}),g(O_{F_1},O_{F_2})]\\f(O_{F_1},O_{F_2})=O_{\mathrm{SOD}_3}=\mathrm{Average}(O_{\mathrm{SOD}_{13}},O_{\mathrm{SOD}_{23}})\\g(O_{F_1},O_{F_2})=O_{\mathrm{COD}_3}=\begin{cases}\min(O_{\mathrm{COD}_{13}},O_{\mathrm{COD}_{23}}), & \sum\limits_{i=1}^{2}O_{F_i}^{\mathrm{I}}\neq 0\\0, & \sum\limits_{i=1}^{2}O_{F_i}^{\mathrm{I}}=0\end{cases}\\O_{\mathrm{SOD}_{i3}}=\alpha_{i3}O_{F_i}+100(1-\alpha_{i3})\\O_{\mathrm{COD}_{i3}}=\dfrac{100}{\gamma_{i3}}O_{F_i}+\omega_{i3}\beta_{i3}\\\omega_{13}=\dfrac{O_{F_2}^{\mathrm{I}}}{100}\times 100\%\\\omega_{23}=\dfrac{O_{F_1}^{\mathrm{I}}}{100}\times 100\%\\i=1,2\end{cases} \tag{4-27}$$

$$N_5\begin{cases}O_{C_2^m}=O_{C_5}=\min[f(O_{C_3},O_{F_4}),g(O_{C_3},O_{F_4})]\\ f(O_{C_3},O_{F_4})=O_{\mathrm{SOD}_5}=\mathrm{Average}(O_{\mathrm{SOD}_{35}},O_{\mathrm{SOD}_{45}})\\ g(O_{C_3},O_{F_4})=O_{\mathrm{COD}_5}=\begin{cases}\min(O_{\mathrm{COD}_{35}},O_{\mathrm{COD}_{45}}), & O_{F_4}^{\mathrm{I}}\neq 0\\ 0, & O_{F_4}^{\mathrm{I}}=0\end{cases}\\ O_{\mathrm{SOD}_{35}}=\alpha_{35}O_{C_3}+100(1-\alpha_{35})\\ O_{\mathrm{SOD}_{45}}=\alpha_{45}O_{F_4}+100(1-\alpha_{45})\\ O_{\mathrm{COD}_{35}}=\dfrac{100}{\gamma_{35}}O_{C_3}+\omega_{35}\beta_{35}\\ O_{\mathrm{COD}_{45}}=\dfrac{100}{\gamma_{45}}O_{F_4}+\omega_{45}\beta_{45}\\ \omega_{35}=\dfrac{O_{F_4}^{\mathrm{I}}}{100}\times 100\%\\ \omega_{45}=\dfrac{O_{C_3}}{100}\times 100\%\end{cases}\tag{4-28}$$

节点 N_1、N_2 和 N_4 为从属于同一或不同装备系统的不同功能，存在性能退化或故障等现象，即均具备多个独立运行性能水平(状态)。这里为了简化计算，降低模型复杂度，故不考虑系统功能层的认知不确定性，重点突出系统功能层的多态性与作战能力层的运行依赖性的相互作用对作战能力层任务成功性的影响。因此，假设节点 N_1、N_2 和 N_4 均不存在不确定性状态，其中 N_1 的 $O_{F_1}^{\mathrm{I}}$ 包含 0、50、75 和 100 四种取值，N_2 的 $O_{F_2}^{\mathrm{I}}$ 包含 0、60 和 100 三种取值，N_4 的 $O_{F_4}^{\mathrm{I}}$ 包含 0 和 100 两种取值。结合节点 N_3 和 N_5 的作战效果达成水平函数，可分别得出其作战效果达成水平向量：

$$\boldsymbol{O}_{C_3}=[0\quad 5.418\quad 9.03\quad 42.85\quad 52.5\quad 55.418\quad 56\quad 59.03\quad 78.9\quad 82.4\quad 84.03\quad 100]\tag{4-29}$$

$$\boldsymbol{O}_{C_5}=[0\quad 55.5\quad 57.911\quad 59.518\quad 74.568\quad 78.863\quad 80.161\quad 80.42\quad 81.768\quad 90.611\quad 92.168\quad 92.893\quad 100]\tag{4-30}$$

4.4.2　作战能力层的作战达成效果水平分析

不考虑功能模块维修的情况，给出该网络中各功能节点的退化参数，如表 4-2 所列。

由于本章忽略系统功能层中认知不确定性对于任务成功性的相应影响，因此在计算各功能节点独立运行性能水平时，应构建一般 Markov 过程的微分方程组

对其相应状态概率向量进行求解。假设功能模块为 F_u，即

$$\begin{cases} p_u^1(0)=1 \\ p_u^0(0)=p_u^2(0)=p_u^3(0)=\cdots=p_u^{n_u}(0)=0 \end{cases} \tag{4-31}$$

$$\begin{cases} \dfrac{\mathrm{d}p_u^1(t)}{\mathrm{d}t}=-p_u^1(t)\lambda_u^{1,0}-p_u^1(t)\sum_{e=2}^{n_u}\lambda_u^{1,e} \\ \dfrac{\mathrm{d}p_u^0(t)}{\mathrm{d}t}=\lambda_u^{1,0}p_u^1(t)-p_u^0(t)\sum_{e=2}^{n_u}\lambda_u^{0,e} \\ \vdots \\ \dfrac{\mathrm{d}p_u^i(t)}{\mathrm{d}t}=\sum_{e=1}^{i-1}\lambda_u^{e,i}p_u^e(t)+\lambda_u^{0,i}p_u^0(t)-p_u^i(t)\sum_{e=i+1}^{n_u}\lambda_u^{i,e},i=2,3,\cdots,n_u-1 \\ \vdots \\ \dfrac{\mathrm{d}p_u^{n_u}(t)}{\mathrm{d}t}=\sum_{e=0}^{n_u-1}\lambda_u^{e,n_u}p_u^e(t) \end{cases} \tag{4-32}$$

表 4-2　功能节点退化参数取值

节点编号	状态编号	独立运行性能水平度量值	瞬时状态转移强度×10^4/h^{-1}					
			$\lambda^{1,2}$	$\lambda^{1,3}$	$\lambda^{1,4}$	$\lambda^{2,3}$	$\lambda^{2,4}$	$\lambda^{3,4}$
N_1	1	100	1.52	1.32	1.45	1.65	2.05	1.68
	2	75	1.52	1.32	1.45	1.65	2.05	1.68
	3	50	1.52	1.32	1.45	1.65	2.05	1.68
	4	0	1.52	1.32	1.45	1.65	2.05	1.68
N_2	1	100	1.96	1.43	—	2.02	—	—
	2	60	1.96	1.43	—	2.02	—	—
	3	0	1.96	1.43	—	2.02	—	—
N_4	1	100	1.80	—	—	—	—	—
	2	0	1.80	—	—	—	—	—

运用 Laplace-Stieltjes 变换定理并结合式(4-31)，即可对式(4-32)进行求解，得出各功能模块在任意时刻 t 处于各个运行性能状态的概率，进而分别求得节点 N_1、N_2 和 N_4 处于自身各运行性能水平随时间变化的概率曲线，如图 4-14 所示。

利用上述所得结果，结合式(4-27)和式(4-28)分别求得能力节点 N_3 和 N_5 处于各作战效果达成水平的概率，从而得到能力节点处于各作战效果达成水平随时间变化的概率曲线，如图 4-15 所示。

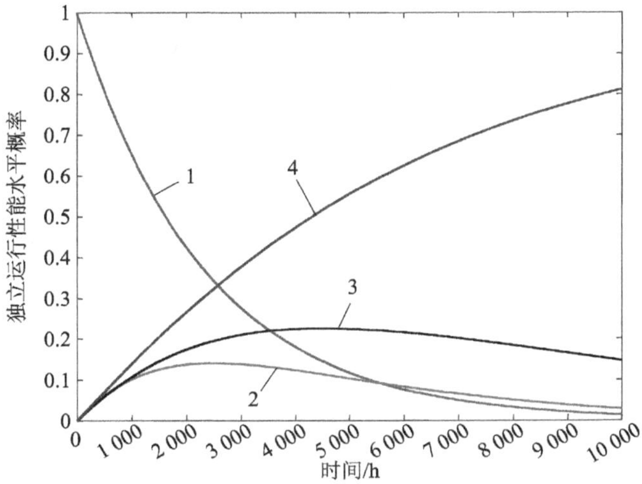

(a) 功能节点N_1

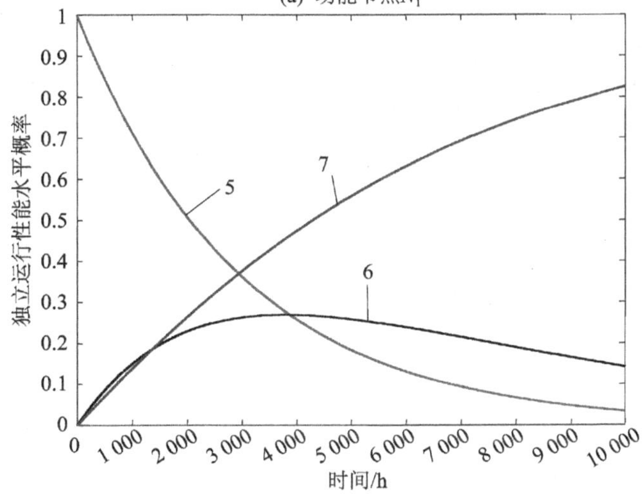

(b) 功能节点N_2

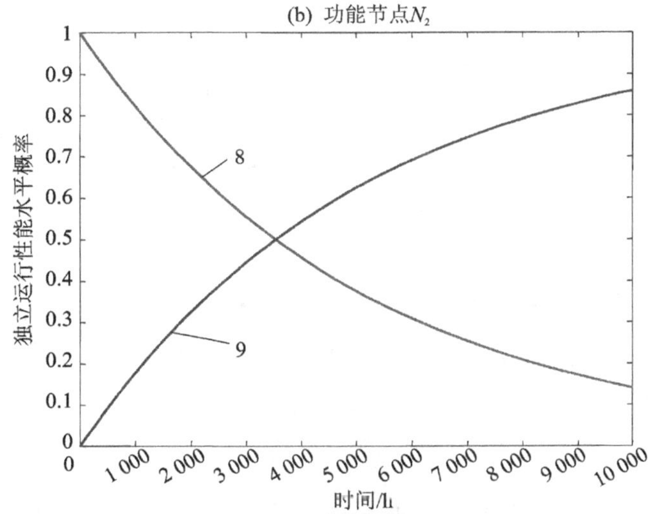

(c) 功能节点N_4

1—$O_{F_1}^{\mathrm{I}}$=100；2—$O_{F_1}^{\mathrm{I}}$=75；3—$O_{F_1}^{\mathrm{I}}$=50；4—$O_{F_1}^{\mathrm{I}}$=0；5—$O_{F_2}^{\mathrm{I}}$=100；6—$O_{F_2}^{\mathrm{I}}$=60；7—$O_{F_2}^{\mathrm{I}}$=0；8—$O_{F_4}^{\mathrm{I}}$=100；9—$O_{F_4}^{\mathrm{I}}$=0

图 4－14　功能节点独立运行性能水平概率变化曲线

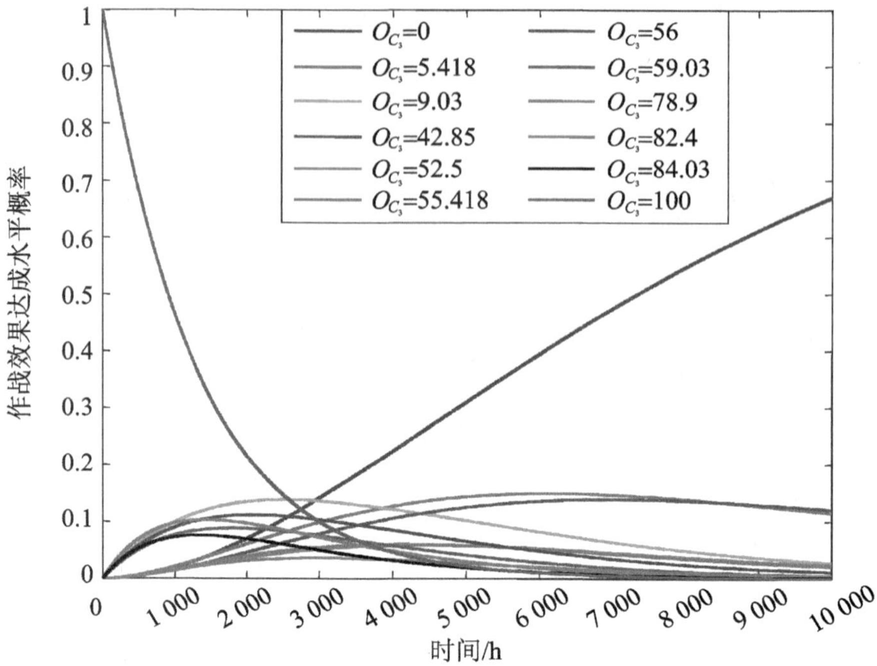

(a) 能力节点N_3

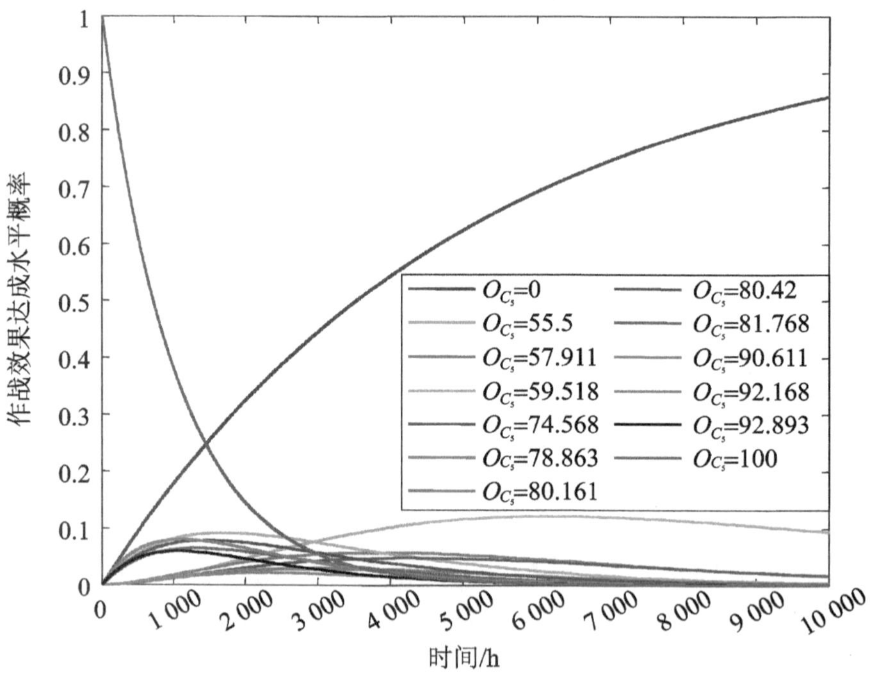

(b) 能力节点N_5

图 4－15　能力节点作战效果达成水平概率变化曲线(彩色图片见文末彩插)

对比图 4－14 和图 4－15 可知，在运行依赖性的影响下，装备体系作战能力的作战效果达成水平受系统功能模块的独立运行性能水平影响，随着任务时间不断延长，功能节点的独立运行性能水平不断降低，能力节点的作战效果达成水平也持续下降，作战能力的作战效果达成水平无法满足当前作战行动相应要求时，必定对作战能力层的任务成功性产生一定影响。

4.4.3 作战能力层任务成功概率评估应用分析

对于作战行动 Operation_m 而言，其任务成功性在一定程度上依赖于节点 N_3 和 N_5 的当前作战效果达成水平能否满足其任务要求。假设 Operation_m 的任务要求向量为 $\boldsymbol{D}^{O_m}=[80\quad 75]$，两项作战能力的持续时间均为作战行动的任务持续时间，则根据上节所求得的相应结果和任务持续时间类型，结合式(4-22)或式(4-23)，可求得相应任务成功概率。

1. 任务持续时间为确定值

任务成功概率为

$$\text{SU}_{\text{Operation}_m}^{O_C}(\boldsymbol{D}^{O_m},t^{O_m})=\Pr\{O_{C_3}(t^{O_m})\geqslant 80\}\cdot\Pr\{O_{C_5}(t^{O_m})\geqslant 75\} \tag{4-33}$$

从 $t^{O_m}=0$ 开始，以 $\Delta t^{O_m}=1\ 000$ h 为采样时间，利用 MATLAB 进行仿真分析，得到该任务的任务成功概率曲线，如图 4-16 所示。

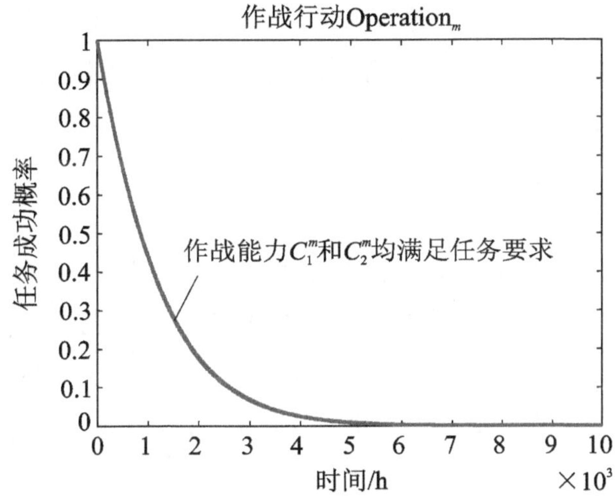

图 4-16 任务持续时间确定时的作战能力层任务成功概率曲线

2. 任务持续时间为随机变量

假设任务持续时间为服从参数为 λ^{O_m} 的指数分布，则任务成功概率为

$$\begin{aligned}&\text{SU}_{\text{Operation}_m}^{O_C}(\boldsymbol{D}^{O_m},t^{O_m})\\&=\int_0^{\infty}\Pr\{O_{C_3}(t^{O_m})\geqslant 80\}\cdot\Pr\{O_{C_5}(t^{O_m})\geqslant 75\}\cdot\lambda^{O_m}\cdot e^{-\lambda^{O_m}t^{O_m}}\,dt^{O_m}\end{aligned} \tag{4-34}$$

从 $\lambda^{O_m}=0$ 开始，以 $\Delta\lambda^{O_m}=10^{-5}/\mathrm{h}$ 为步长采样，利用 MATLAB 进行仿真分析，得到该任务的任务成功概率曲线，如图 4-17 所示。

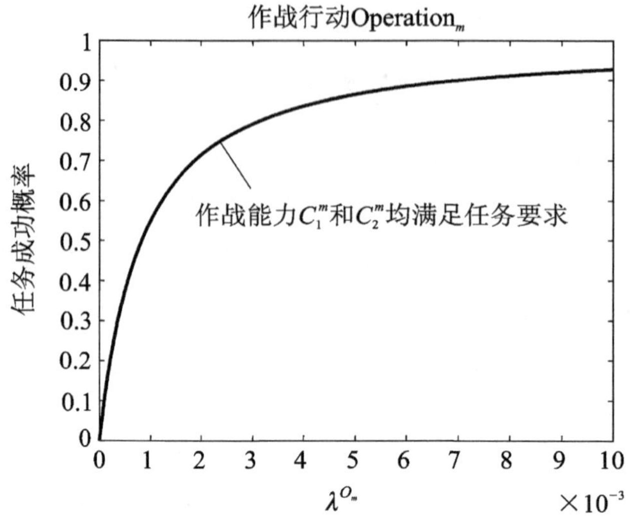

图 4-17　任务持续时间随机时的作战能力层任务成功概率曲线

综上可知，作战能力层的任务成功概率受运行依赖性和各功能模块的自身运行性能退化两方面影响。在不考虑维修的情况下，当任务持续时间确定时，任务成功概率在总体上随时间增大而不断减小；当任务持续时间随机时，任务成功概率在总体上随 λ^{O_m} 增大而增大。

4.4.4　方法对比分析

为验证本章所提方法的准确性和有效性，本小节以求解作战能力层的任务成功概率为目标，将本章方法与经典 FDNA 方法进行对比分析。

假设案例中相应输入数据不变，则根据经典 FDNA 方法应重新求解能力节点的作战效果达成水平向量。由式(4-1)～式(4-8)，可得节点 N_3 和 N_5 的作战效果达成水平函数：

$$N_3\begin{cases}O_{C_1^m}^{\mathrm{FDNA}}=O_{C_3}^{\mathrm{FDNA}}=\min[f(O_{F_1},O_{F_2}),g(O_{F_1},O_{F_2})]\\ f(O_{F_1},O_{F_2})=O_{\mathrm{SOD}_3}=\mathrm{Average}(O_{\mathrm{SOD}_{13}},O_{\mathrm{SOD}_{23}})\\ g(O_{F_1},O_{F_2})=O_{\mathrm{COD}_3}=\min(O_{\mathrm{COD}_{13}},O_{\mathrm{COD}_{23}})\\ O_{\mathrm{SOD}_{i3}}=\alpha_{i3}O_{F_i}+100(1-\alpha_{i3})\\ O_{\mathrm{COD}_{i3}}=O_{F_i}+\beta_{i3}\\ i=1,2\end{cases}\tag{4-35}$$

$$
N_5 \begin{cases} O_{C_2^m}^{\text{FDNA}} = O_{C_5}^{\text{FDNA}} = \min[f(O_{C_3}, O_{F_4}), g(O_{C_3}, O_{F_4})] \\ f(O_{C_3}, O_{F_4}) = O_{\text{SOD}_5} = \text{Average}(O_{\text{SOD}_{35}}, O_{\text{SOD}_{45}}) \\ g(O_{C_3}, O_{F_4}) = O_{\text{COD}_5} = \min(O_{\text{COD}_{35}}, O_{\text{COD}_{45}}) \\ O_{\text{SOD}_{35}} = \alpha_{35} O_{C_3} + 100(1 - \alpha_{35}) \\ O_{\text{SOD}_{45}} = \alpha_{45} O_{F_4} + 100(1 - \alpha_{45}) \\ O_{\text{COD}_{35}} = O_{C_3} + \beta_{35} \\ O_{\text{COD}_{45}} = O_{F_4} + \beta_{45} \end{cases} \tag{4-36}
$$

依据节点 N_1、N_2 和 N_4 的独立运行性能水平向量，可求得节点 N_3 和 N_5 的作战效果达成水平向量为

$$
\boldsymbol{O}_{C_3}^{\text{FDNA}} = [9.03 \quad 49 \quad 52.5 \quad 56 \quad 59.03 \quad 78.9 \quad 82.4 \quad 84.03 \quad 100] \tag{4-37}
$$

$$
\boldsymbol{O}_{C_5}^{\text{FDNA}} = [9.518 \quad 27.305 \quad 28.863 \quad 30.42 \quad 31.768 \quad 39.7 \quad 59.518 \quad 77.305 \quad 78.863 \quad 80.42 \quad 81.768 \quad 90.611 \quad 92.168 \quad 92.893 \quad 100] \tag{4-38}
$$

利用 4.4.2 小节中所给数据，可求得经典 FDNA 方法中能力节点处于各作战效果达成水平随时间变化的概率曲线，如图 4-18 所示。

由上可求得任务要求为 $\boldsymbol{D}^{O_m} = [80 \quad 75]$ 的任务成功概率。从 $t^{O_m} = 0$ 开始，以 $\Delta t^{O_m} = 1\ 000$ h 为采样时间，利用 MATLAB 进行仿真分析，得到利用两种方法求得的任务成功概率对比曲线，如图 4-19 所示。

由图 4-19 可知，在总体上本章所提方法在计算任务成功概率时与经典 FDNA 方法大致相同，所求任务成功概率随时间变化的趋势基本一致，在一定程度上反映出本章方法的有效性。但本章所提方法与经典 FDNA 方法所求的任务成功概率的差值随时间增加而增大，这主要是由两方面造成的。一方面，经典 FDNA 方法未考虑节点自身运行性能水平退化对最终运行水平的影响，在 SOD 区和 COD 区无法对能力节点的作战效果达成水平进行合理控制，导致节点 N_3 中实际作战效果达成水平的状态数量产生缺失，当节点 N_1 和 N_2 的独立运行性能水平均为 0 时，O_{C_3} 仍具备一定输出，显然不够合理；另一方面，经典 FDNA 方法对于节点种类和连接规则的描述不够细致，在计算节点 N_5 的作战效果达成水平向量时，功能节点 N_4 是形成能力节点 N_5 的关键性节点，但经典 FDNA 方法却忽略了这一细节，导致当 $O_{F_4}^{\text{I}} = 0$ 时，O_{C_5} 仍具备一定输出，使得节点 N_5 的作战效果达成水平的状态数量增多，与实际情况不符。因此，利用经典 FDNA 方法计算最终的任务成功概率的准确性下降，而本章所提方法针对这两个方面进行了适用性改进，增强了体系运行依赖性分析的有效性。

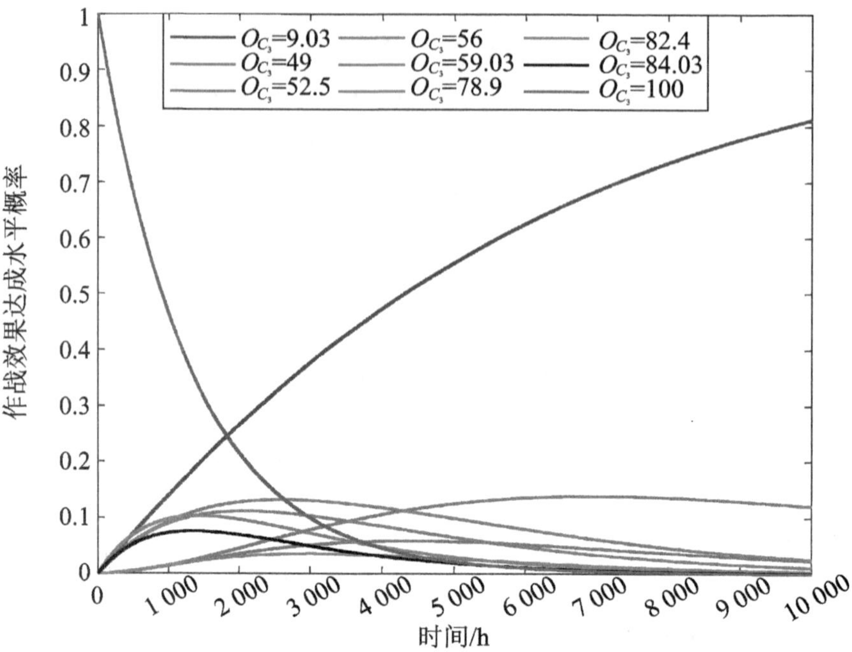

(a) 能力节点N_3

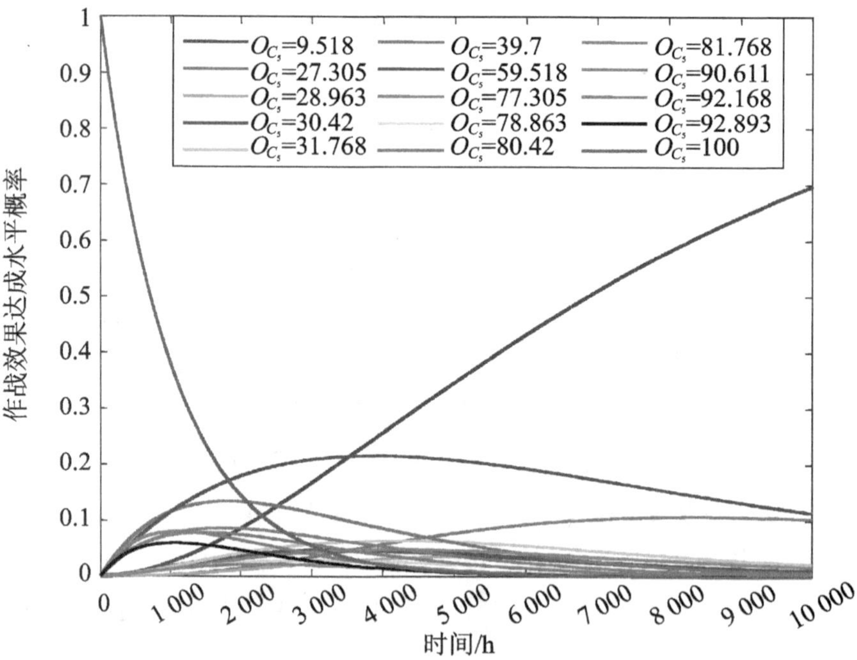

(b) 能力节点N_5

图 4-18 能力节点作战效果达成水平概率变化曲线(FDNA 方法)(彩色图片见文末彩插)

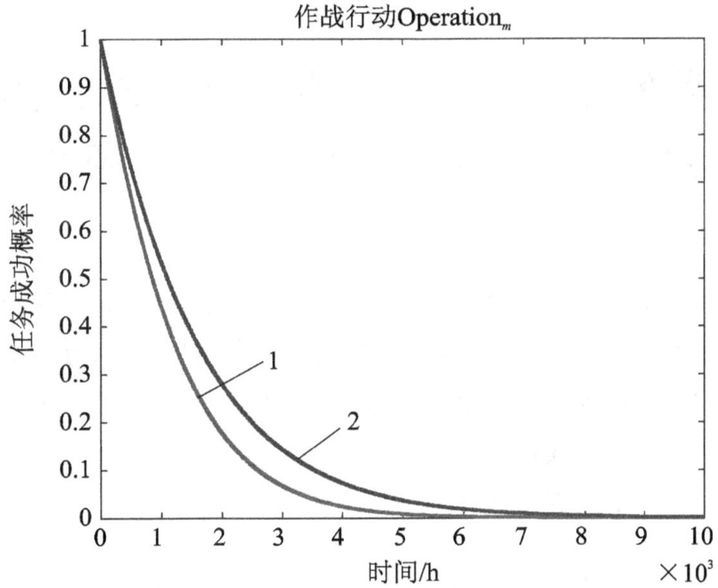

1—本文方法；2—经典FDNA方法

图 4-19　两种方法的对比分析

4.5　本章小结

本章提出一种基于改进 FDNA 的作战能力层任务成功性评估方法。该方法结合装备体系运行依赖性的具体特点，通过细化节点与边的种类、调整连接规则、扩展计算参数和消除双向依赖等途径对经典 FDNA 方法进行适用性改进，构建面向作战行动层的装备体系运行依赖网络，从而建立起系统功能层与作战能力层之间的关联性。在有效分析运行依赖性对于作战能力层的任务成功性影响的同时，该方法为作战行动层的任务成功性评估提供一定支撑。

第 5 章　基于多层级使命任务线程的总体任务成功性评估

无论是针对装备体系的系统功能层还是作战能力层提出任务成功性评估方法，其最终目的是根据装备体系具体特性在总体使命任务执行过程中对其任务成功性进行整体评估与分析。各层评估方法的提出，最终都要服务于整个体系的评估分析工作，因此，本章将面向总体使命任务构建装备体系任务线程模型，为装备体系总体任务成功性评估提供仿真支持。

5.1　问题描述与分析

5.1.1　问题描述

对于整个装备体系而言，它由顶层的使命驱动，具备相应的任务时间、任务要求、任务分工等要素，体系内各装备系统根据预先设定好的任务要求，通过相互配合和交互，在保证良好运行的基础上提供不同系统功能，形成使命任务所需的各类作战能力，从而保证使命任务的成功性。因此，在对整个装备体系进行任务成功性评估时，必须与其所承担的使命任务相结合，通过对装备体系的使命任务以及体系内各装备系统所执行的相应活动进行准确描述，从而结合各层的分析结果对装备体系的总体任务成功性进行有效评估。

对于装备体系而言，其任务执行过程中参与要素多，相关的交互作用密切，且装备系统间配合协同要求高，一般采用任务线程来对装备体系在整个使命任务中的基本运用方式或使用方案进行描述，逐步成为评估装备体系任务成功性的重要信息来源与基础。美国国防部(DoD)为准确把握体系中各系统间的相互关系，构建了任务线程研讨厅[210-212](Mission Thread Workshop，MTW)，对体系中各任务和相应的参与系统及其交互等信息进行描述。在此基础上，国内外学者采用各类方法开展了相应研究，其中 DoDAF 和 IDEF3 方法的应用较为广泛，且取得了不错的进展。DoDAF[92] 可以很好地描述体系使命任务中信息、活动、节点、角色和对象等任务要素，构建相应的任务静态模型；IDEF3[213] 过程流模型在任务动态和仿真模型的构建方面有着较大的优势。目前，基于这两种方法的体系任务建模研究虽然取得了一定进展，但仍存在以下几个问题：

① 对于装备体系使命任务的复杂性分析深入程度不足，其相应的任务特性分析研究存在薄弱环节；

② 未考虑系统功能模块复杂的运行性能退化过程对装备体系任务成功性的影响；

③ 未考虑任务执行过程中可能存在的运行依赖性对装备体系任务成功性的影响。

5.1.2　使命任务概念建模

异构且独立的装备系统只有在被赋予某一使命任务时才会相互组合具备体系的行为，从而形成真正意义上的装备体系。一般来说，装备体系的使命任务是层次较高且抽象或概念化的，因此在对装备体系进行总体任务成功性评估时首先需要对这种较为概念化的使命任务进行具体化或可执行化处理，即构建装备体系使命任务的概念模型，确定任务时间窗口和任务要求等要素，为各层任务的任务线程分析打下良好基础。

与本文装备体系任务成功性评估模型“自底向上”的构建行为不同，装备体系任务线程的构建行为是以“自顶向下”的使命任务分解为主，通过划分装备体系的任务层级，确定体系任务成功准则，并根据作战能力要求和系统功能使用要求界定任务线程构建问题的边界，明确子任务在执行过程中的逻辑与时序关系，为“自底向上”的任务成功性评估工作奠定基础。第 2 章对装备体系的使命任务进行了相应分解，按自顶向下的顺序依次将其划分为使命层、行动层和任务层三级，其相应的执行者分别为装备体系、装备系统集合以及系统功能模块，进而可以构建如图 5 - 1 所示的装备体系使命任务的概念模型。

为了完成一定的使命任务，不同的装备系统集合起来形成装备体系，每个装备系统成为了装备体系的组成系统之一。从体系的顶层设计出发，将使命任务分解为作战使命、作战行动和作战任务三层，分别由装备体系、组成系统群以及系统功能模块承担执行。装备系统的不同功能模块，通过良好运行、执行相应的使用活动从而完成底层的作战任务，对上一层由组成系统群配合执行的作战行动起到支撑作用；各装备系统相互协作共同完成作战行动，为整个装备体系完成相应的作战使命提供一定支撑。

不同装备系统的不同功能模块在运行过程中会发生相应交互，与其他功能模块产生一定联系，即具有一定的可连接性，反映到上层就是各装备系统之间相互协作配合，从而使得装备体系产生了涌现特性和依赖特性。其中，涌现特性表现为装

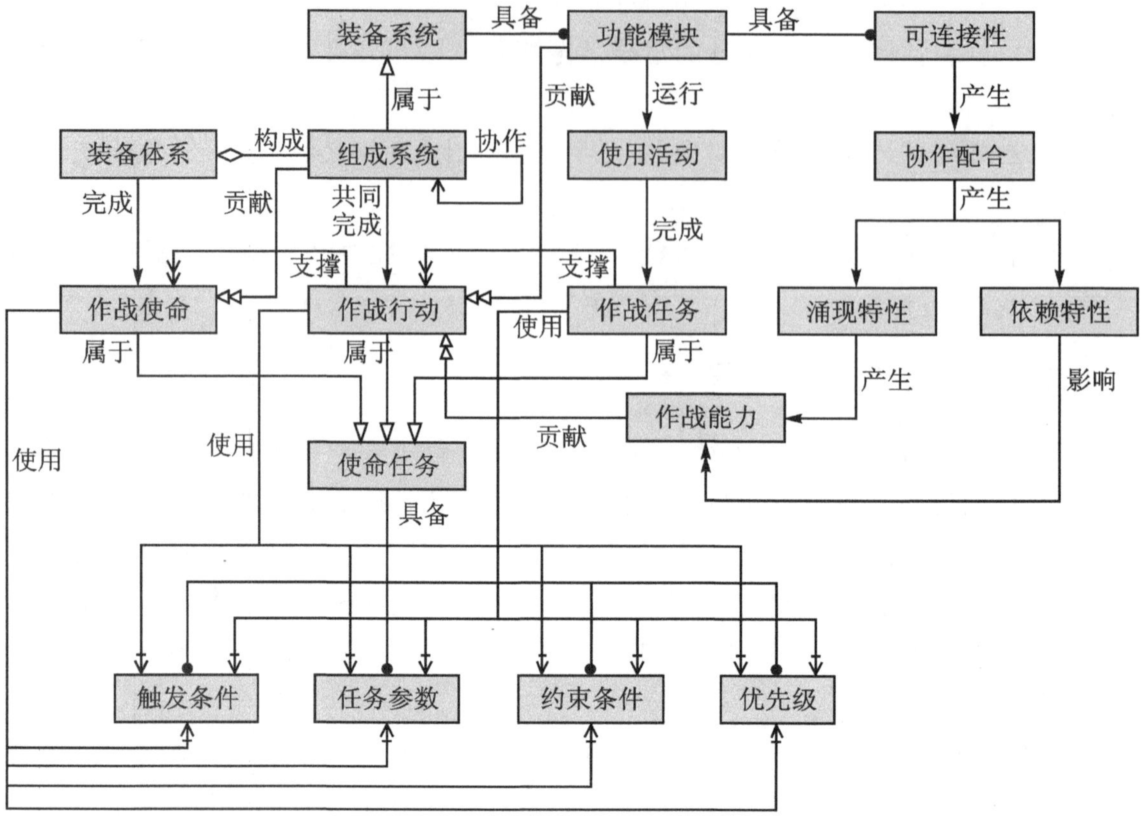

图 5-1 装备体系使命任务的概念模型

备体系所具备的作战能力，这是体系内任何单一组成系统所不能实现的功能，用于满足作战行动的成功性要求；依赖特性表现为不同系统功能模块和作战能力之间的运行依赖性，影响体系作战能力的发挥，也就影响作战行动的执行成功性。

使命任务的触发条件是指任务执行的条件，即必须保持这些条件才能触发该任务开始执行。例如，将任务划分为若干阶段，后一阶段的任务能成功触发开始执行的条件是前一阶段的任务成功完成，且后一阶段任务的执行者具备可执行任务的状态或能力。使命任务的任务参数主要为任务输入或输出的变量，用于描述任务的关系、约束或属性，如任务时间参数、任务逻辑关系参数等。使命任务的约束条件是在任务执行过程中需要验证的附加条件，若给定的约束没有得到满足，则任务可能会失败，如任务要求。而使命任务的优先级则指的是，在任务执行过程中，根据具体作战态势需优先保证某些任务的完成，例如体系中经常出现的功能冗余现象会导致任务之间产生一定优先级，另外任务间不同的执行概率也是优先级的一种体现。以上四类要素属于使命任务的基本要素，通过使命分解产生的各层任务均可具备此四类要素。

5.1.3　使命任务的形式化描述

5.1.2 小节构建了装备体系使命任务的概念模型，明确了各层任务间的主要执行者及相应联系。本小节将结合 5.1.2 小节的分析结果，对各层任务进行形式化描述，说明所包含的属性或要素，理清同层不同任务间和异层任务间的逻辑组合关系，为各层任务线程分析提供支持。

作战任务可以用七元组 $\text{Task}=\{\text{ID}^{\text{T}},C^{\text{T}},P^{\text{T}},T^{\text{T}},D^{\text{T}},\text{MC}^{\text{T}},\text{DT}^{\text{T}}\}$ 来表示。其中，ID^{T} 表示作战任务的识别代号，说明作战任务所属的作战行动和作战使命：C^{T} 表示作战任务的具体内容，阐明任务的目标；P^{T} 表示作战任务的优先级，具体通过执行功能模块是否存在功能冗余来表征；T^{T} 表示作战任务的任务时间参数集合，一般包括任务持续时间、任务开始时间、任务结束时间等；D^{T} 表示作战任务的任务要求集合，规定了执行该任务的功能模块应达到的运行性能水平；MC^{T} 表示作战行动的维修决策变量，取值为 1 或 0，与作战任务执行期间维修与否相对应，当 $\text{MC}^{\text{T}}=1$ 时应在 T^{T} 中添加相应的维修时间参数；DT^{T} 表示作战任务的停机决策变量，取值为 1 或 0，与作战任务执行期间停机与否相对应，当 $\text{DT}^{\text{T}}=1$ 时应在 T^{T} 中添加相应的停机时间参数。一般来说，MC^{T} 和 DT^{T} 之间存在一定联系。

作战行动可以用六元组 $\text{Operation}=\{\text{ID}^{\text{O}},C^{\text{O}},P^{\text{O}},T^{\text{O}},D^{\text{O}},\text{ID}^{\text{T}}\}$ 来表示。其中，ID^{O} 表示作战行动的识别代号，说明作战行动所属的作战使命：C^{O} 表示作战行动的具体内容，阐明行动的目标；P^{O} 表示作战行动的优先级，优先级越高的作战行动在特定时间结点需优先保证完成，一般用执行概率进行划分；T^{O} 表示作战行动的任务时间参数集合，一般包括行动持续时间、行动开始时间、行动结束时间等；D^{O} 表示作战行动的任务要求集合，规定了该行动所需各项能力应达到的作战效果达成水平；ID^{T} 表示作战行动所包含的所有作战任务的识别代号集合。

作战使命可以用四元组 $\text{Mission}=\{\text{ID}^{\text{M}},C^{\text{M}},T^{\text{M}},\text{ID}^{\text{O}}\}$ 来表示。其中，ID^{M} 表示作战使命的识别代号；C^{M} 表示作战使命的具体内容，阐明使命的目标；T^{M} 表示作战使命的任务时间参数集合，一般包括使命持续时间、使命开始时间、使命结束时间等；ID^{O} 表示作战使命所包含的所有作战行动的识别代号集合。

一般来说，要完整描述装备体系使命任务，还需要其他参数[214]，如任务威胁参数（包括敌作战力量、敌作战目的、敌攻击强度等）、任务方式（包括作战类型、作战样式等）以及任务空间参数（包括战场环境、作战区域等）等。但本章仅从作战适用性和作战效能相结合的角度出发，构建一种考虑各装备系统功能模块和不同作战能力的运行水平在各层任务要求的约束条件下对于装备体系整体任务成功性影响的装备体系任务线程，故在此对于其他要素不做深入考虑。

由于装备体系使命任务具有动态性，因此任务之间一般存在一定约束和逻辑关系。由上可知，异层任务之间虽然在时序上可能存在先后，但主要表现为包含和被包含的关系，因此根据上文对装备体系使命任务的形式化描述，可以根据各层任务的具体特点对同层不同任务间的时序逻辑关系进行分析。

对于作战使命而言，装备体系在任一时间段内只能执行一项顶层任务，因此，不同作战使命之间仅存在顺序关系，即装备体系完成某一作战使命后方可承担并执行下一作战使命。

对于作战行动而言，装备体系根据相应的行动目标和要求分派不同装备系统配合协同完成不同的作战行动，在行动执行时间上可能存在重叠，同一装备系统可能同时参与不同作战行动，如雷达系统的感知功能模块，可能在整个使命任务中全时段地为多个作战行动提供探测信息。因此，不同作战行动间仅存在任务执行时间上的顺序关系、重叠关系以及任务执行优先级方面的条件关系，其具体描述如表 5－1 所列。其中，若作战行动间存在条件关系，应根据其优先级决定执行哪一作战行动，一般由执行概率决定；并发关系是重叠关系中的一种特殊形式，表示为某一作战行动完成后可触发后续多个作战行动同时执行。

表 5－1　作战行动间逻辑关系汇总

关系名称	关系描述
顺序关系	前一作战行动的完成触发后一作战行动的执行，用 $\mathrm{SeqR}^{\mathrm{O}}$ 表示
条件关系	具备类似行动目标的不同作战行动根据执行概率选择执行，用 $\mathrm{CondR}^{\mathrm{O}}$ 表示
重叠关系	作战任务在执行期间在时序上存在一定重叠，用 $\mathrm{OverlapR}^{\mathrm{O}}$ 表示

与作战行动不同，作战任务间不存在条件关系，其逻辑关系一般包括顺序关系、与关系、或关系、重叠关系和表决关系，如表 5－2 所列。

表 5－2　作战任务间逻辑关系汇总

关系名称	关系描述
顺序关系	前一作战任务的完成触发后一作战任务的执行，用 $\mathrm{SeqR}^{\mathrm{T}}$ 表示
与关系	前一作战任务集合的全部完成触发后续作战任务的执行，用 $\mathrm{AndR}^{\mathrm{T}}$ 表示
或关系	前一作战任务集合中任一元素的完成触发后续作战任务的执行，用 $\mathrm{OrR}^{\mathrm{T}}$ 表示
重叠关系	作战任务在执行期间在时序上存在一定重叠，用 $\mathrm{OverlapR}^{\mathrm{T}}$ 表示
表决关系	某一作战任务集合包含 n 个作战任务，只有 k 个或 k 个以上作战任务完成后才能执行之后的作战任务，用 $\mathrm{VoteR}^{\mathrm{T}}$ 表示

对于作战任务而言，同一作战任务可由同一装备系统的单一功能模块单独执行，或不同功能模块配合执行，也可由不同装备系统的不同功能模块共同完成；但对于任一作战行动所包含的所有作战任务而言，它们都是完成作战行动的必要组成部分。

5.1.4　使命任务线程分析与规划

任务线程是为了实现一个或多个装备体系的作战能力而执行的各类作战活动或事件的序列，主要针对任务类型、任务时间、任务逻辑、参与任务的成员以及它们之间的交互等内容进行详细描述，结合上文对于装备体系使命任务分析，按照自上而下的任务层级顺序构建作战使命层、作战任务层和作战行动层一般任务线程。

装备体系整体使命任务可划分为若干个作战使命，不同作战使命在执行时间上不允许重叠，使命之间存在任务间隔期，可用于进行相应的维修保障工作，如图 5－2 所示。其中，$t^{M_i}(i=1,2,\cdots,n)$为第 i 项作战使命的使命持续时间，即任务总时长；$t_s^{M_i}$ 和 $t_e^{M_i}$ 分别为第 i 项作战使命的使命开始时间和使命结束时间，即 $t^{M_i}=t_e^{M_i}-t_s^{M_i}$。

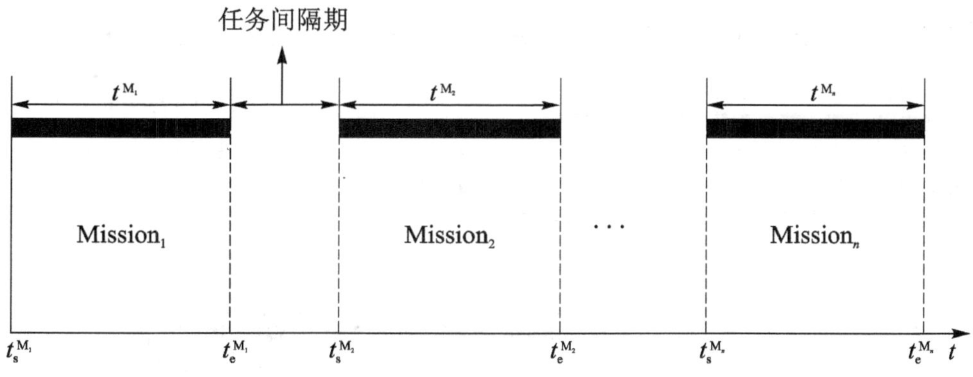

图 5－2　装备体系使命任务总体任务线程

5.1.4.1　作战使命层任务线程

作战使命是装备体系使命任务的顶层任务，根据具体内容和目标可分解为若干作战行动。一般来说，不同作战行动按照既定的时序和逻辑关系由不同装备系统群组负责执行，但不同作战行动在时间维上可能出现重叠。例如在登陆作战使命中，北滩登陆和南滩登陆为该使命中两独立作战行动，只有两项作战行动均在规定时间内完成，才可判定作战使命成功执行。根据作战行动优先级、逻辑关系及持续时间的不同，作战使命进程应按如下规则推进：

① 若不同作战行动间存在顺序关系，则在前一作战行动执行完成后才能启动

后一作战行动。

② 若不同作战行动间存在条件关系，则应根据作战行动的优先级选择执行后续作战行动，保证作战使命的任务成功性。

③ 若不同作战行动间存在重叠关系，则应根据行动间在时序上的具体情况通过构建任务线程予以表示。

如图 5-3 所示，作战使命 Mission 的使命持续时间为 t^M，其使命开始时刻和结束时刻分别为 t_s^M 和 t_e^M，共包含 5 项作战行动，用 Operation_i $(i=1,2,\cdots,5)$ 表示。假设所有作战行动均可以被成功执行，其行动持续时间为 t^{O_i}，行动开始时刻和结束时刻分别为 $t_s^{O_i}$ 和 $t_e^{O_i}$，D^{O_i} 为作战行动 Operation_i 的任务要求集合。图中对作战行动间存在的 3 种逻辑关系进行了描述，在此不做赘述。需要说明的是，Operation_4 和 Operation_5 构成的条件关系中 Operation_5 的优先级较高，故 Operation_5 的执行概率高于 Operation_4，根据具体概率值选择执行两者中的一个来保证整个使命的成功性。其中，$t_s^M=t_s^{O_1}=t_s^{O_2}$，$t_e^{O_1}=t_s^{O_3}$，$t_s^{O_4}=t_s^{O_5}$，$t_e^{O_4}=t_e^{O_5}$，$t_e^M=t_e^{O_1}$。

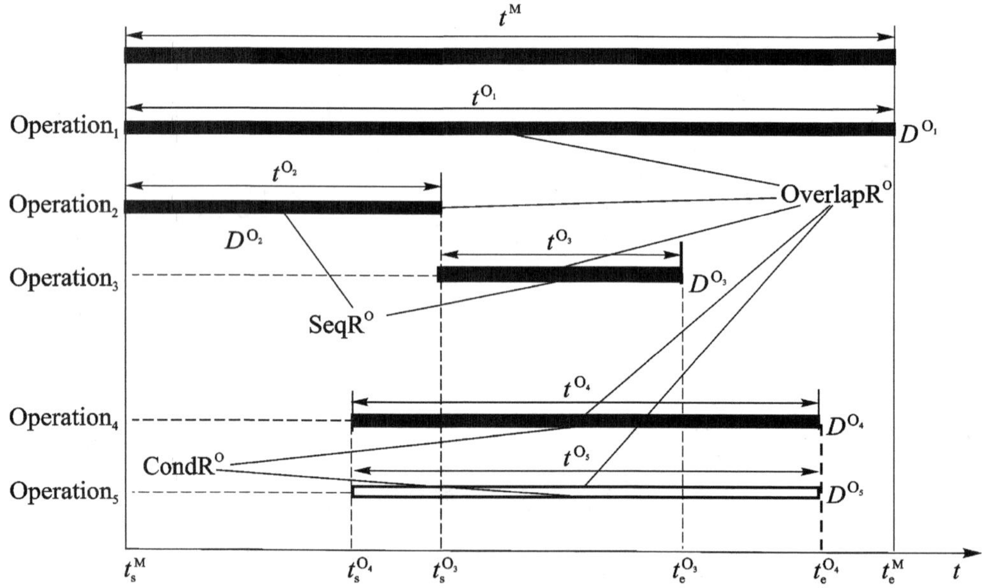

图 5-3 作战使命层一般任务线程示例

5.1.4.2 作战行动层任务线程

作战行动可按功能分解为若干作战任务，作战任务是装备体系使命任务的基本任务元，因此每一项作战任务均是作战行动的必要组成要素，必须按照时序和逻辑要求逐一完成。与作战行动不同的是，作战任务的本质是装备系统功能模块的使用活动，若计划执行的系统功能模块故障导致装备系统无法完成该任务，则可由具备同种功能的其他装备系统替代完成，也称为装备体系中的功能冗余，表征作战任务间的优先级概念。因此根据作战任务逻辑和持续时间的不同，作战行动进程应按如下规则推进：

① 若不同作战任务间存在顺序关系，则在前一作战任务执行完成后才能启动后一作战任务。

② 若不同作战任务间存在“与”关系，则以持续时间最长的作战任务的完成时刻为该作战任务集合的结束时刻。

③ 若不同作战任务间存在“或”关系，则以作战任务集合中成功执行且持续时间最短的作战任务的完成时刻作为该作战任务集合的结束时刻。

④ 若不同作战任务间存在重叠关系，则应根据作战任务间在时序上的具体情况通过构建任务线程予以表示。

⑤ 若不同作战任务间存在表决关系，那么根据表决关系的定义，以 $k/n(G)$ 为例，可将其转化为 n 中任意 k 个作战任务串联后再并联。这种行动组合共有 C_n^k 个，其推进规则可结合“与”和“或”关系的相应规则推导求得。

如图 5-4 所示，作战行动 Operation 的行动持续时间为 t^{O}，其行动开始时刻和结束时刻分别为 t_s^{O} 和 t_e^{O}，共包含 9 项作战任务，用 Task_i（$i=1,2,\cdots,9$）表示。假设所有作战任务均可以被成功执行，其任务持续时间为 t^{T_i}，任务开始时刻和结束时刻分别为 $t_s^{T_i}$ 和 $t_e^{T_i}$，图中对作战任务间 5 种逻辑关系进行了描述，在此不做赘述。需要说明的是，Task_6、Task_7 和 Task_8 构成 $2/3(G)$ 的表决关系，由于均能执行成功，所以根据规则和三者的持续时长，当 Task_7 和 Task_8 被成功执行后，该作战行动被成功完成。其中，$t_s^{O}=t_s^{T_1}=t_s^{T_2}$，$t_e^{T_1}=t_s^{T_3}$，$t_e^{T_3}=t_s^{T_4}=t_s^{T_5}$，$t_e^{T_5}=t_s^{T_6}=t_s^{T_7}=t_s^{T_8}$，$t_e^{O}=t_e^{T_7}$。

5.1.4.3　作战任务层任务线程

任务剖面是指任务时间内所经历的事件、环境以及任务成功、致命故障和维修保障等要素的描述。而作战任务作为装备体系使命任务的基本任务元，一般由单一装备系统的某一功能模块单独执行，或多种功能模块配合执行，但也可能由不同装备系统的不同功能模块协同执行。作战任务的本质也就是装备系统的功能使用活动。因此，由任务剖面的概念可以看出，作战任务层的任务线程也可视为一个或多个功能模块的单一或联合任务剖面，作战任务的执行过程可看作一个或多个功能模块的运行过程。根据作战任务的具体内容和目标不同，作战任务执行的形式可分为以下 3 种情况：

① 所需功能模块必须在作战任务的全时段内运行。

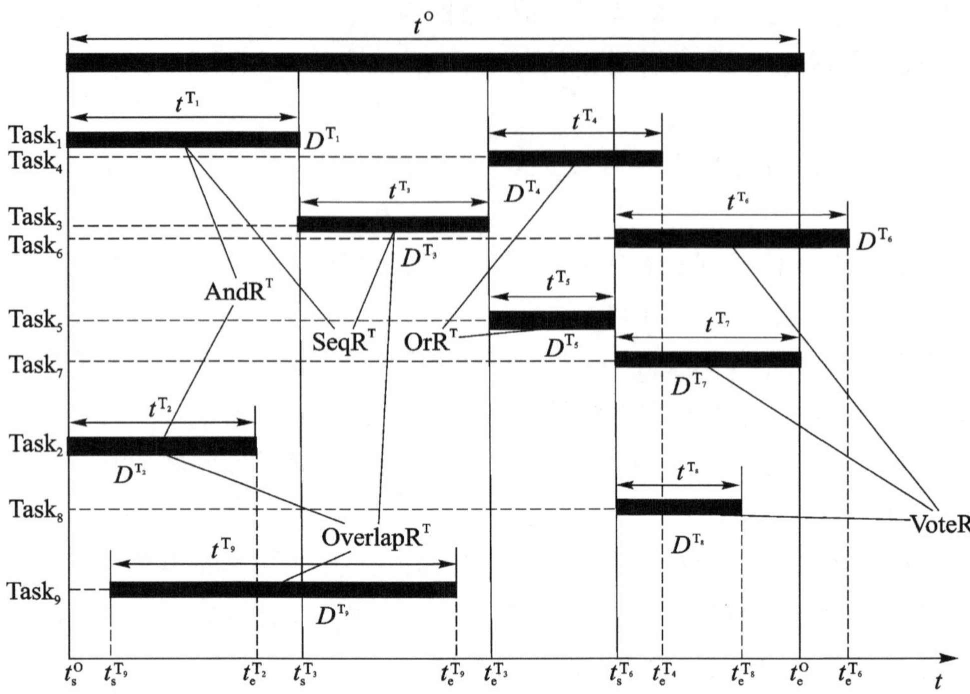

图 5-4　作战行动层一般任务线程示例

假设作战任务由单一装备系统 S_1 的功能模块 F_1^1 负责执行，如图 5-5 所示，作战任务 Task 的任务持续时间为 t^{T}，其任务开始时刻和结束时刻分别为 $t_{\mathrm{s}}^{\mathrm{T}}$ 和 $t_{\mathrm{e}}^{\mathrm{T}}$；功能模块 F_1^1 的运行持续时间为 $t_{F_1^1}^{\mathrm{T}}$，运行开始时刻和结束时刻分别为 $t_{\mathrm{s}F_1^1}^{\mathrm{T}}$ 和 $t_{\mathrm{e}F_1^1}^{\mathrm{T}}$；其运行性能水平必须在该任务的全时段满足任务要求 D^{T} 才能保证 Task 被成功执行。其中，$t_{\mathrm{s}F_1^1}^{\mathrm{T}}=t_{\mathrm{s}}^{\mathrm{T}}$，$t_{\mathrm{e}F_1^1}^{\mathrm{T}}=t_{\mathrm{e}}^{\mathrm{T}}$。

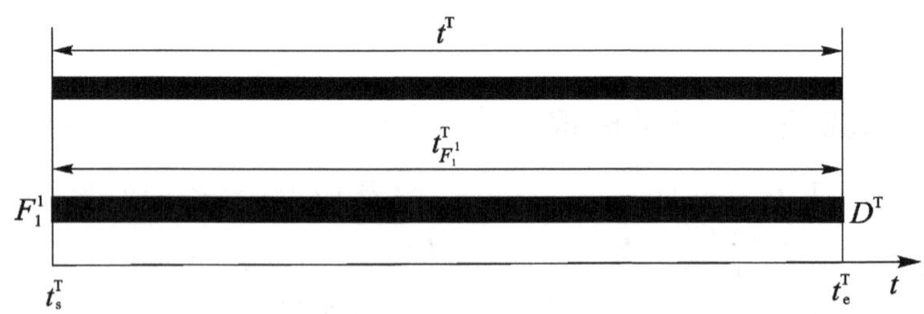

图 5-5　作战任务层全时段运行任务线程示例

② 所需功能模块在整个作战任务中间歇运行，存在停机时间。

假设作战任务由单一装备系统 S_1 的功能模块 F_1^1 负责执行，如图 5-6 所示，作战任务 Task 的任务持续时间为 t^{T}，其任务开始时刻和结束时刻分别为 $t_{\mathrm{s}}^{\mathrm{T}}$ 和 $t_{\mathrm{e}}^{\mathrm{T}}$，功能模块 F_1^1 在该任务中间歇使用 $n_{F_1^1}^{\mathrm{T}}$ 次，每次运行的持续时间为 $t_{F_1^1}^{\mathrm{T}_i}$，相应的使用

开始时刻和结束时刻分别为 $t_{sF_1^1}^{T_i}$ 和 $t_{eF_1^1}^{T_i}$，$i=1,2,\cdots,n_{F_1^1}^{T}$；$t_{DF_1^1}^{T_j}$（$j=1,2,\cdots,n_{F_1^1}^{T}-1$）为每次的停机时间，停机时间内可以选择维修或不修，维修时间小于停机时间，其运行性能水平必须在所有规定的使用时段内满足任务要求 D^T 才能保证 Task 被成功执行。其中，$t_{sF_1^1}^{T_1}=t_s^T$，$t_{eF_1^1}^{T_{n_{F_1^1}^T}}=t_e^T$。

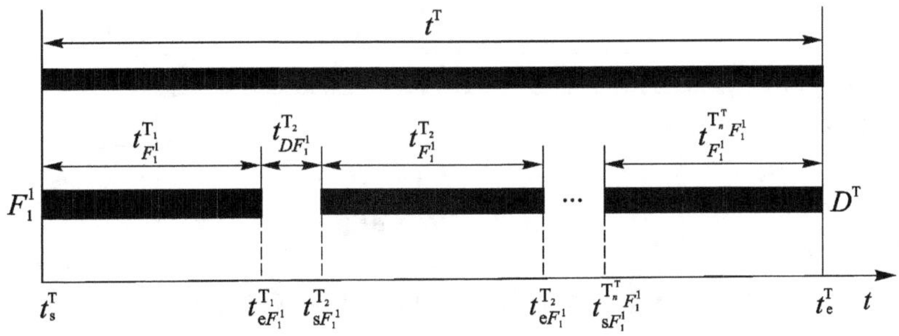

图 5-6　作战任务层间歇运行任务线程示例

③ 若执行作战任务的系统或功能模块发生降级或故障导致无法继续执行，则由其他系统或功能模块替代执行，即存在功能冗余。

假设作战任务由单一装备系统 S_1 的功能模块 F_1^1 负责执行，存在功能冗余；若 F_1^1 运行性能水平无法满足任务要求，则由装备系统 S_2 的功能模块 F_1^2 替代执行。由上可知，替代功能模块的运行形式与原功能模块必须一致，因此作战任务层功能冗余任务线程是在全时段使用和间歇使用任务线程的基础上构建的，如图 5-7 所示。其中，作战任务 Task 的任务持续时间为 t^T，其任务开始时刻和结束时刻分别为 t_s^T 和 t_e^T。其余假设均与情况①和②类似，不再赘述。

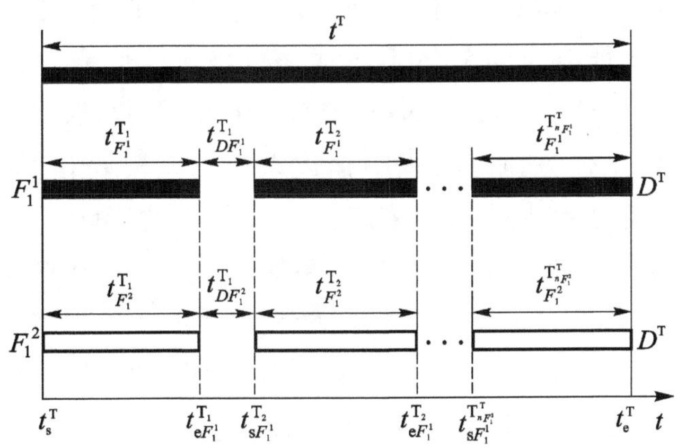

(a) 间歇使用情况

图 5-7　作战行动层功能冗余任务线程示例

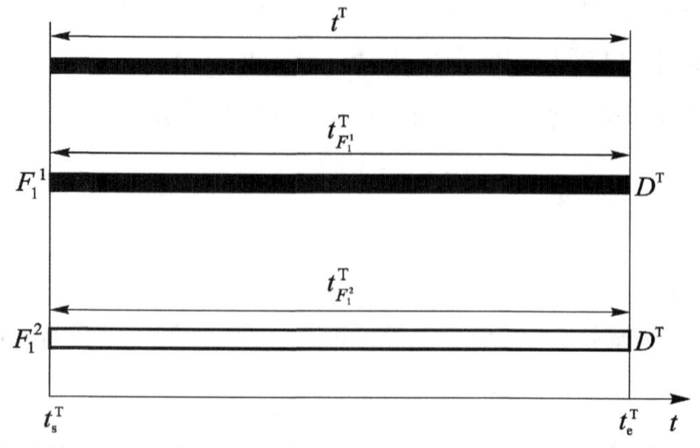

(b) 全时段使用情况

图 5-7　作战行动层功能冗余任务线程示例(续)

除此之外,若作战任务需由多个功能模块协同执行,则其任务线程可由上述3种情况组合而成,在此不再赘述。

5.2　基于 HDSPN 的装备体系任务线程建模

从上一节可知,装备体系的总体使命任务能否顺利完成,取决于三层任务执行的具体情况,即下层子任务的成功性是上层父任务的成功性的基础,对其起支撑作用。除此之外,在作战任务层,各作战任务能否顺利完成,与承担该任务的装备系统功能模块的当前运行性能水平密切相关;在作战行动层,各作战行动能否顺利完成,与参与所属下层子任务的各装备系统功能模块协同配合形成的作战能力的当前作战效果达成水平息息相关;在作战使命层,作战使命所属的所有必要作战行动必须均被成功执行,才能判定装备体系成功执行该作战使命,其任务成功性由作战行动层和作战任务层的任务成功性向上聚合而成。因此,装备体系的任务线程模型必须能够在装备体系任务执行过程中描述系统功能模块和作战能力的运行水平变化,且能够考虑装备体系中的运行依赖性对其产生的影响。

装备体系的任务执行过程伴随着装备系统的响应、行为或事件的随机发生、系统或体系状态的随机转换,是典型的复杂离散事件系统。基于任务线程建立离散事件模型,驱动装备体系运行,可以获取装备体系对于整体使命任务的完成情况,为装备体系总体任务成功性评估提供依据和前提;而 Petri 网[215]作为一种复杂系统网状信息流的表达模型,可以通过严格的数学定义和图形方式描述系统或体系状态变化,凭借其面向过程的建模思想,可以较好地描述体系使命任务中各作战活动的执行过程、逻辑关系及完成条件,在一定程度上满足本章对于面向装备体系使命任务所表现出的系统特性、体系特性以及任务特性的建模需要。因此，本节结合5.1节对于装备体系使命任务的分析，提出一种基于层次确定与随机Petri网（Hierarchical Deterministic and Stochastic Petri Nets，HDSPN）的装备体系任务线程建模方法。

5.2.1 Petri网概述

5.2.1.1 Petri网理论基础

基本Petri网[216]属于有向网[217-218]的一种，由库所（Place）、变迁（Transition）、弧（Arc）和令牌（Token）四类元素组成。其数学形式化定义如下：

定义5.1 假设$\mathrm{Pa}=\{\mathrm{pa}_1,\mathrm{pa}_2,\cdots,\mathrm{pa}_n\}$为库所集合，$\mathrm{Ts}=\{\mathrm{ts}_1,\mathrm{ts}_2,\cdots,\mathrm{ts}_n\}$为有限变迁集合，Fr为有向弧集合，$\mathrm{Fr}\subseteq(\mathrm{Pa}\times\mathrm{Ts})\cup(\mathrm{Ts}\times\mathrm{Pa})$，$M_0$为初始标识，四元组$\mathrm{PN}=(\mathrm{Pa},\mathrm{Ts};\mathrm{Fr},M_0)$称为Petri网，当且仅当：

1）$\mathrm{Net}=(\mathrm{Pa},\mathrm{Ts};\mathrm{Fr})$为基本网。

2）$M:\mathrm{Pa}\to Z$为标识函数，Z为非负整数集。

3）点火规则和实施结果：

① 变迁$\mathrm{ts}\in\mathrm{Ts}$，若$\forall\,\mathrm{pa}\in\mathrm{ts}^{*}\,M(\mathrm{pa})\geqslant 1$，则称变迁ts在标识$M$有发生权可被触发，记作$M[\mathrm{ts}>$；

② 设M'为触发后的标识，记作$M[\mathrm{ts}>M'$，则

$$M'(\mathrm{pa})=\begin{cases}M(\mathrm{pa})+1, & \mathrm{pa}\in\mathrm{ts}^{*}-{}^{*}\mathrm{ts}\\ M(\mathrm{pa})-1, & \mathrm{pa}\in{}^{*}\mathrm{ts}-\mathrm{ts}^{*}\\ M(\mathrm{pa}), & \text{其他}\end{cases}\tag{5-1}$$

库所/变迁系统$\Sigma=(\mathrm{Pa},\mathrm{Ts};\mathrm{Fr},K,W,M_0)$由基本Petri网演化而来[219]，作为Petri高级网的转化基础，主要满足以下条件：

① $\mathrm{Net}=(\mathrm{Pa},\mathrm{Ts};\mathrm{Fr})$为基本网；

② $K:\mathrm{Pa}\to\mathbf{N}^{+}\cup\{\infty\}$为库所容量函数，$\mathbf{N}^{+}$为正整数集；

③ $W:\mathrm{Fr}\to\mathbf{N}^{+}$为弧权函数；

④ $M_0:\mathrm{Pa}\to\mathbf{N}$为初始标识，满足$\forall\,\mathrm{pa}\in\mathrm{Pa}:M_0(\mathrm{pa})\leqslant K(\mathrm{pa})$，$\mathbf{N}$为整数集；

⑤ $M[\mathrm{ts}>$的点火规则为

$$\begin{cases}\forall\,\mathrm{pa}\in{}^{*}\mathrm{ts}:M(\mathrm{pa})\geqslant W(\mathrm{pa},\mathrm{ts})\\ \forall\,\mathrm{pa}\in\mathrm{ts}^{*}-{}^{*}\mathrm{ts}:M(\mathrm{pa})+W(\mathrm{ts},\mathrm{pa})\leqslant K(\mathrm{pa})\\ \forall\,\mathrm{pa}\in\mathrm{ts}^{*}\cap{}^{*}\mathrm{ts}:M(\mathrm{pa})+W(\mathrm{ts},\mathrm{pa})-W(\mathrm{pa},\mathrm{ts})\leqslant K(\mathrm{pa})\end{cases}\tag{5-2}$$

⑥ $M[\mathrm{ts}>M'$的实施结果为

$$M'(s)=\begin{cases}M(\mathrm{pa})-W(\mathrm{pa},\mathrm{ts}), & \mathrm{pa}\in {}^{*}\mathrm{ts}-\mathrm{ts}^{*}\\ M(\mathrm{pa})+W(\mathrm{ts},\mathrm{pa}), & \mathrm{pa}\in \mathrm{ts}^{*}-{}^{*}\mathrm{ts}\\ M(\mathrm{pa})+W(\mathrm{ts},\mathrm{pa})-W(\mathrm{pa},\mathrm{ts}), & \mathrm{pa}\in \mathrm{ts}^{*}\cap {}^{*}\mathrm{ts}\\ M(\mathrm{pa}), & \text{其他}\end{cases} \tag{5-3}$$

此外,装备体系的任务成功性分析与评估的本质是根据各层任务的具体执行时间和执行序列,按照特定顺序依次进行,逐步向上聚合形成最终的任务成功性评估结果。而 Petri 网中的可达性原理和关联矩阵对于分析此类问题较为成熟,可作为装备体系任务线程建模分析的重要手段。

定义 5.2 假设 Petri 网 PN=(Pa,Ts;Fr,M_0),若 $\exists M_1,M_2,\cdots,M_k$,使得 $\forall 1\leqslant i\leqslant k$,$\exists \mathrm{ts}_i\in \mathrm{Ts}:M_i[\mathrm{ts}_i>M_{i+1}$,则称变迁序列 $\sigma=\mathrm{ts}_1,\mathrm{ts}_2,\cdots,\mathrm{ts}_k$ 在 M_1 下是使能的,M_{k+1} 从 M_1 是可达的,记作 $M_1[\sigma>M_{k+1}$。

定义 5.3 令 $\Sigma=(\mathrm{Pa},\mathrm{Ts};\mathrm{Fr},K,W,M_0)$ 为一个有限的库所/变迁系统,且 $\mathrm{Pa}=\{\mathrm{pa}_1,\mathrm{pa}_2,\cdots,\mathrm{pa}_n\}$,$\mathrm{Ts}=\{\mathrm{ts}_1,\mathrm{ts}_2,\cdots,\mathrm{ts}_m\}$,则 $n\times m$ 阶矩阵 $\mathbf{A}=[a_{ij}](1\leqslant i\leqslant n,1\leqslant j\leqslant m)$ 为 Σ 的关联矩阵当且仅当 $a_{ij}=W(\mathrm{ts}_j,\mathrm{pa}_i)-W(\mathrm{pa}_i,\mathrm{ts}_j)$。

由上可得 Σ 的 Pa 向量和 Ts 向量分别为 $\boldsymbol{\alpha}=(c_1,c_2,\cdots,c_n)$ 和 $\boldsymbol{\beta}=(b_1,b_2,\cdots,b_m)$,则 Σ 的状态方程为

$$M=M_0+\mathbf{A}\boldsymbol{\beta}^{\mathrm{T}} \tag{5-4}$$

式中,$\boldsymbol{\beta}^{\mathrm{T}}$ 为任一 Ts 向量的转置向量;M_0 和 M 分别为标识的 Pa 向量。

利用图 5-8 对以上两个定义进行分析说明。假设初始标识 M_0 为$[010]^{\mathrm{T}}$,变迁 ts_2 的前置集为 ${}^{*}\mathrm{ts}_2=\{\mathrm{pa}_2\}$ 等,$\forall \mathrm{pa}\in {}^{*}\mathrm{ts}_2:M_0(\mathrm{pa})\geqslant 1$,则 $M_0[\mathrm{ts}_2>$。图 5-8(b)为该 Petri 网状态可达图。

由上可得该 Petri 网的关联矩阵为

$$\mathbf{A}=\begin{bmatrix}-1 & 1 & 0\\ 1 & -1 & 1\\ -1 & 1 & -1\end{bmatrix} \tag{5-5}$$

5.2.1.2 DSPN

为增强 Petri 网分析与时间的关联性,不同类型的时间变迁被引入基本 Petri 网中,扩展为确定与随机 Petri 网[220](Deterministic and Stochastic Petri Nets,DSPN)。DSPN 是广义随机 Petri 网[221-222](Generalized Stochastic Petri Nets,GSPN)的一种延伸,可定义为一个七元组 DSPN=(Pa,Ts;Fr,K,W,M_0,η),表 5-3 为 DSPN 建模元素的可视化表达,满足以下条件:

① (Pa,Ts;Fr,K,W,M_0)是一个库所/变迁系统。

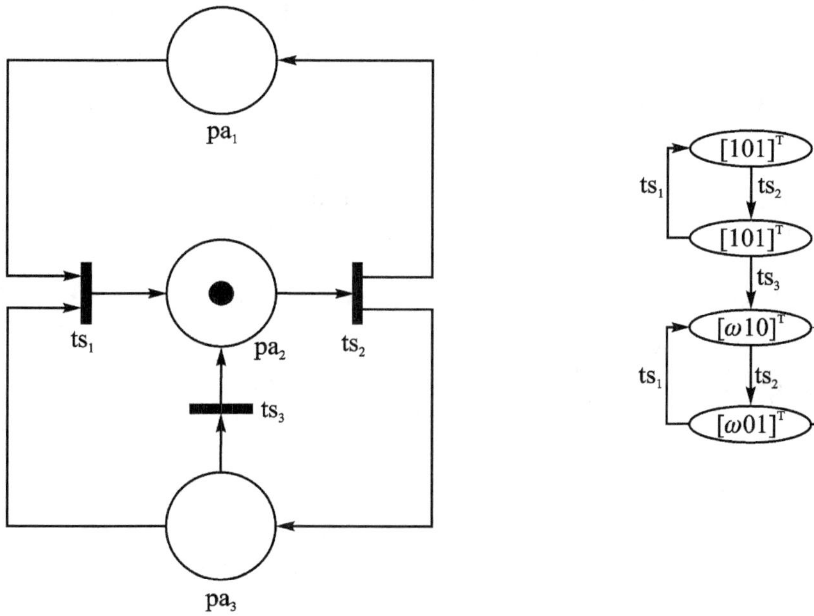

(a) Petri网示例　　(b) Petri网状态可达图

图 5－8　Petri 网可达性示例

② Fr 中包含输入弧、输出弧和抑制弧，即 Fr＝(In，Out，H)。其中，$H\subseteq \mathrm{Pa}\times\mathrm{Ts}$ 为抑制弧集合，可控制连接位置的实施条件，改变相应的实施结果。

③ 变迁集 Ts 划分为三个子集，即 $\mathrm{Ts}=\mathrm{Ts}^{\mathrm{Instant}}\cup\mathrm{Ts}^{\mathrm{Stochastic}}\cup\mathrm{Ts}^{\mathrm{Determinstic}}$。其中 $\mathrm{Ts}^{\mathrm{Instant}}$ 为瞬时变迁集合，$\mathrm{Ts}^{\mathrm{Stochastic}}$ 为随机时间变迁集合；$\mathrm{Ts}^{\mathrm{Determinstic}}$ 为确定时间变迁集合。

④ η 为变迁集 Ts 的激发函数集。若变迁 ts_i 为确定时间变迁，则 η_i 为变迁点火延时的确定常数值；若变迁 ts_i 为随机时间变迁，则 η_i 转化为变迁服从指数分布的平均实施速率 λ_i；若变迁 ts_i 为瞬时变迁，则 η_i 表示变迁点火概率的权函数。

DSPN 建模元素的可视化表达如表 5－3 所列。首先，DSPN 中的库所可对装备体系中作战能力、系统功能、部件以及各层任务的相应状态进行有效表征，且有向弧与库所、抑制弧与变迁的连接可以很好地描述任务线程中不同元素状态的转移。其次，DSPN 中的变迁可较好地描述装备体系使命任务执行过程中的各类关系；瞬时变迁可用于描述不同任务间的逻辑关系和作战能力与系统功能之间的运行依赖关系等；随机时间变迁可用于描述故障时间服从指数分布的系统功能及相应部件的运行性能状态随时间的变化情况，并与 Markov 过程同构；确定时间变迁则可准确描述不同任务的相应持续时间。再者，DSPN 的标识采样时刻由确定时间变迁决定，即确定时间变迁控制随机时间变迁，可以较好地描述使命任务执行期间体系内各装备系统运行性能退化过程与任务成功性之间的关系[223]。综上所述，DSPN 在一定程度上满足装备体系任务线程的建模需求，可通过适用性改进完成对于装备体系总体任务成功性的分析与评估。

表 5-3 DSPN 建模元素的可视化表达

元素	符号	相应描述
库所	○	系统的状态、资源或条件
瞬时变迁	│	事件发生的概率，延时为 0
确定时间变迁	▮	事件发生的速率，延时为确定常数
延时变迁	▯	事件发生的速率，延时服从指数分布
令牌	●	表征库所中的资源及其相应数量
有向弧	→	令牌流动的方向
抑制弧	—○	控制具备发生条件的变迁是否允许激活，连接库所与变迁

5.2.2 模型假设

根据 5.1.4 小节可知，装备体系任务线程较为复杂。根据任务目标的不同，体系内不同装备系统会组成若干种任务执行组合。为重点分析系统功能和作战能力的运行水平变化以及运行依赖性对于装备体系总体任务成功性的影响，构建相适应的任务线程模型，需做出如下假设：

① 在功能使用活动中，假设装备体系内各装备系统的不同功能模块的故障或退化过程相互独立，其任意运行性能状态逗留时间均服从指数分布。

② 在作战任务层中，假设各装备系统的不同功能模块均不可修，则暂不考虑维修活动对于装备体系整体任务成功性的影响；允许间歇运行，功能模块待机前运行所导致的退化会影响待机后运行时的初始状态；存在相应的冗余替代功能模块。

③ 在作战行动层中，参与同一作战行动的不同系统功能之间以及功能和能力之间存在运行依赖性。

④ 在作战使命层中，作战行动可能存在优先级，可根据具体情况选择执行必要的作战行动。

⑤ 各层任务的持续时间均为确定时间，不考虑持续时间为随机变量的情况。

5.2.3　模型定义

综上所述，对提出用于构建装备体系任务线程的HDSPN定义如下：

1）面向装备体系使命任务的多层级确定与随机Petri网HDSPN为一个九元组

$$\Sigma=(\mathrm{Pa},\mathrm{Ts};\mathrm{Fr},E,W,M_0,K,J,\eta)M$$

2）$\mathrm{Pa}=\{\mathrm{Pa}^{\mathrm{Mission}},\mathrm{Pa}^{\mathrm{Operation}},\mathrm{Pa}^{\mathrm{Task}},\mathrm{Pa}^{\mathrm{O}},\mathrm{Pa}^{\mathrm{S}}\}$为库所集合：

① $\mathrm{Pa}^{\mathrm{Mission}}$、$\mathrm{Pa}^{\mathrm{Operation}}$和$\mathrm{Pa}^{\mathrm{Task}}$均为任务库所，表征各层任务的执行状态。其中，$\mathrm{Pa}^{\mathrm{Task}}=\{\mathrm{Pa}_{\mathrm{on}}^{\mathrm{Task}},\mathrm{Pa}_{\mathrm{off}}^{\mathrm{Task}},\mathrm{Pa}_{\mathrm{up}}^{\mathrm{Task}},\mathrm{Pa}_{\mathrm{down}}^{\mathrm{Task}}\}$为作战任务库所，$\mathrm{Pa}_{\mathrm{on}}^{\mathrm{Task}}$和$\mathrm{Pa}_{\mathrm{off}}^{\mathrm{Task}}$分别表征作战任务执行的开始与结束，$\mathrm{Pa}_{\mathrm{up}}^{\mathrm{Task}}$与$\mathrm{Pa}_{\mathrm{down}}^{\mathrm{Task}}$分别表征作战任务的可执行与否。$\mathrm{Pa}^{\mathrm{Operation}}=\{\mathrm{Pa}_{\mathrm{on}}^{\mathrm{Operation}},\mathrm{Pa}_{\mathrm{off}}^{\mathrm{Operation}},\mathrm{Pa}_{\mathrm{up}}^{\mathrm{Operation}},\mathrm{Pa}_{\mathrm{down}}^{\mathrm{Operation}}\}$为作战行动库所，$\mathrm{Pa}_{\mathrm{on}}^{\mathrm{Operation}}$和$\mathrm{Pa}_{\mathrm{off}}^{\mathrm{Operation}}$分别表征作战行动执行的开始与结束，$\mathrm{Pa}_{\mathrm{up}}^{\mathrm{Operation}}$和$\mathrm{Pa}_{\mathrm{down}}^{\mathrm{Operation}}$分别表征作战行动的可执行与否。$\mathrm{Pa}^{\mathrm{Mission}}=\{\mathrm{Pa}_{\mathrm{on}}^{\mathrm{Mission}},\mathrm{Pa}_{\mathrm{off}}^{\mathrm{Mission}}\}$为作战使命库所，$\mathrm{Pa}_{\mathrm{on}}^{\mathrm{Mission}}$和$\mathrm{Pa}_{\mathrm{off}}^{\mathrm{Mission}}$分别表征作战使命执行的开始与结束。

② $\mathrm{Pa}^{\mathrm{O}}=\{\mathrm{Pa}_{\mathrm{C}}^{\mathrm{O}},\mathrm{Pa}_{\mathrm{F}}^{\mathrm{O}},\mathrm{Pa}_{\mathrm{E}}^{\mathrm{O}}\}$为当前运行水平库所，$\mathrm{Pa}_{\mathrm{C}}^{\mathrm{O}}$表征作战能力的当前作战效果达成水平，$\mathrm{Pa}_{\mathrm{F}}^{\mathrm{O}}$表征功能模块的当前运行性能水平，$\mathrm{Pa}_{\mathrm{E}}^{\mathrm{O}}$表征部件的当前运行性能状态。

③ $\mathrm{Pa}^{\mathrm{S}}=\{\mathrm{Pa}^{S_{\mathrm{E}}},\mathrm{Pa}^{S_{\mathrm{F}}}\}$为运行性能状态库所，表征部件或功能模块在运行时可能出现的若干个退化状态。其中，$\mathrm{Pa}^{S_{\mathrm{E}}}=\{\mathrm{pa}_1^{S_{\mathrm{E}}},\mathrm{pa}_2^{S_{\mathrm{E}}},\cdots,\mathrm{pa}_{n_{\mathrm{E}}}^{S_{\mathrm{E}}}\}$为部件运行性能状态库所，$\mathrm{Pa}^{S_{\mathrm{F}}}=\{\mathrm{pa}_1^{S_{\mathrm{F}}},\mathrm{pa}_2^{S_{\mathrm{F}}},\cdots,\mathrm{pa}_{n_{\mathrm{F}}}^{S_{\mathrm{F}}}\}$为功能模块运行性能状态库所。

3）$\mathrm{Ts}=\{\mathrm{Ts}^{\mathrm{I}},\mathrm{Ts}^{\mathrm{D}},\mathrm{Ts}^{\mathrm{S}}\}$为变迁集合，$\mathrm{Ts}^{\mathrm{I}}=\{\mathrm{Ts}^{\mathrm{I_l}},\mathrm{Ts}^{\mathrm{I_d}},\mathrm{Ts}^{\mathrm{I_D}}\}$为瞬时(Instant)变迁集，$\mathrm{Ts}^{\mathrm{I_l}}$为逻辑(Logic)变迁，$\mathrm{Ts}^{\mathrm{I_d}}$为依赖(Dependency)变迁，$\mathrm{Ts}^{\mathrm{I_D}}$为要求(Demand)变迁；$\mathrm{Ts}^{\mathrm{D}}$为确定(Deterministic)时间变迁集；$\mathrm{Ts}^{\mathrm{S}}$为随机(Stochastic)时间变迁集。

4）Fr为有向流，包含输入弧、输出弧、抑制弧、条件弧、冗余弧和冗余抑制弧，即Fr=(In,Out,H,U,R,RH)，记$H\subseteq\mathrm{Pa}\times\mathrm{Ts}$为抑制弧集合，$U\subseteq\mathrm{Pa}\times\mathrm{Ts}$为条件弧集合，$R\subseteq\mathrm{Pa}\times\mathrm{Ts}$为冗余弧集合，$\mathrm{RH}\subseteq\mathrm{Pa}\times\mathrm{Ts}$为冗余抑制弧集合。

5）$E=\{E_1,E_2,\cdots,E_n\}$为与变迁集Ts相对应的使能函数集，任意变迁ts能否被点火取决于令牌满足变迁条件时相应使能函数的真假与否。

6）$W:\mathrm{Fr}\to\mathbf{N}^+$为弧权函数。

7）M_0为Σ的初始标识。

8）$K:\mathrm{Pa}\to\{0,1\}$为Σ中库所容量函数。

9）$J=\{J^{\mathrm{I}},J^{\mathrm{D}},J^{\mathrm{S}}\}$为变迁集 Ts 与函数分布的映射，分为以下三类：

① J^{I}：$\mathrm{Ts}^{\mathrm{I_l}}$，$\mathrm{Ts}^{\mathrm{I_d}}$，$\mathrm{Ts}^{\mathrm{I_D}}\rightarrow$瞬时变迁；

② J^{D}：$\mathrm{Ts}^{\mathrm{D}}\rightarrow$确定时间变迁；

③ J^{S}：$\mathrm{Ts}^{\mathrm{S}}\rightarrow$随机时间变迁。

10）η 为变迁集 Ts 的激发函数集。若变迁 ts_i 为确定时间变迁，则 η_i 为变迁点火延时的确定常数值；若变迁 ts_i 为随机时间变迁，则 η_i 转化为变迁服从指数分布的平均实施速率 λ_i；若变迁 ts_i 为瞬时变迁，则 η_i 表示变迁点火概率的权函数。主要分为以下三类：

① ts_i 为逻辑变迁，则根据具体逻辑关系或概率点火实施；

② ts_i 为依赖变迁，则根据第 4 章给出的运行依赖性计算函数点火实施；

③ ts_i 为要求变迁，则通过将任务执行主体的当前运行水平与任务要求值对比判断是否点火实施。

HDSPN 中的各建模元素包含库所、变迁、令牌、有向弧、抑制弧、条件弧、冗余弧和冗余抑制弧，各元素的相应表示形式与参考文献[223]基本保持一致。需要注意的是，条件弧用带箭头的虚线表示，冗余弧用带箭头的点画线表示，冗余抑制弧用带小圆圈的点画线表示，其可视化表达如表 5－4 所列。

表 5－4　HDSPN 建模元素的可视化表达

元　素	符　号	相应描述
库所	○	任务、能力和功能的状态、资源或条件
确定时间变迁	▮	任务持续时间，延时为确定常数
随机时间变迁	▯	功能模块或相应部件运行性能水平退化的速率，延时服从指数分布
瞬时变迁	|	逻辑关系、运行依赖性和任务成功性分析所得的相应概率，延时为 0
令牌	•	表征库所中的资源及其相应数量
有向弧	⟶	令牌流动的方向
抑制弧	——o	控制具备发生条件的变迁是否允许激活，连接库所与变迁
条件弧	- - -→	在作战行动库所存在优先级的情况下控制令牌流向
冗余弧	- · →	在作战任务库所存在功能冗余的情况下控制令牌流向
冗余抑制弧	- · -o	与冗余弧配合使用，控制具备发生条件的变迁是否允许激活，连接库所与变迁

5.2.4　任务逻辑 DSPN 描述

根据上文对装备体系使命任务的分析，作战使命间仅存在顺序关系，不在此进行描述分析，而作战行动和作战任务间均存在不同逻辑关系，本节将对此进行分析和描述。

5.2.4.1　作战行动间的逻辑关系

作战行动间的逻辑关系包含三类，即顺序关系、条件关系和重叠关系。三种任务逻辑关系的 DSPN 描述具体如下：

1. 顺序关系

图 5－9 表示作战行动间的顺序关系，确定时间变迁 ts_1^D 和 ts_2^D 相应的激发函数为常数值，代表作战行动的相应持续时间。若库所 $Pa_{on}^{Operation_i}$（$i=1,2$）中的令牌可以成功通过变迁 ts_i^D 流入库所 $Pa_{off}^{Operation_i}$，则表明作战行动 $Operation_i$ 被成功执行。根据顺序关系可知，图中 $Operation_1$ 执行完成后，$Operation_2$ 才可以开始被执行。

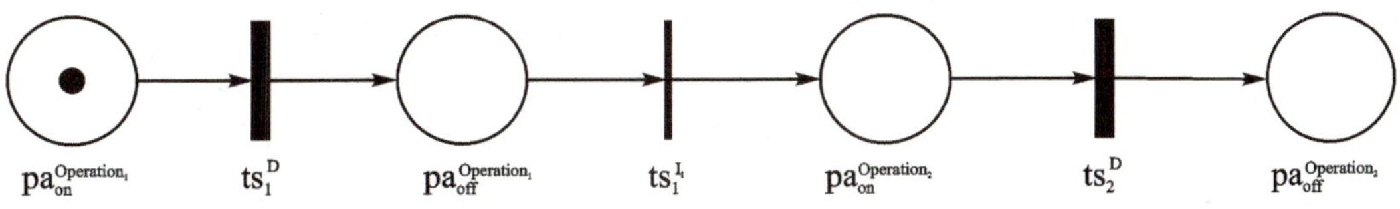

图 5－9　逻辑“顺序”

2. 条件关系

辅助任务库所用于辅助完成不同任务间逻辑关系的描述等。图 5－10 为两并发的作战行动之间的条件关系，其中两行动能否被执行取决于变迁 $ts_1^{I_1}$ 和 $ts_2^{I_1}$ 中相应的激发函数，一般为概率值。在 DSPN 中，用条件弧代替有向弧控制令牌在任务库所的流动。另外，需要说明的是，存在条件关系的作战行动库所的令牌必须源于同一相邻辅助任务库所，否则容易描述混淆。

3. 重叠关系

图 5－11 为两项作战行动之间的一般重叠关系，其中 $Operation_1$ 在最初时刻开始执行，令牌流经确定时间变迁 ts_1^D 到达 $Operation_1$ 执行结束库所，而 $Operation_2$ 令牌则需先流经确定时间变迁 $ts_2^{D'}$ 才能到达其开始执行库所，尔后再流经确定时间变迁 ts_2^D 才能到达其执行结束库所。假设变迁的激发函数满足 $\eta_1^D \geqslant \eta_{2'}^D + \eta_2^D$，则表明 $Operation_2$ 的持续时间小于或等于 $Operation_1$。$Operation_2$ 执行期位于 $Operation_1$ 执行期内，$Operation_1$ 和 $Operation_2$ 存在重叠关系。

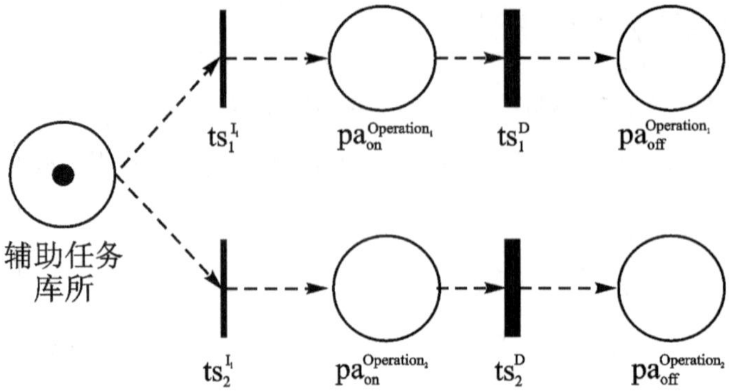

图 5-10　逻辑“条件”

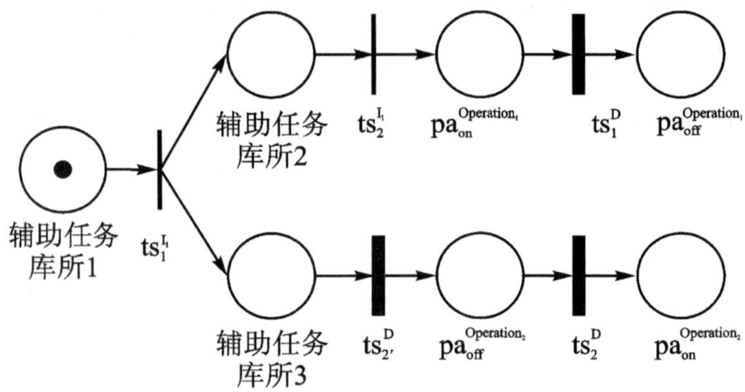

图 5-11　逻辑“重叠”

5.2.4.2　作战任务间的逻辑关系

作战任务间的逻辑关系包含五类，即顺序关系、与关系、或关系、重叠关系和表决关系，具体含义不再赘述。但需要说明的是，存在重叠关系的各作战任务所对应的系统功能，一般与上层作战行动的一项或多项作战能力存在运行依赖关系，并发关系是其特殊形式。各种任务逻辑关系的 DSPN 描述具体如下：

① 顺序关系（见图 5-12）。

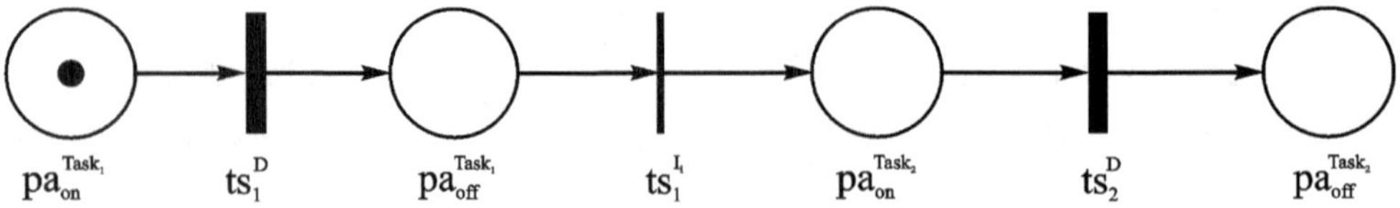

图 5-12　逻辑“顺序”

② 与关系（见图 5-13）。

③ 或关系（见图 5-14）。

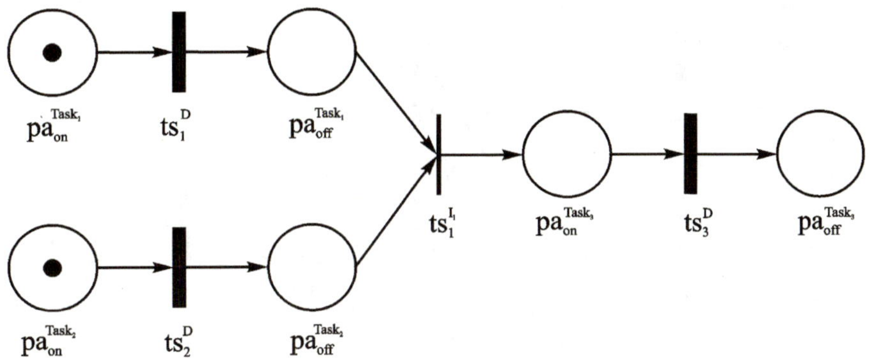

图 5-13　逻辑“与”

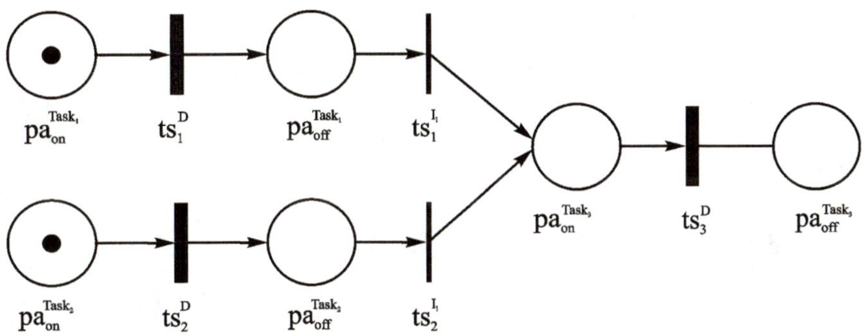

图 5-14　逻辑“或”

④ 重叠关系(见图 5-15)。

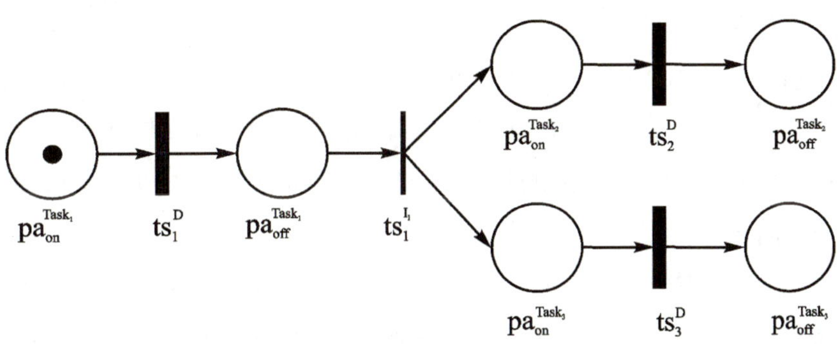

图 5-15　逻辑“重叠”(以“并发”为例)

⑤ 表决关系(见图 5-16)。

这里规定,任务库所中下一任务开始执行库所的点火实施取决于之前各任务执行结束库所是否按照给定逻辑关系要求具备相应的令牌,开始执行和执行结束库所间的变迁能否被点火实施则取决于该任务指定的功能模块或作战能力的当前运行水平是否满足任务要求。

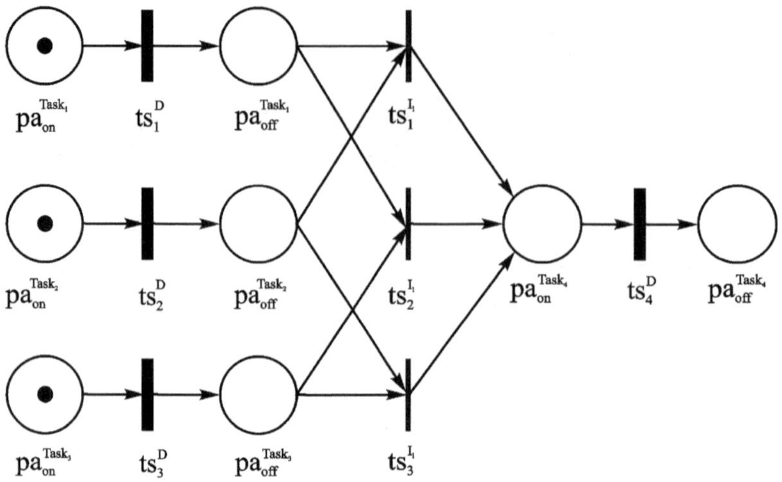

图 5-16　逻辑“表决”(以 2/3 表决门为例)

5.2.5　模型转化

5.2.5.1　基于 FDNA 的 DSPN 模型转化

根据第 4 章所述，作战行动的成功与否取决于装备体系所形成的相应作战能力的作战效果达成水平是否满足作战行动的任务要求，而其作战能力和系统功能之间可能存在相应运行依赖性，作战能力的作战效果达成水平与系统功能的运行性能水平相互关联。因此，为构建适用于体系总体任务成功性评估的任务线程，需对 FDNA 进行 DSPN 模型转化。

结合本书对 FDNA 和 Petri 网的介绍可知，两者的模型在描述上存在一定的同构性。根据 5.2.3 小节中对模型的整体定义，利用已知库所 Pa_F^O、Pa_C^O，依赖变迁集 Ts^{I_d}，要求变迁集 Ts^{I_D} 和确定时间变迁集 Ts^D 即可完成从 FDNA 到 DSPN 的转化，如图 5-17 所示。

在图 5-17 所示 FDNA 模型中，作战行动 $Operation_1$ 的任务成功性取决于两个作战能力节点 $N_{C_1^1}$ 和 $N_{C_2^1}$，其任务要求集为 D^{O_1}；功能节点 N_{F_1} 和 N_{F_2} 对能力节点 $N_{C_1^1}$ 产生运行依赖，功能节点 N_{F_3} 和能力节点 $N_{C_1^1}$ 对能力节点 $N_{C_2^1}$ 产生运行依赖，因此在 DSPN 中，库所 $pa_{F_1}^O$、$pa_{F_2}^O$ 和 $pa_{F_3}^O$ 中均包含令牌，代表三个功能节点各自所处的当前运行性能水平，依赖变迁 $ts_{1_1}^{I_d}$、$ts_{1_2}^{I_d}$ 的激发函数 $\eta_{1_1}^{I_d}$ 和 $\eta_{1_2}^{I_d}$ 则根据第 4 章给出的运行依赖性算法得出。通过令牌在 DSPN 中的流动，可求得两个能力节点各自的作战效果达成水平。上述过程的起始由库所 $pa_{on}^{Operation_1}$ 中的令牌控制，当 $pa_{on}^{Operation_1}$ 中拥有令牌时，该库所通过抑制弧阻止功能模块的当前运行性能水

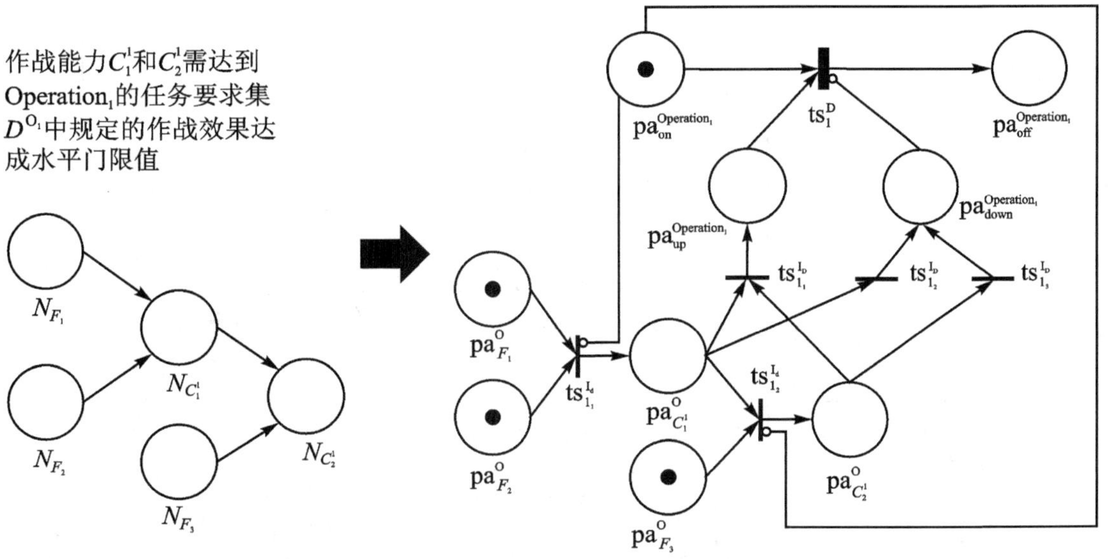

图 5-17　FDNA 到 DSPN 的转化

平库所中的令牌通过依赖变迁集 $Ts_{1_i}^{I_d}(i=1,2)$ 移动；在历经确定时间变迁 ts_1^D 后，$pa_{on}^{Operation_1}$ 中令牌消失，则存在令牌的当前运行性能水平库所可点火实施相应依赖变迁。

当令牌到达 $pa_{C_1^1}^O$ 和 $pa_{C_2^1}^O$ 时，令牌会流经要求变迁 $ts_{1_1}^{I_D}$、$ts_{1_2}^{I_D}$ 和 $ts_{1_3}^{I_D}$，相应的激发函数均由 D^{O_1} 确定。若 $pa_{C_1^1}^O$ 和 $pa_{C_2^1}^O$ 中的作战效果达成水平均达到规定值，则令牌到达库所 $pa_{up}^{Operation_1}$，与库所 $pa_{on}^{Operation_1}$ 中的令牌一起流入 $pa_{off}^{Operation_1}$，表明 Operation$_1$ 被成功执行；但凡 $pa_{C_1^1}^O$ 和 $pa_{C_2^1}^O$ 中有一个库所中所包含的作战效果达成水平未达到规定值，则令牌流入库所 $pa_{down}^{Operation_1}$，从而通过抑制弧阻止 $pa_{on}^{Operation_1}$ 中令牌流入 $pa_{off}^{Operation_1}$，表明 Operation$_1$ 失败。

5.2.5.2　基于 GO 的 DSPN 模型转化

根据第 3 章所述，作战任务的成功与否取决于装备体系内各系统不同功能模块的运行性能水平是否满足作战任务要求，而功能模块的运行性能水平由部件的运行性能状态和组成结构决定。因此，为构建适用于体系总体任务成功性评估的任务线程，需对 GO 模型进行 DSPN 模型转化。

本书改进的 GO 模型以 Markov 过程为基础，对功能模块的运行性能水平进行分析和计算，而 Petri 网与 Markov 同构，根据 5.2.3 小节中对模型的整体定义，利用已知库所 Pa_F^O、Pa_E^O、Pa^{S_E} 以及逻辑变迁集 Ts^{I_l}、要求变迁集 Ts^{I_D}、随机时间变迁集 Ts^S 和确定时间变迁集 Ts^D 即可完成从 GO 法到 DSPN 的转化，如图 5-18 所示。

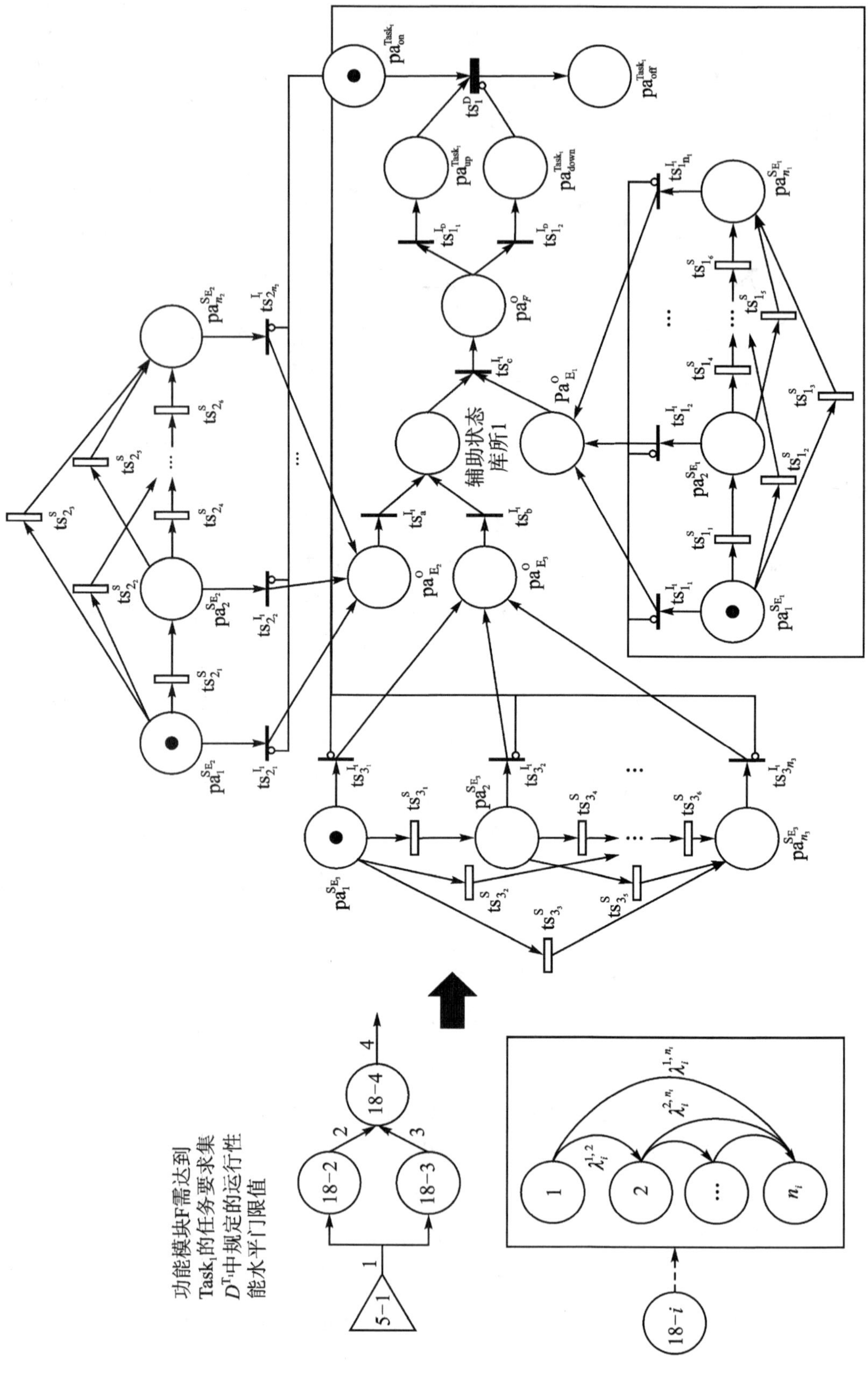

图5-18　GO到DSPN的转化

在图 5 - 18 所示的 GO 模型中，作战任务 Task_1 的任务成功性取决于功能模块 F 的运行性能水平在全任务时段能否一直保持在任务要求 D^{T_1} 以上。F 由三个部件构成，其可靠性结构为“部件 1 与部件 2 和部件 3 组成的并联结构串联”，因此在 DSPN 中，在作战任务开始时刻，令牌位于三个部件的最佳运行性能状态库所 $\text{pa}_1^{S_{E_i}}$ $(i=1,2,3)$ 中，作战任务开始后，令牌在各自部件的运行性能状态库所之间依据随机时间变迁集 Ts^S 流动，相应激发函数集 η^S 则根据第 3 章给出的部件运行性能状态退化分析算法得出。上述过程的起始由库所 $\text{pa}_{\text{on}}^{\text{Task}_1}$ 中的令牌控制。当 $\text{pa}_{\text{on}}^{\text{Task}_1}$ 中拥有令牌时，该库所通过抑制弧阻止部件的运行性能状态库所中的令牌通过逻辑变迁集 $\text{Ts}_i^{I_1}$ $(i=1,2,3)$ 向各自的当前运行性能状态库所 $\text{pa}_{E_i}^{O}$ $(i=1,2,3)$ 移动，在历经确定时间变迁 ts_1^D 后，$\text{pa}_{\text{on}}^{\text{Task}_1}$ 中令牌消失，则存在令牌的运行性能状态库所可点火实施相应逻辑变迁，令牌流入当前运行性能状态库所。

当三个部件的当前运行性能状态库所 $\text{pa}_{E_i}^{O}$ $(i=1,2,3)$ 均具备令牌时，可点火实施逻辑变迁 $\text{ts}_a^{I_1}$、$\text{ts}_b^{I_1}$ 和 $\text{ts}_c^{I_1}$，相应激发函数 $\eta_a^{I_1}$、$\eta_b^{I_1}$ 和 $\eta_c^{I_1}$ 则根据第 3 章给出的基于 GO 法的功能模块运行性能水平分析算法得出。通过令牌在 DSPN 中的流动，可求得功能模块 F 的当前运行性能水平。当令牌到达 pa_F^{O} 时，令牌会流经要求变迁 $\text{ts}_{1_1}^{I_D}$ 和 $\text{ts}_{1_2}^{I_D}$，相应的激发函数均由 D^{T_1} 确定。若 pa_F^{O} 中的运行性能水平在规定值以上，则令牌到达库所 $\text{pa}_{\text{up}}^{\text{Task}_1}$，与库所 $\text{pa}_{\text{on}}^{\text{Task}_1}$ 中的令牌一起流入 $\text{pa}_{\text{off}}^{\text{Task}_1}$，表明 Task_1 被成功执行；若 pa_F^{O} 中的运行性能水平未达到规定值，则令牌流入库所 $\text{pa}_{\text{down}}^{\text{Task}_1}$，从而通过抑制弧阻止 $\text{pa}_{\text{on}}^{\text{Task}_1}$ 中令牌流入 $\text{pa}_{\text{off}}^{\text{Task}_1}$，表明 Task_1 失败。

5.2.6　异层任务间的 DSPN 建模

通过上文对装备体系使命任务分析可知，装备体系的使命任务具备一定层次性、阶段性和重叠性。

使命任务的层次性体现在根据不同的能力和功能要求可将使命任务分解为作战使命、作战行动和作战任务。这个由总到分的过程通过 DSPN 建模可构建装备体系使命任务的总体任务线程，如图 5 - 19 所示。其中，下层任务的成功与否决定上层任务能否被成功执行，上层任务变迁的延时为下层任务提供执行时间约束。

使命任务的阶段性体现在各层任务都需按照一定顺序依次完成。在 HDSPN 中，用任务库所 $\text{Pa}^{\text{Mission}}$、$\text{Pa}^{\text{Operation}}$ 和 Pa^{Task} 表示各层任务的开始和结束等状态，用确定时间变迁集 Ts^D 和逻辑变迁集 Ts^{I_1} 表示任务执行中的持续时间和逻辑关系。

使命任务的重叠性体现在同层任务间其任务持续时间可能存在重叠部分，但

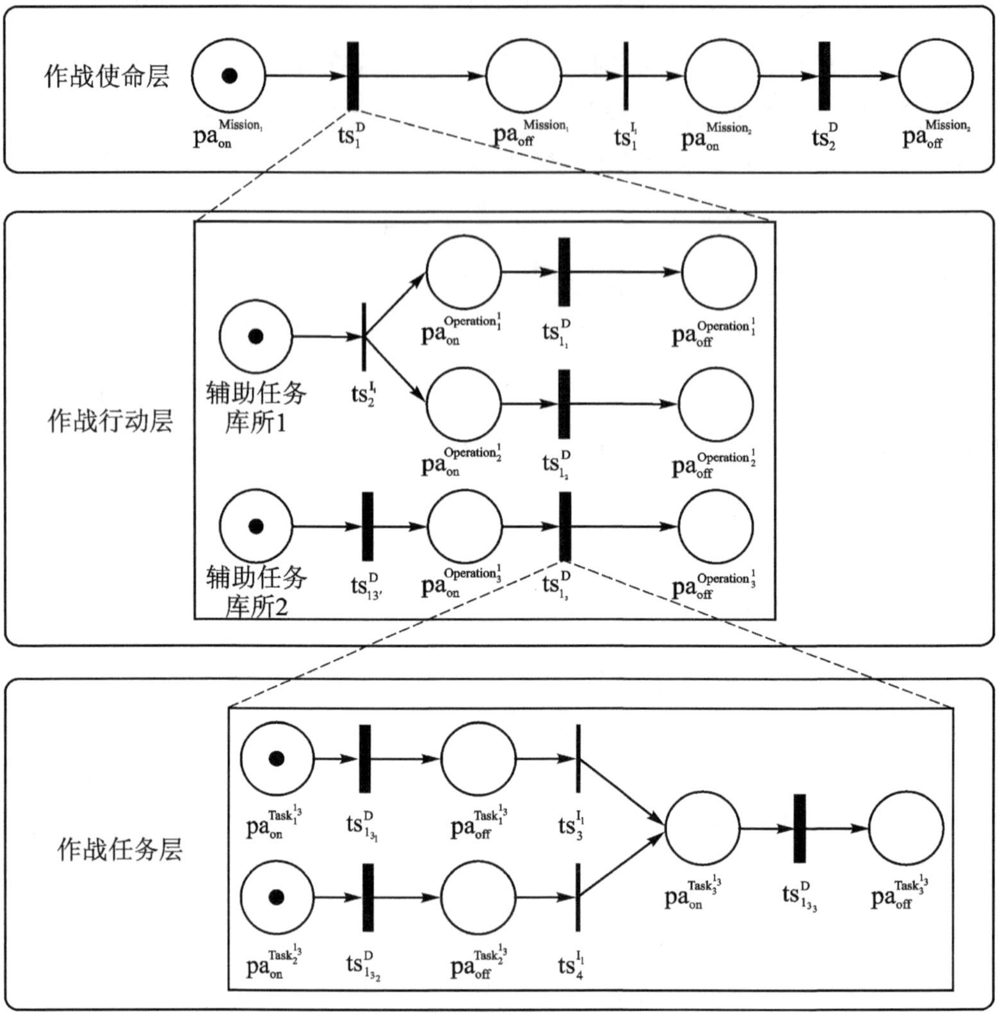

图 5－19　基于 HDSPN 的装备体系总体任务线程

对于任务线程中的上层任务而言，执行成功与否取决于下层所属任务集合中必须完成的子任务能否在规定时间段内按照各自要求顺利完成。

5.2.5 小节利用 DSPN 对 FDNA 和 GO 法进行了模型转化，为装备体系任务线程的整体建模提供了一定基础。本小节重点针对异层任务间的 DSPN 建模进行分析和阐述，从而为基于使命任务线程的装备体系任务成功性仿真评估提供支撑。

1. 作战使命到作战行动的 DSPN 建模

假设装备体系 SoS 在执行一项作战使命 Mission，其任务时长为 2 h，共包含三项作战任务 Operation_1、Operation_2 和 Operation_3，对应三项作战能力 C_1、C_2 和 C_3。Operation_1 和 Operation_2 在使命开始时刻并发执行，其行动持续时间与作战使命相同，两者构成条件关系，根据执行概率选择执行以确保整体作战使命的任务成功性；$Operation_3$ 与上述两项任务存在重叠关系，其任务开始时刻为 1 h，结束时刻为 1.5 h。

将上述过程转化为 DSPN 模型，如图 5-20 所示。令牌由 $pa_{on}^{Mission}$ 出发，流经逻辑变迁 $ts_1^{I_1}$ 首先到达两个辅助任务库所，辅助任务库所 1 中的令牌沿优先弧选择流经逻辑变迁 $ts_2^{I_1}$ 或 $ts_3^{I_1}$ 到达 $pa_{on}^{Operation_1}$ 或 $pa_{on}^{Operation_2}$，从而准确描述出 $Operation_1$ 和 $Operation_2$ 之间的条件关系和并发关系。为实现两项作战行动的持续时间与 Mission 相同，则规定两个任务库所中令牌须分别流经确定时间变迁 ts_1^D 和 ts_2^D 才

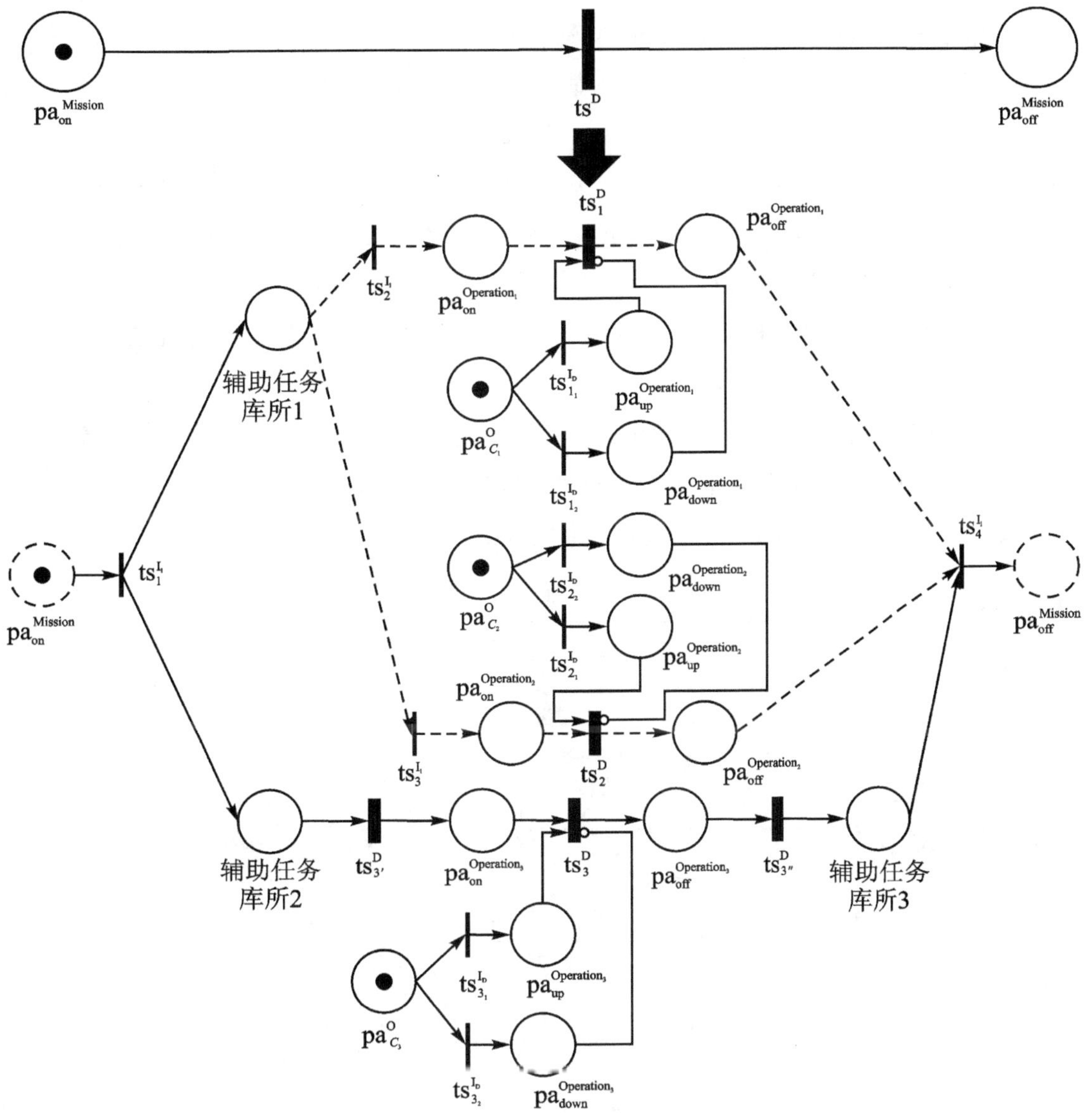

图 5-20　作战使命到作战行动的 DSPN 模型

能到达 $pa_{off}^{Operation_1}$ 和 $pa_{off}^{Operation_2}$，且相应的激发函数满足 $\eta_1^D=\eta_2^D=\eta^D=2$ h。辅助任务库所 2 流经确定时间变迁 $ts_{3'}^D$ 到达 $pa_{on}^{Operation_3}$，激发函数满足 $\eta_{3'}^D=1$ h；再流经确定时间变迁 ts_3^D 到达 $pa_{off}^{Operation_3}$，激发函数满足 $\eta_3^D=0.5$ h；尔后令牌流经 $ts_{3''}^D$ 到达辅助任务库所 3，激发函数满足 $\eta_{3''}^D=0.5$ h。

上一节已对作战行动成功与否的分析方法进行了阐述，这里不再赘述。但需要说明的是，辅助任务库所 1 中的令牌需根据 $ts_2^{I_1}$ 和 $ts_3^{I_1}$ 中所具备的激发概率选择点火实施 $pa_{on}^{Operation_1}$ 或 $pa_{on}^{Operation_2}$。最后，$pa_{off}^{Operation_1}$ 或 $pa_{off}^{Operation_2}$ 与辅助任务库所 3 中的令牌需同时流经逻辑变迁 $ts_4^{I_1}$ 才能到达 $pa_{off}^{Mission}$，从而保证 Mission 的成功执行。

2. 作战行动到作战任务的 DSPN 建模

假设装备体系 SoS 在执行一项作战行动 Operation，其任务时长为 2 h，共包含两项作战任务 $Task_1$ 和 $Task_2$。$Task_1$ 由装备系统 S_1 的功能模块 F_1^1 负责执行，$Task_2$ 由装备系统 S_2 的功能模块 F_1^2 负责执行。$Task_1$ 和 $Task_2$ 按顺序关系执行，其任务持续时间均为 1 h，其中 F_1^1 在 $Task_1$ 中间歇运行，两次运行时间分别为 0～0.3 h 和 0.7～1 h，F_1^2 在 $Task_2$ 中全时段运行，运行持续时间为 1 h。当 F_1^1 发生故障或降级导致无法完成 $Task_1$ 时，F_1^2 可作为 F_1^1 的功能冗余模块独自执行 $Task_1$ 和 $Task_2$。

将上述过程转化为 DSPN，如图 5 - 21 所示。由于 F_1^1 在 $Task_1$ 中间歇运行，在 DSPN 中，通过增加辅助任务库所 1 和 2，并将 $Task_1$ 的确定时间变迁 ts_1^D 分解为 $ts_{1_1}^D$、$ts_{1_2}^D$ 和 $ts_{1'}^D$ 来描述这一过程，其相应激发函数满足 $\eta_{1_1}^D=\eta_{1_2}^D=0.3$ h 和 $\eta_{1'}^D=$

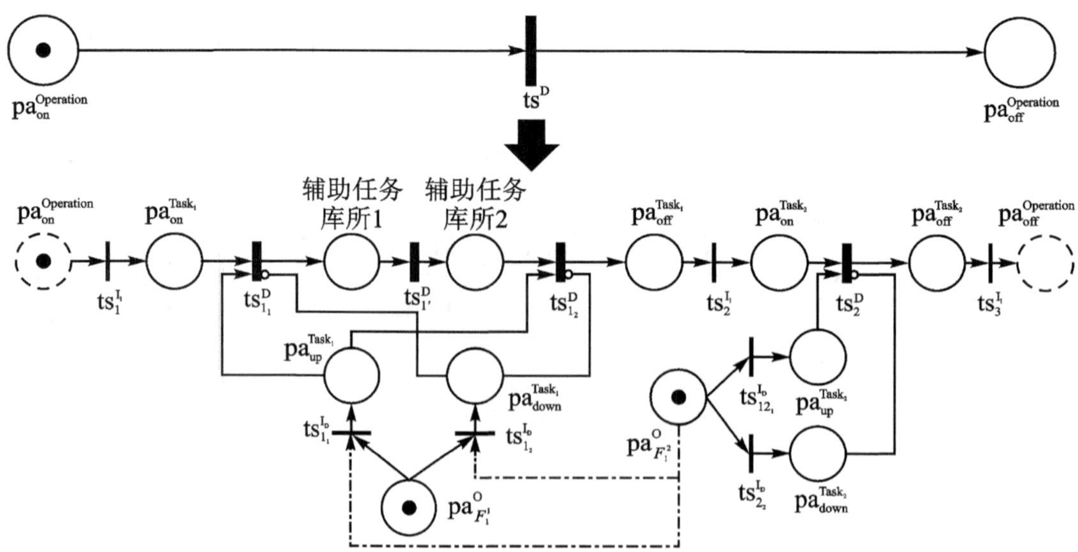

图 5 - 21　作战行动到作战任务的 DSPN 建模

0.4 h。此外，F_1^2 是 F_1^1 的功能冗余模块，因此当 $pa_{F_1^1}^O$ 不满足任务要求时，则由 $pa_{F_1^2}^O$ 中的令牌沿冗余弧点火实施 $Task_1$ 中的相应变迁，以保证 $Task_1$ 的任务成功性；而冗余抑制弧则是在相应冗余弧被启用时与之配合使用，与抑制弧作用相同，其建模过程不再赘述。

5.3 装备体系总体任务成功性评估分析

5.2.1 小节指出，可达性分析算法（Reachability Analysis Algorithm，RAA）可定位和标记 DSPN 模型中任意给定令牌通过有向弧到达的全部库所[224]，有利于构建用于总体任务成功性分析的各类相关性矩阵。其基本原理如下：

根据所构建的基于 HDSPN 的装备体系任务线程，按仿真需求设置令牌于各层 DSPN 模型中的各类初始库所中，沿有向弧点火实施相应变迁后搜索所有能够到达的库所，通过令牌的流动对其所经过的各类库所做出相应标记（一般标记为 1），根据不同规则获得各层任务所需的相关性矩阵，从而对各层任务的任务成功性进行分析计算。

为获得不同相关性矩阵，首先对相关性和相关性矩阵给出如下定义：

定义 5.4　相关性：表征不同实体间的因果关系，若存在实体 x_i 和 y_j 可以互推，则称 x_i 和 y_j 是相关的。

定义 5.5　相关性矩阵 $\boldsymbol{Z}$：表征不同实体间相关性的矩阵，记为

$$\boldsymbol{Z}=[z_{ij}]_{m\times n}=\begin{bmatrix} z_{11} & \cdots & z_{1n} \\ \vdots & & \vdots \\ z_{m1} & \cdots & z_{mn} \end{bmatrix} \tag{5-6}$$

其中，$\boldsymbol{Z}$ 内的元素 z_{ij} 表征实体 x_i 和 y_j 之间的相关性，满足：

$$z_{ij}=\begin{cases} 1, & x_i \text{ 与 } y_j \text{ 相关} \\ 0, & x_i \text{ 与 } y \text{ 不相关} \end{cases} \tag{5-7}$$

假设装备体系为 $SoS=\{S_1, S_2, \cdots, S_{n_s}\}$，$S_i(i=1,2,\cdots,n_s)$ 表示第 i 个装备系统。装备体系正在执行的作战使命 Mission 共包含 n_m 个作战行动 $Operation_k(k=1,2,\cdots,n_m)$，作战行动 $Operation_k$ 包含 n_k 个作战任务，$Task_l^k(l=1,2,\cdots,n_k)$ 表示 $Operation_k$ 中的第 l 个作战任务。

5.3.1 作战任务的任务成功性分析

上文提到，系统功能的运行性能水平与作战任务的任务成功性密不可分。一般来说，每个系统可具备多项功能，在不同作战任务中运行功能的种类可能不同。

根据美军联合能力集成与开发系统[169]的运行过程可知，系统功能可通过选取关键性能参数（KPP）来定义，一般分为7类，包括指挥控制KPP、战场空间感知KPP、机动KPP、火力KPP、通信KPP、防护KPP及辅助KPP。本书规定一项作战任务可由单一装备系统独自执行或多个装备系统协同执行。因此，以作战任务Task_l^k为例，利用RAA对作战任务的DSPN模型进行可达性分析，构造系统-功能的相关性矩阵$\boldsymbol{Z}^{T_l^k(S-F)}$和系统-系统的冗余相关性矩阵$\boldsymbol{Z}^{T_l^k(S-S)}$如下：

$$\boldsymbol{Z}^{T_l^k(S-F)}=\left[z_{ij}^{T_l^k(S-F)}\right]_{n_s\times 7}=\begin{bmatrix} z_{11}^{T_l^k(S-F)} & \cdots & z_{17}^{T_l^k(S-F)} \\ \vdots & & \vdots \\ z_{n_s1}^{T_l^k(S-F)} & \cdots & z_{n_s7}^{T_l^k(S-F)} \end{bmatrix} \tag{5-8}$$

其中，$\boldsymbol{Z}^{T_l^k(S-F)}$内的元素$z_{ij}^{T_l^k(S-F)}$满足：

$$z_{ij}^{T_l^k(S-F)}=\begin{cases}1, & S_i\text{ 通过运行 }F_j\text{ 执行 }\mathrm{Task}_l^k\\ 0, & S_i\text{ 不通过运行 }F_j\text{ 执行 }\mathrm{Task}_l^k\end{cases} \tag{5-9}$$

$$\boldsymbol{Z}^{T_l^k(S-S)}=\left[z_{ij}^{T_l^k(S-S)}\right]_{n_s\times n_s}=\begin{bmatrix} z_{11}^{T_l^k(S-S)} & \cdots & z_{1n_s}^{T_l^k(S-S)} \\ \vdots & & \vdots \\ z_{n_s1}^{T_l^k(S-S)} & \cdots & z_{n_sn_s}^{T_l^k(S-S)} \end{bmatrix} \tag{5-10}$$

其中，$\boldsymbol{Z}^{T_l^k(S-S)}$内的元素$z_{ij}^{T_l^k(S-S)}$满足：

$$z_{ij}^{T_l^k(S-S)}=\begin{cases}1, & \text{在 }\mathrm{Task}_l^k\text{ 中 }S_j\text{ 是 }S_i\text{ 的功能冗余模块}\\ 0, & \text{在 }\mathrm{Task}_l^k\text{ 中 }S_j\text{ 不是 }S_i\text{ 的功能冗余模块}\end{cases} \tag{5-11}$$

根据$\boldsymbol{Z}^{T_l^k(S-F)}$即可确定参与$\mathrm{Task}_l^k$的系统集合和所运行的功能种类，根据$\boldsymbol{Z}^{T_l^k(S-S)}$可找到在$\mathrm{Task}_l^k$中存在功能冗余关系的系统功能模块组合。根据作战任务层任务线程分析可知，为保证Task_l^k成功执行，需参与该任务的各装备系统的指定功能模块在各自运行模式下均满足任务要求。假设共有$n^{T_l^k}$个系统功能模块参与执行Task_l^k，S_i的功能模块F_j^i在Task_l^k中需运行$n_{F_j^i}^{T_l^k}$次，相应持续时间为$t_{F_j^i}^{T_l^k a}\left(a=1,2,\cdots,n_{F_j^i}^{T_l^k}\right)$。因此，$\mathrm{Task}_l^k$的任务持续时间可转化为一个矩阵$\boldsymbol{t}^{T_l^k}$，行代表参与执行$\mathrm{Task}_l^k$的不同系统功能模块，行数为$n^{T_l^k}$；列表示各功能模块每次运行的时间，列数由最大运行次数决定，不满足条件的元素用0补齐。由此可得Task_l^k的任务成功概率为

$$\mathrm{SU}_{\mathrm{Task}_l^k}\left(\boldsymbol{D}^{T_l^k},\boldsymbol{t}^{T_l^k}\right)=\begin{cases}\prod_{i=1}^{n_s}\prod_{j=1}^{7}\left[z_{ij}^{T_l^k(S\text{-}F)}\cdot\prod_{a=1}^{n_{F_j^i}^{T_l^k}}\mathrm{SU}_{F_j^i}\left(D_{F_j^i}^{T_l^k},t_{F_j^i}^{T_l^k a}\right)\right], & z_{ij}^{T_l^k(S\text{-}F)}=1\\ \text{无意义}, & z_{ij}^{T_l^k(S\text{-}F)}=0\end{cases} \tag{5-12}$$

式中，$\mathrm{SU}_{F_j^i}\left(D_{F_j^i}^{T_l^k},t_{F_j^i}^{T_l^k a}\right)$为功能模块$F_j^i$的运行性能水平满足 Task_l^k 的任务要求的概率，具体计算方法详见第 3 章。若F_j^i在运行期间与其他功能模块产生运行依赖，则根据第 4 章所给方法对$\mathrm{SU}_{F_j^i}\left(D_{F_j^i}^{T_l^k},t_{F_j^i}^{T_l^k a}\right)$进行适用性改进，这里均不再赘述。

式(5－12)未考虑作战任务层可能出现功能冗余的情况，若存在功能冗余，则应先根据式(5－10)搜索各个参与 Task_l^k 的功能模块的冗余模块集合。根据运行次数和每次的运行时间，分情况讨论，计算最终的任务成功概率。该仿真算法的部分伪代码如下。

Algorithm:Mission Success Analysis (Task)

(1) 找出参与 Task_l^k 的功能模块集合和相应的冗余功能模块集合

输入：$\boldsymbol{Z}^{T_l^k(S\text{-}F)}$ 为 Task_l^k 的系统-功能相关性矩阵

$\boldsymbol{Z}^{T_l^k(S\text{-}S)}$ 为 Task_l^k 的系统-系统冗余相关性矩阵

n_s 为体系中的系统总数

F(j). ele 用于搜索 Task_l^k 的执行功能模块集合

G(i). redun 用于搜索与执行功能模块相对应的冗余功能模块集合

```
for p=1:n_s
    for q=1:7
        if z_pq^{T_l^k(S-F)} = =1
            F(j). ele=[F(j). ele p];
        end
    cnd
end
for x=1:n_s
    for y=1:n_s
```

if $z_{xy}^{T_l^k(S-S)}==1$

G(i). redun=[G(i). redun y];

end

end

end

输出：Task_l^k 的执行功能模块集合 $C^{T_l^k}$，每个执行功能模块相对应的冗余功能模块集合 $C_{\mathrm{redun}}^{T_l^k}$，执行功能模块数量 $n^{T_l^k}$，每个执行功能模块相对应的冗余功能模块数量 $n_{\mathrm{redun}}^{T_l^k}$

---

(2) 计算考虑功能冗余情况下的任务成功概率

输入：Task_l^k 的执行功能模块集合 $C^{T_l^k}$

与 $C^{T_l^k}$ 相对应的冗余功能模块集合 $C_{\mathrm{redun}}^{T_l^k}$（包含执行功能模块本身），对于执行功能模块 F_b 而言，其冗余功能模块集合为 $C_{F_b^{\mathrm{redun}}}^{T_l^k}$

$n^{T_l^k}$ 为 $C^{T_l^k}$ 中元素的数量

$n_{F_b^{\mathrm{redun}}}^{T_l^k}$ 为 $C_{F_b^{\mathrm{redun}}}^{T_l^k}$ 中元素的数量

$n_{F_b}^{T_l^k}$ 为执行功能模块 F_b 的运行总次数

$\boldsymbol{t}_{F_b}^{T_l^k}$ 为功能模块 F_b 在 Task_l^k 中运行时间向量

$\mathrm{SU}_{F_{bc}}(D_{F_b}^{T_l^k},t_{F_b}^{T_l^k a})$ 为 F_b 的冗余功能模块 F_{bc} 在第 a 次运行时的任务成功概率（$1\leqslant a\leqslant n_{F_b}^{T_l^k}$）

$\boldsymbol{w}=\begin{bmatrix} w_1 & w_2 & \cdots & w_{n_{F_b}^{T_l^k}} \end{bmatrix}$ 表征与 F_b 对应的无法完成 Task_l^k 的冗余功能模块 F_{bc} 中编号最大值

初始化 $\boldsymbol{w}=0$

for b=1:$n^{T_l^k}$

form=1:$n_{F_b}^{T_l^k}$

$$\mathrm{SU}_m(D_{F_b}^{T_l^k},t_{F_b}^{T_l^k m})=1-\prod_{c=w_m+1}^{n_{F_b^{\mathrm{redun}}}^{k_l}}(1-\mathrm{SU}_{F_{bc}}(D_{F_b}^{T_l^k},t_{F_b}^{T_l^k m}))$$

更新 w_m

end

end

输出：$\mathrm{SU}_{\mathrm{Task}_l^k}(\boldsymbol{D}^{T_l^k},\boldsymbol{t}^{T_l^k}) = \prod_{b=1}^{n^{T_l^k}} \prod_{m=1}^{n_{F_b}^{T_l^k}} \mathrm{SU}_m(D_{F_b}^{T_l^k},t_{F_b}^{T_l^k m})$

5.3.2 作战行动的任务成功性分析

装备体系在执行一项作战使命的过程中，作战行动层在整个任务执行过程中起到承上启下的作用，总体任务成功性的分析需要通过作战行动层进行聚合或分解。作战行动的任务成功性由两方面决定：一方面是所属的各作战任务按照相应逻辑关系均被成功执行，另一方面是作战行动对应的各作战能力的作战效果达成水平均满足其任务要求，而能力的作战效果达成水平通过运行依赖性与各功能的运行性能水平建立联系。因此，以 $\mathrm{Operation}_k$ 为例，假设其作战能力集合为 $C^k=\{C_1^k,C_2^k,\cdots,C_{n_k^c}^k\}$，其相应任务要求集合为 $D^k=\{D_1^k,D_2^k,\cdots,D_{n_k^c}^k\}$，利用 RAA 对作战行动的 DSPN 模型进行可达性分析，构造功能-能力相关性矩阵 $\boldsymbol{Z}^{O_k(F^p\text{-}C)}$、能力-能力的相关性矩阵 $\boldsymbol{Z}^{O_k(C\text{-}C)}$ 和功能-功能的相关性矩阵 $\boldsymbol{Z}^{C_q^k(F^a\text{-}F^b)}$ 如下：

$$\boldsymbol{Z}^{O_k(F^p\text{-}C)}=[z_{ij}^{O_k(F^p\text{-}C)}]_{7\times n_s}=\begin{bmatrix} z_{11}^{O_k(F^p\text{-}C)} & \cdots & z_{1n_s}^{O_k(F^p\text{-}C)} \\ \vdots & & \vdots \\ z_{71}^{O_k(F^p\text{-}C)} & \cdots & z_{7n_k^c}^{O_k(F^p\text{-}C)} \end{bmatrix} \tag{5-13}$$

其中，$p=1,2,\cdots,n_s$。此外，$\boldsymbol{Z}^{O_k(F^p\text{-}C)}$ 内的元素 $z_{ij}^{O_k(F^p\text{-}C)}$ 满足：

$$z_{ij}^{O_k(F^p\text{-}C)}=\begin{cases}1, & \mathrm{Operation}_k\ \text{中}\ F_i^p\ \text{对}\ C_j^k\ \text{产生运行依赖} \\ 0, & \mathrm{Operation}_k\ \text{中}\ F_i^p\ \text{对}\ C_j^k\ \text{不产生运行依赖}\end{cases} \tag{5-14}$$

$$\boldsymbol{Z}^{O_k(C\text{-}C)}=[z_{ij}^{O_k(C\text{-}C)}]_{n_k^c\times n_k^c}=\begin{bmatrix} z_{11}^{O_k(C\text{-}C)} & \cdots & z_{1n_k^c}^{O_k(C\text{-}C)} \\ \vdots & & \vdots \\ z_{n_k^c1}^{O_k(C\text{-}C)} & \cdots & z_{n_k^cn_k^c}^{O_k(C\text{-}C)} \end{bmatrix} \tag{5-15}$$

其中，$\boldsymbol{Z}^{O_k(C\text{-}C)}$ 内的元素 $z_{ij}^{O_k(C\text{-}C)}$ 满足：

$$z_{ij}^{O_k(C\text{-}C)}=\begin{cases}1, & \mathrm{Operation}_k\ \text{中}\ C_i^k\ \text{对}\ C_j^k\ \text{产生运行依赖} \\ 0, & \mathrm{Operation}_k\ \text{中}\ C_i^k\ \text{对}\ C_j^k\ \text{不产生运行依赖}\end{cases} \tag{5-16}$$

$$\boldsymbol{Z}^{C_q^k(F^a\text{-}F^b)}=\left[z_{ij}^{C_q^k(F^a\text{-}F^b)}\right]_{7\times7}=\begin{bmatrix} z_{11}^{C_q^k(F^a\text{-}F^b)} & \cdots & z_{17}^{C_q^k(F^a\text{-}F^b)} \\ \vdots & & \vdots \\ z_{71}^{C_q^k(F^a\text{-}F^b)} & \cdots & z_{77}^{C_q^k(F^a\text{-}F^b)} \end{bmatrix} \tag{5-17}$$

其中，$a,b=1,2,\cdots,n_s,q=1,2,\cdots,n_k^c$。此外，$\boldsymbol{Z}^{O_k(C\text{-}F)}$ 内的元素 $z_{ij}^{O_k(C\text{-}F)}$ 满足：

$$z_{ij}^{C_q^k(F^a\text{-}F^b)}=\begin{cases}1, & \text{在实现 } C_q^k \text{ 过程中 } F_i^a \text{ 对 } F_j^b \text{ 产生运行依赖} \\ 0, & \text{在实现 } C_q^k \text{ 过程中 } F_i^a \text{ 对 } F_j^b \text{ 不产生运行依赖}\end{cases} \tag{5-18}$$

假设 $t_b^{O_k}(b=1,2,\cdots,n_k^c)$ 为各作战能力的运行时间，令

$$\boldsymbol{t}^{O_k}=\left[t_1^{O_k}\quad t_2^{O_k}\quad\cdots\quad t_{n_k^c}^{O_k}\right],\quad \boldsymbol{D}^{O_k}=\left[D_1^{O_k}\quad D_1^{O_k}\quad\cdots\quad D_{n_k^c}^{O_k}\right]$$

根据 $\boldsymbol{Z}^{O_k(F^p\text{-}C)}$、$\boldsymbol{Z}^{O_k(C\text{-}C)}$ 和 $\boldsymbol{Z}^{C_q^k(F^a\text{-}F^b)}$ 可准确描述出 Operation_k 中各作战能力与不同系统功能间的运行依赖关系，结合第 4 章的具体计算方法，可直接求得各作战能力相应运行水平满足要求的概率，从而求解得到 Operation_k 的基于作战能力的任务成功概率：

$$\text{SU}_{\text{Operation}_k}^{O_C}(\boldsymbol{D}^{O_k},\boldsymbol{t}^{O_k})=\prod_{i=1}^{n_k^c}\Pr\{O_{C_i^k}(t_i^{O_k})\geqslant D_i^{O_k}\} \tag{5-19}$$

其中，$\Pr\{O_{C_i^k}(t_i^{O_k})\geqslant D_i^{O_k}\}$ 为作战能力 C_i^k 的作战效果达成水平满足 Operation_k 的任务要求的概率。

此外，对于作战行动而言，其成功与否取决于它所包含的各作战任务是否按照其相应的逻辑关系在任务规定时间内均被成功执行。作战任务间的逻辑关系不同，其相应任务成功概率的计算方法不同，主要包括 3 类：

① 顺序关系、与关系和重叠关系。这三种关系主要描述作战任务在任务执行时间上的不同，在计算任务成功概率时均为各作战任务相应任务成功概率的乘积，即

$$\text{SU}_{\text{Operation}_k}^{\text{SeqR}}=\text{SU}_{\text{Operation}_k}^{\text{AndR}}=\text{SU}_{\text{Operation}_k}^{\text{OverlapR}}=\prod_{i=1}^{n_k}\text{SU}_{\text{Task}_i^k}(\boldsymbol{D}^{T_i^k},\boldsymbol{t}^{T_i^k}) \tag{5-20}$$

② 或关系：

$$\text{SU}_{\text{Operation}_k}^{\text{OrR}}=1-\prod_{i=1}^{n_k}[1-\text{SU}_{\text{Task}_i^k}(\boldsymbol{D}^{T_i^k},\boldsymbol{t}^{T_i^k})] \tag{5-21}$$

③ 表决关系。以 $h_k/n_k(G)$ 为例，作战行动 Operation_k 中共有 n_k 个作战任务，当 h_k 个或 h_k 个以上作战任务成功时，该作战行动被判定为成功，即

$$
\begin{aligned}
&\mathrm{SU}_{\mathrm{Operation}_k}^{\mathrm{VoteR}} = \\
&1-\prod_{i=1}^{n_k}(1-\mathrm{SU}_{\mathrm{Task}_i^k})-\sum_{i_1=1}^{n_k}\left[\mathrm{SU}_{\mathrm{Task}_{i_1}^k}\prod_{\substack{i=1\\ i\neq i_1}}^{n_k}\left(1-\mathrm{SU}_{\mathrm{Task}_i^k}\right)\right]- \\
&\sum_{i_1=1}^{n_k}\sum_{\substack{i_2=1\\ i_2\neq i_1}}^{n_k}\left[\mathrm{SU}_{\mathrm{Task}_{i_1}^k}\mathrm{SU}_{\mathrm{Task}_{i_2}^k}\prod_{\substack{i=1\\ i\neq i_1,i_2}}^{n_k}\left(1-\mathrm{SU}_{\mathrm{Task}_i^k}\right)\right]-\cdots- \\
&\sum_{i_1=1}^{n_k}\sum_{\substack{i_2=1\\ i_2\neq i_1}}^{n_k}\cdots\sum_{\substack{i_{n_k-1}=1\\ i_{n_k-1}\neq i_1,i_2,\cdots,i_{n_k-2}}}^{n_k}\left[\mathrm{SU}_{\mathrm{Task}_{i_1}^k}\mathrm{SU}_{\mathrm{Task}_{i_2}^k}\cdots\mathrm{SU}_{\mathrm{Task}_{i_{h_k-1}}^k}\prod_{\substack{i=1\\ i\neq i_1,i_2,\cdots,i_{n_k-1}}}^{n_k}\left(1-\mathrm{SU}_{\mathrm{Task}_i^k}\right)\right]
\end{aligned}
\tag{5-22}
$$

式中，$\mathrm{Task}_{i_p}^k(p=1,2,\cdots,h_k-1)$为作战行动 $\mathrm{Operation}_k$ 中成功的作战任务。

因此，$\mathrm{Operation}_k$ 的基于作战任务的任务成功概率由式(5-20)、式(5-21)和式(5-22)根据逻辑关系种类组合形成，记作 $\mathrm{SU}_{\mathrm{Operation}_k}^{\mathrm{Logic}}$。

综上所述，作战行动的任务成功概率为

$$
\mathrm{SU}_{\mathrm{Operation}_k}(\boldsymbol{D}^{O_k},\boldsymbol{t}^{O_k})=\mathrm{SU}_{\mathrm{Operation}_k}^{O_C}(\boldsymbol{D}^{O_k},\boldsymbol{t}^{O_k})\cdot\mathrm{SU}_{\mathrm{Operation}_k}^{\mathrm{Logic}} \tag{5-23}
$$

5.3.3 作战使命的任务成功性分析

对于作战使命而言，其任务成功与否取决于所有必要作战任务是否全部被成功执行，主要涉及作战任务的优先级问题，即要考虑作战任务间的条件关系。假设作战使命 Mission 共包含 n_m 个作战行动 $\mathrm{Operation}_k(k=1,2,\cdots,n_m)$，其中有 n_m^{ConR} 个作战行动之间存在条件关系，其执行概率满足：

$$
\sum_{j=1}^{n_m^{\mathrm{ConR}}}p_j^{\mathrm{ConR}}=1 \tag{5-24}
$$

由上可得作战使命的任务成功概率为

$$
\mathrm{SU}_{\mathrm{Mission}}(\boldsymbol{D}^M,\boldsymbol{t}^M)=\left[\prod_{i=1}^{n_m-n_m^{\mathrm{ConR}}}\mathrm{SU}_{\mathrm{Operation}_i}(\boldsymbol{D}^{O_i},\boldsymbol{t}^{O_i})\right]\cdot\left[\sum_{j=1}^{n_m^{\mathrm{ConR}}}p_j^{\mathrm{ConR}}\cdot\mathrm{SU}_{\mathrm{Operation}_j}(\boldsymbol{D}^{O_j},\boldsymbol{t}^{O_j})\right] \tag{5-25}
$$

5.4 总体任务成功性评估应用实例分析

这里结合参考文献[209]和[210]中海军背景下的进攻作战使命任务及相应数据，对本章的建模方法进行分析与验证。

5.4.1 装备体系任务线程建模应用分析

该装备体系 SoS 由一架侦察机、两艘舰船、四架无人机组成。在计划准备阶段，一架侦察机 S_1 负责对敌目标进行探测搜索，收集相关情报，并将信息传送给舰船 S_2，通过舰船 S_2 上配备的相应指控平台，对获取的数据信息进行处理并制定作战计划，尔后将完成的作战计划发送至舰船 S_3，时长为 1.5 h。在分组进攻阶段，根据作战计划安排，指定舰船 S_2 和无人机 S_4、S_5 配合完成对敌西侧作战力量的攻击行动，时长为 2.5 h；指定舰船 S_3 和无人机 S_6、S_7 配合执行对敌东侧作战力量的攻击行动，时长为 3 h；其中舰船 S_2 的火力功能模块为舰船 S_3 的同种功能模块的功能冗余模块。在深入进攻阶段，由舰船 S_2、无人机 S_4、无人机 S_5（或舰船 S_3、无人机 S_6、无人机 S_7）配合对敌残余作战力量进行火力摧毁，时长为 2 h。以上是对该作战使命的基本内容描述，各装备系统的功能组成如表 5－5 所列。

表 5－5 体系内各装备系统的功能组成

装备系统	功能类型				
	指挥控制	战场感知	机 动	火 力	通 信
侦察机 S_1	—	F_1^1	F_2^1	—	F_3^1
舰船 S_2	F_1^2	—	F_2^2	F_3^2	F_4^2
舰船 S_3	—	—	F_1^3	F_2^3	F_3^3
无人机 S_4	—	F_1^4	F_2^4	—	F_3^4
无人机 S_5	—	F_1^5	F_2^5	—	F_3^5
无人机 S_6	—	F_1^6	F_2^6	—	F_3^6
无人机 S_7	—	F_1^7	F_2^7	—	F_3^7

结上所述，可将该进攻作战使命 Mission 分解为五项作战行动，其具体结果如表 5－6 所列。需要注意的是，Operation_4 和 Operation_5 之间存在条件关系，根据具体情况选择其中一项执行，这里以执行概率为依据进行选择，其中 Operation_4 的执行概率为 0.6，Operation_5 的执行概率为 0.4。

各项作战行动可分解为若干下属作战任务，具体结果如表 5－7 所列。需要注意的是，在 Task_3^3 中 S_2 是 S_3 的冗余系统，可在 S_3 降级或故障时替代其继续执行 Task_3^3。

表 5-6　作战使命分解结果

行动名称	持续时间/h	行动内容	装备系统	作战能力	行动要求
$Operation_1$	1.5	进攻准备工作，对敌目标进行搜索探测，收集相关情报并处理，制定作战计划并下达	S_1 S_2 S_3	情报搜索能力 C_1^1 指挥决策能力 C_2^1	$D_1^{O_1}=90$ $D_2^{O_1}=80$
$Operation_2$	2.5	对敌目标进行探测追踪并实施火力打击，摧毁敌西侧作战力量	S_2 S_4 S_5	警戒侦察能力 C_1^2 火力毁伤能力 C_2^2 快速机动能力 C_3^2	$D_1^{O_2}=80$ $D_2^{O_2}=75$ $D_3^{O_2}=80$
$Operation_3$	2.5	对敌目标进行探测追踪并实施火力打击，摧毁敌东侧作战力量	$S_3(S_2)$ S_6 S_7	警戒侦察能力 C_1^3 火力毁伤能力 C_2^3 快速机动能力 C_3^3	$D_1^{O_3}=85$ $D_2^{O_3}=90$ $D_3^{O_3}=80$
$Operation_4$	3	对敌残余作战力量进行探测追踪并实施火力摧毁	S_2 S_4 S_5	警戒侦察能力 C_1^4 火力毁伤能力 C_2^4 快速机动能力 C_3^4	$D_1^{O_4}=80$ $D_2^{O_4}=90$ $D_3^{O_4}=60$
$Operation_5$	3	对敌残余作战力量进行探测追踪并实施火力摧毁	S_3 S_6 S_7	警戒侦察能力 C_1^5 火力毁伤能力 C_2^5 快速机动能力 C_3^5	$D_1^{O_5}=80$ $D_2^{O_5}=90$ $D_3^{O_5}=60$

表 5-7　作战行动分解结果

作战行动	作战任务	任务内容	任务时间/h	执行功能模块	任务要求
$Operation_1$	$Task_1^1$	S_1 对敌方目标进行探测	0～1	F_1^1	$D_1^{T_1^1}=80$
				F_2^1	$D_2^{T_1^1}=90$
	$Task_2^1$	S_1 向 S_2 发送目标位置信息	0～1	F_3^1	$D_1^{T_2^1}=80$
				F_4^2	$D_2^{T_2^1}=80$
	$Task_3^1$	S_2 对接收信息进行处理并制定作战计划	1～1.5	F_1^2	$D_1^{T_3^1}=90$
	$Task_4^1$	S_2 向 S_3 下达作战命令	1～1.5	F_4^2	$D_1^{T_4^1}=90$
				F_3^3	$D_2^{T_4^1}=90$

续表 5-7

作战行动	作战任务	任务内容	任务时间/h	执行功能模块	任务要求
$Operation_2$	$Task_1^2$	S_4 对敌方目标进行探测并发送位置信息	1.5～4	F_1^4	$D_1^{T_1^2}=75$
				F_2^4	$D_2^{T_1^2}=70$
				F_3^4	$D_3^{T_1^2}=100$
	$Task_2^2$	S_5 对敌方目标进行探测并发送位置信息	1.5～4	F_1^5	$D_1^{T_2^2}=75$
				F_2^5	$D_2^{T_2^2}=70$
				F_3^5	$D_3^{T_2^2}=100$
	$Task_3^2$	S_2 接收目标信息并实施火力打击	1.5～4	F_2^2	$D_1^{T_3^2}=60$
				F_3^2	$D_2^{T_3^2}=80$
				F_4^2	$D_3^{T_3^2}=60$
$Operation_3$	$Task_1^3$	S_6 对敌方目标进行探测并发送位置信息	1.5～4	F_1^6	$D_1^{T_1^3}=55$
				F_2^6	$D_2^{T_1^3}=50$
				F_3^6	$D_3^{T_1^3}=80$
	$Task_2^3$	S_7 对敌方目标进行探测并发送位置信息	1.5～4	F_1^7	$D_1^{T_2^3}=55$
				F_2^7	$D_2^{T_2^3}=50$
				F_3^7	$D_3^{T_2^3}=80$
	$Task_3^3$	S_3 接收目标信息并实施火力打击	1.5～4	$F_1^3(F_2^2)$	$D_1^{T_3^3}=60$
				$F_2^3(F_3^2)$	$D_2^{T_3^3}=100$
				$F_3^3(F_4^2)$	$D_3^{T_3^3}=75$
$Operation_4$	$Task_1^4$	S_4 侦察追踪敌方残余力量并发送目标信息	4～7	F_1^4	$D_1^{T_1^4}=50$
				F_2^4	$D_2^{T_1^4}=60$
				F_3^4	$D_3^{T_1^4}=80$
	$Task_2^4$	S_5 侦察追踪敌方残余力量并发送目标信息	4～7	F_1^5	$D_1^{T_2^4}=50$
				F_2^5	$D_2^{T_2^4}=60$
				F_3^5	$D_3^{T_2^4}=80$
	$Task_3^4$	S_2 接收目标信息并实施火力打击	4～7	F_2^2	$D_1^{T_3^4}=75$
				F_3^2	$D_2^{T_3^4}=90$
				F_4^2	$D_3^{T_3^4}=60$

续表 5-7

作战行动	作战任务	任务内容	任务时间/h	执行功能模块	任务要求
$Operation_5$	$Task_1^5$	S_6 侦察追踪敌方残余力量并发送目标信息	4～7	F_1^6	$D_1^{T_1^5}=50$
				F_2^6	$D_2^{T_1^5}=60$
				F_3^6	$D_3^{T_1^5}=80$
	$Task_2^5$	S_7 侦察追踪敌方残余力量并发送目标信息	4～7	F_1^7	$D_1^{T_2^5}=50$
				F_2^7	$D_2^{T_2^5}=60$
				F_3^7	$D_3^{T_2^5}=80$
	$Task_3^5$	S_3 接收目标信息并实施火力打击	4～7	F_1^3	$D_1^{T_3^5}=75$
				F_2^3	$D_2^{T_3^5}=90$
				F_3^3	$D_3^{T_3^5}=60$

为了简化计算，这里直接给出体系内各装备系统各功能模块所具备的运行性能状态、运行性能水平度量值和相应的退化参数，如表 5-8 所列。

表 5-8　功能模块运行性能水平及相应退化参数取值

装备系统	功能模块	运行性能水平				瞬时状态转移强度$\times10^4/h^{-1}$					
		g_F^1	g_F^2	g_F^3	g_F^4	$\lambda_F^{1,2}$	$\lambda_F^{1,3}$	$\lambda_F^{1,4}$	$\lambda_F^{2,3}$	$\lambda_F^{2,4}$	$\lambda_F^{3,4}$
S_1	F_1^1	100	75	50	0	5.52	5.32	5.45	5.65	6.05	5.68
	F_2^1	100	60	0	—	6.35	5.80	—	6.50	—	—
	F_3^1	100	70	0	—	5.21	4.53	—	5.53	—	—
S_2	F_1^2	100	0	—	—	1.96	—	—	—	—	—
	F_2^2	100	75	0	—	6.52	5.81	—	6.87	—	—
	F_3^2	100	50	0	—	6.45	6.25	—	6.95	—	—
	F_4^2	100	60	0	—	6.85	6.65	—	7.15	—	—
S_3	F_1^3	100	65	0	—	6.45	5.25	—	6.75	—	—
	F_2^3	100	0	—	—	7.25	—	—	—	—	—
	F_3^3	100	80	0	—	5.25	4.85	—	6.12	—	—
S_4	F_1^4	100	80	50	0	6.23	6.42	6.55	5.96	5.87	6.15
	F_2^4	100	65	0	—	6.42	5.95	—	6.75	—	—
	F_3^4	100	0	—	—	4.52	—	—	—	—	—

续表 5-8

装备系统	功能模块	运行性能水平				瞬时状态转移强度$\times 10^4/h^{-1}$					
		g_F^1	g_F^2	g_F^3	g_F^4	$\lambda_F^{1,2}$	$\lambda_F^{1,3}$	$\lambda_F^{1,4}$	$\lambda_F^{2,3}$	$\lambda_F^{2,4}$	$\lambda_F^{3,4}$
S_5	F_1^5	100	80	50	0	6.23	6.42	6.55	5.96	5.87	6.15
	F_2^5	100	65	0	—	6.42	5.95	—	6.75	—	—
	F_3^5	100	0	—	—	4.52	—	—	—	—	—
S_6	F_1^6	100	55	0	—	6.12	5.85	—	6.32	—	—
	F_2^6	100	60	0	—	5.98	5.72	—	6.65	—	—
	F_3^6	100	0	—	—	5.85	—	—	—	—	—
S_7	F_1^7	100	55	0	—	6.12	5.85	—	6.32	—	—
	F_2^7	100	60	0	—	5.98	5.72	—	6.65	—	—
	F_3^7	100	0	—	—	5.85	—	—	—	—	—

根据使命任务场景描述，可构建各作战行动的运行依赖网络，如图 5-22 所示。

由上给出相应的运行依赖参数矩阵如下：

$$\boldsymbol{\alpha}^{\mathrm{Operation}_{1_1}}=\begin{bmatrix}0&0&0&0.36\\0&0&0.45&0\\0&0&0&0.55\\0&0&0&0\end{bmatrix}\tag{5-26}$$

$$\boldsymbol{\beta}^{\mathrm{Operation}_{1_1}}=\begin{bmatrix}0&0&0&32.5\\0&0&45.2&0\\0&0&0&28.8\\0&0&0&0\end{bmatrix}\tag{5-27}$$

$$\boldsymbol{\gamma}^{\mathrm{Operation}_{1_1}}=\begin{bmatrix}0&0&0&100\\0&0&55.7&0\\0&0&0&52.1\\0&0&0&0\end{bmatrix}\tag{5-28}$$

$$\boldsymbol{\alpha}^{\mathrm{Operation}_{1_2}}=\begin{bmatrix}0&0&0&0.29\\0&0&0.62&0\\0&0&0&0.44\\0&0&0&0\end{bmatrix}\tag{5-29}$$

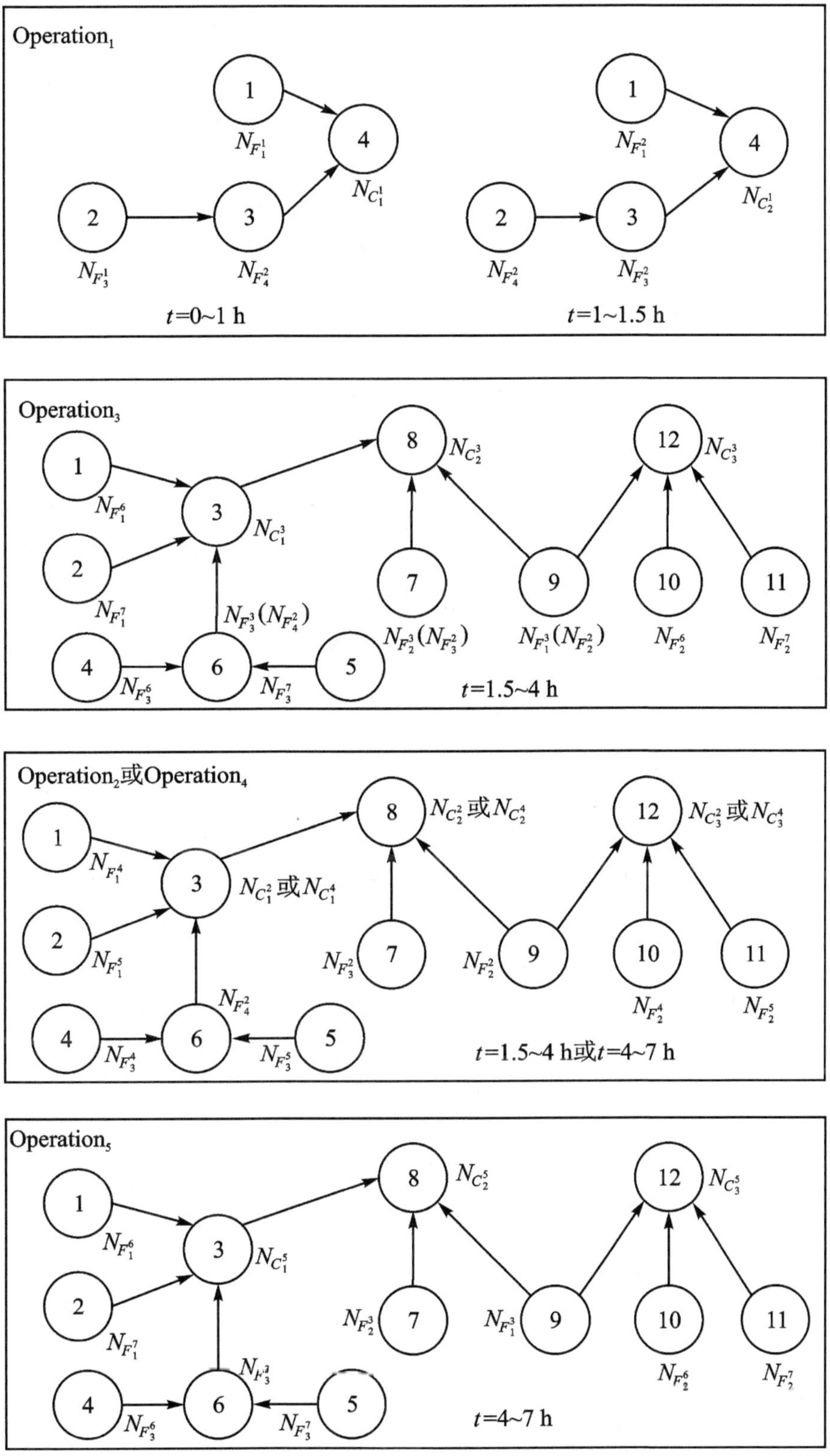

图 5－22　作战行动的运行依赖网络

$$\boldsymbol{\beta}^{\text{Operation}_{1_2}}=\begin{bmatrix}0&0&0&22.4\\0&0&33.6&0\\0&0&0&27.6\\0&0&0&0\end{bmatrix}\tag{5-30}$$

$$\boldsymbol{\gamma}^{\text{Operation}_{1_2}}=\begin{bmatrix}0&0&0&82.3\\0&0&62.5&0\\0&0&0&70.8\\0&0&0&0\end{bmatrix}\tag{5-31}$$

$$\boldsymbol{\alpha}^{\text{Operation}_2\text{或}\text{Operation}_4}=\begin{bmatrix}0&0&0.28&0&0&0&0&0&0&0&0&0\\0&0&0.32&0&0&0&0&0&0&0&0&0\\0&0&0&0&0&0&0&0.45&0&0&0&0\\0&0&0&0&0&0.53&0&0&0&0&0&0\\0&0&0&0&0&0.48&0&0&0&0&0&0\\0&0&0.62&0&0&0&0&0&0&0&0&0\\0&0&0&0&0&0&0&0.55&0&0&0&0\\0&0&0&0&0&0&0&0&0&0&0&0\\0&0&0&0&0&0&0&0.21&0&0&0&0.32\\0&0&0&0&0&0&0&0&0&0&0&0.29\\0&0&0&0&0&0&0&0&0&0&0&0.31\\0&0&0&0&0&0&0&0&0&0&0&0\end{bmatrix}\tag{5-32}$$

$$\boldsymbol{\beta}^{\text{Operation}_2\text{或}\text{Operation}_4}=\begin{bmatrix}0&0&25.5&0&0&0&0&0&0&0&0&0\\0&0&28.3&0&0&0&0&0&0&0&0&0\\0&0&0&0&0&0&0&32.6&0&0&0&0\\0&0&0&0&0&24.3&0&0&0&0&0&0\\0&0&0&0&0&28.8&0&0&0&0&0&0\\0&0&35.5&0&0&0&0&0&0&0&0&0\\0&0&0&0&0&0&0&9.26&0&0&0&0\\0&0&0&0&0&0&0&0&0&0&0&0\\0&0&0&0&0&0&0&38.8&0&0&0&26.5\\0&0&0&0&0&0&0&0&0&0&0&27.6\\0&0&0&0&0&0&0&0&0&0&0&33.5\\0&0&0&0&0&0&0&0&0&0&0&0\end{bmatrix}\tag{5-33}$$

$$\boldsymbol{\gamma}^{\text{Operation}_2\text{或Operation}_4}=\begin{bmatrix}0&0&82.6&0&0&0&0&0&0&0&0&0\\0&0&78.5&0&0&0&0&0&0&0&0&0\\0&0&0&0&0&0&0&68.8&0&0&0&0\\0&0&0&0&0&100&0&0&0&0&0&0\\0&0&0&0&0&100&0&0&0&0&0&0\\0&0&92.5&0&0&0&0&0&0&0&0&0\\0&0&0&0&0&0&0&100&0&0&0&0\\0&0&0&0&0&0&0&0&0&0&0&0\\0&0&0&0&0&0&0&100&0&0&0&86.3\\0&0&0&0&0&0&0&0&0&0&0&100\\0&0&0&0&0&0&0&0&0&0&0&100\\0&0&0&0&0&0&0&0&0&0&0&0\end{bmatrix}\tag{5-34}$$

$$\boldsymbol{\alpha}^{\text{Operation}_3\text{或Operation}_5}=\begin{bmatrix}0&0&0.42&0&0&0&0&0&0&0&0&0\\0&0&0.46&0&0&0&0&0&0&0&0&0\\0&0&0&0&0&0&0&0.35&0&0&0&0\\0&0&0&0&0&0.68&0&0&0&0&0&0\\0&0&0&0&0&0.46&0&0&0&0&0&0\\0&0&0.75&0&0&0&0&0&0&0&0&0\\0&0&0&0&0&0&0&0.35&0&0&0&0\\0&0&0&0&0&0&0&0&0&0&0&0\\0&0&0&0&0&0&0&0.44&0&0&0&0.25\\0&0&0&0&0&0&0&0&0&0&0&0.30\\0&0&0&0&0&0&0&0&0&0&0&0.27\\0&0&0&0&0&0&0&0&0&0&0&0\end{bmatrix}\tag{5-35}$$

$$\boldsymbol{\beta}^{\text{Operation}_3\text{或Operation}_5}=\begin{bmatrix}0&0&8.9&0&0&0&0&0&0&0&0&0\\0&0&10.5&0&0&0&0&0&0&0&0&0\\0&0&0&0&0&0&0&22.9&0&0&0&0\\0&0&0&0&0&20.5&0&0&0&0&0&0\\0&0&0&0&0&18.9&0&0&0&0&0&0\\0&0&42.6&0&0&0&0&0&0&0&0&0\\0&0&0&0&0&0&0&23.6&0&0&0&0\\0&0&0&0&0&0&0&0&0&0&0&0\\0&0&0&0&0&0&0&11.5&0&0&0&30.5\\0&0&0&0&0&0&0&0&0&0&0&38.9\\0&0&0&0&0&0&0&0&0&0&0&28.6\\0&0&0&0&0&0&0&0&0&0&0&0\end{bmatrix}\tag{5-36}$$

$$
\gamma^{\text{Operation}_3\text{或}\text{Operation}_5}=\begin{bmatrix}
0&0&56.5&0&0&0&0&0&0&0&0&0\\
0&0&63.5&0&0&0&0&0&0&0&0&0\\
0&0&0&0&0&0&0&100&0&0&0&0\\
0&0&0&0&0&100&0&0&0&0&0&0\\
0&0&0&0&0&100&0&0&0&0&0&0\\
0&0&59.5&0&0&0&0&0&0&0&0&0\\
0&0&0&0&0&0&0&52.3&0&0&0&0\\
0&0&0&0&0&0&0&0&0&0&0&0\\
0&0&0&0&0&0&0&57.6&0&0&0&100\\
0&0&0&0&0&0&0&0&0&0&0&76.8\\
0&0&0&0&0&0&0&0&0&0&0&95.6\\
0&0&0&0&0&0&0&0&0&0&0&0
\end{bmatrix}\tag{5-37}
$$

1. 作战使命层任务线程建模

作战使命的任务成功性由其所属作战行动的任务成功性决定，通过上述已给信息，可对作战使命 Mission 的任务线程进行初步规划，如图 5 - 23 所示。在其基础上，可构建基于 DSPN 的作战使命任务线程模型，如图 5 - 24 所示。

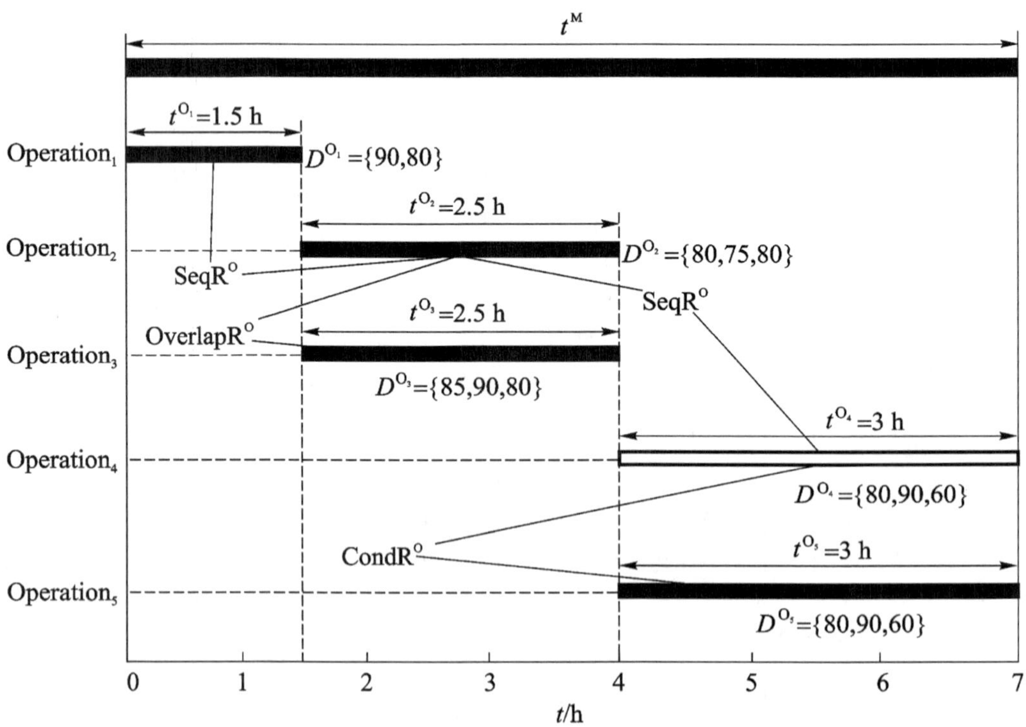

图 5 - 23 作战使命 Mission 的任务线程规划

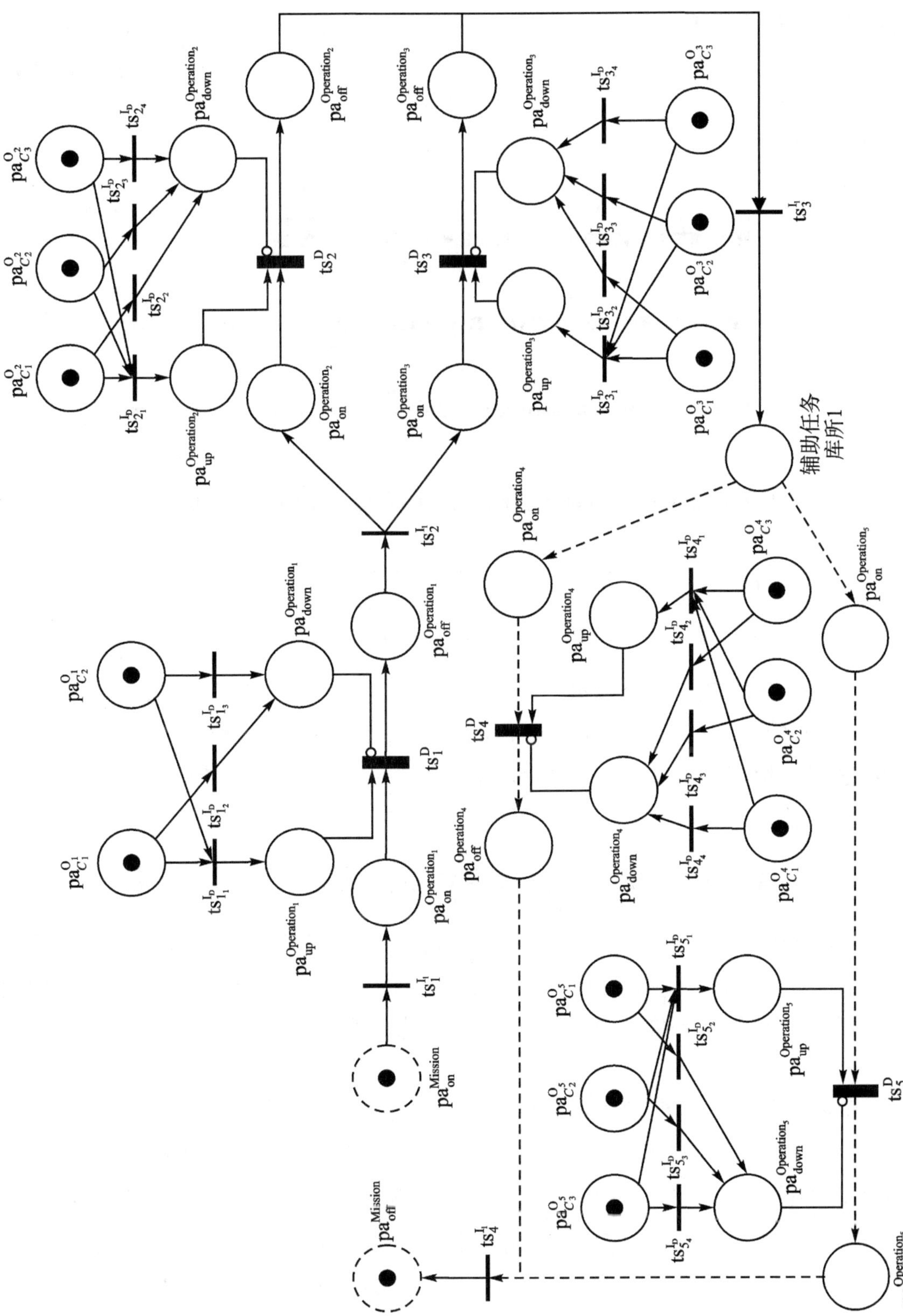

图5-24　作战使命Mission的DSPN模型

2. 作战行动层任务线程建模

作战行动的任务成功性由两方面决定：一是所属作战任务的任务成功性，二是作战行动本身所具备的作战能力在运行依赖性影响下均能达到行动要求。由于篇幅有限，这里以 Operation_2 为例，给出其任务线程规划结果和相应基于 DSPN 的任务线程模型，如图 5-25、图 5-26 所示。

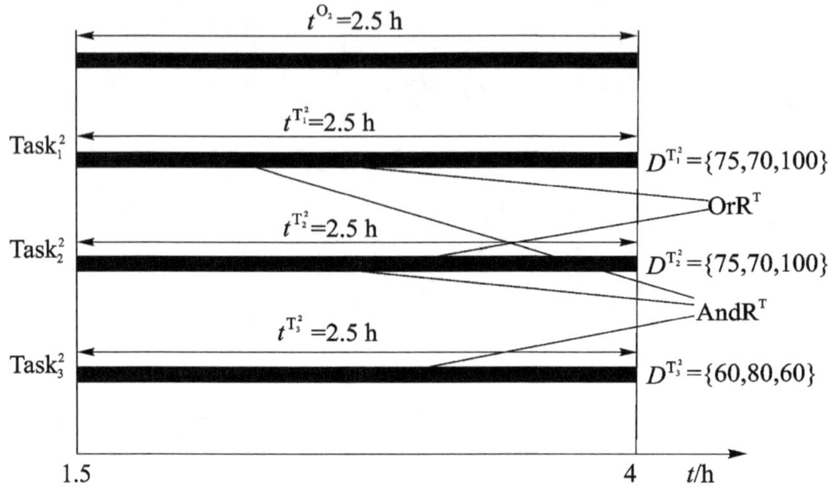

图 5-25　作战行动 Operation_2 的任务线程规划

3. 作战任务层任务线程建模

作战任务的任务成功性由负责执行的各装备系统的不同功能模块的任务可靠性决定，这里选取 Task_1^2 进行任务线程规划并构建相应 DSPN 模型，如图 5-27、图 5-28 所示。

5.4.2　装备体系任务成功性仿真评估应用分析

上一小节利用 HDSPN 构建了整体使命任务的任务线程模型，为装备体系任务成功性仿真评估提供了模型基础。本小节将结合已给的相应数据，利用所构建的任务线程模型，对装备体系整体任务成功性进行评估。其仿真步骤如下：

① 参数初始化。向模型中各库所和变迁中输入初始数据，例如，向 Pa^{S_F} 中输入体系内各装备系统不同功能模块的运行性能状态 x_F 和运行性能水平度量值 g_F；向 Ts^S 中输入各功能模块的瞬时状态转移强度 λ_F；向 Ts^D 中输入各层任务的任务持续时间 t^M、t^O 和 t^T；向 Ts^{I_D} 中输入各层任务的任务要求集 D^O 和 D^T；依据运行依赖网络设置 Ts^{I_d} 中的激发函数 η^{I_d} 等。此外，设置总仿真次数 $N_{\text{total}}=0$、当前仿真次数 $N_{\text{current}}=0$ 和使命任务成功次数 $N_{\text{success}}=0$。

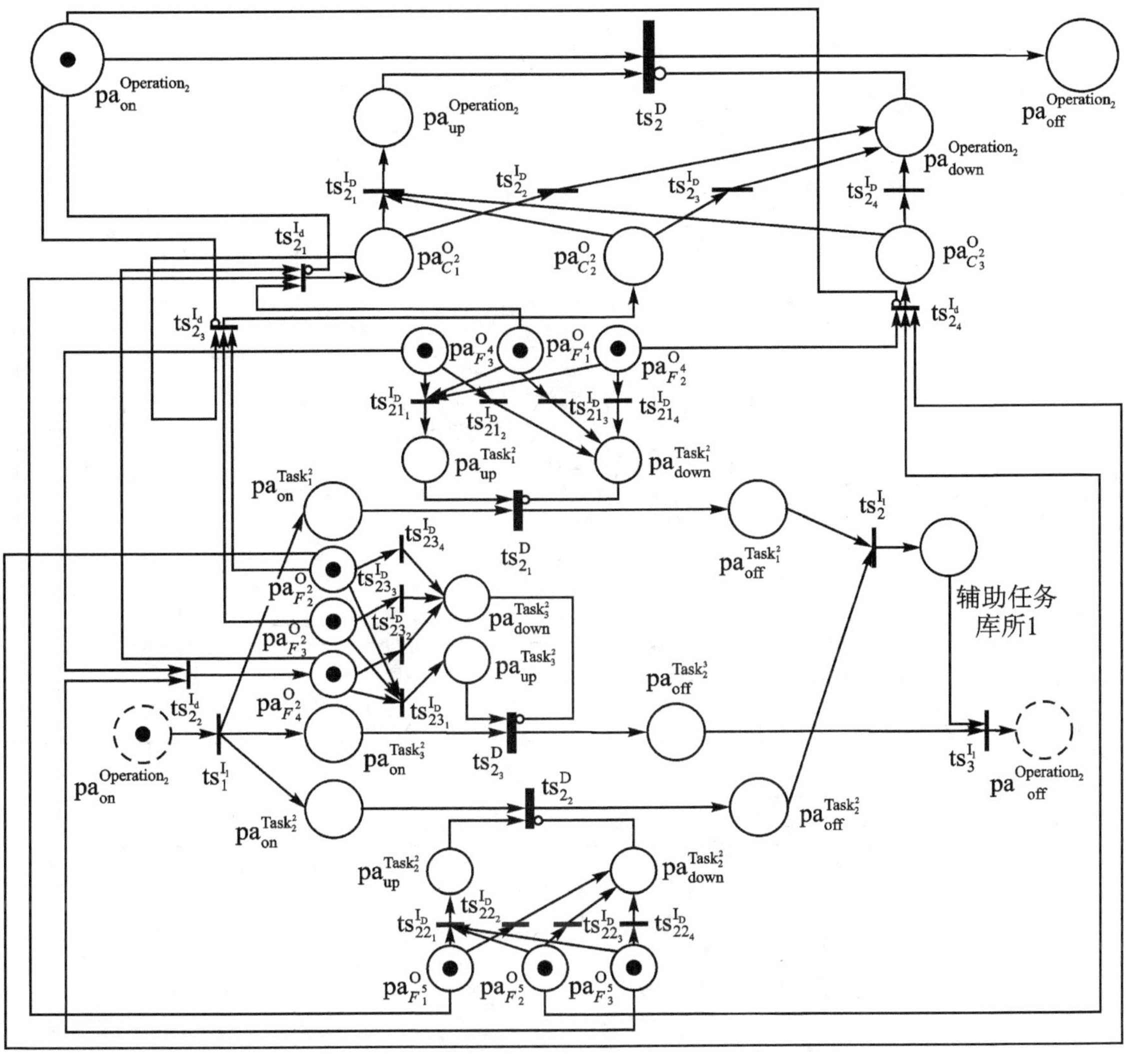

图 5－26　作战行动 Operation_2 的 DSPN 模型

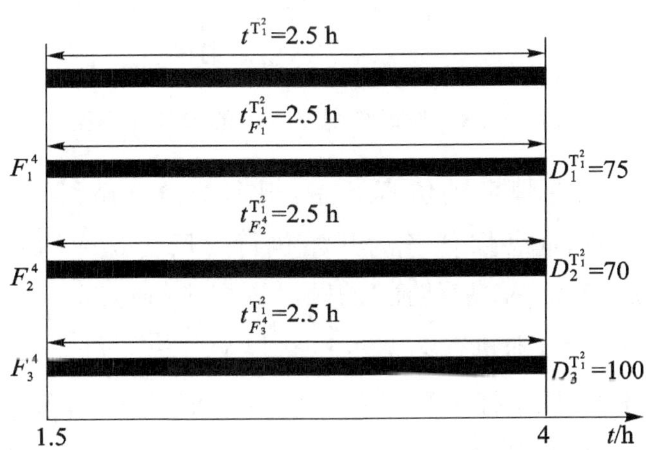

图 5－27　作战任务 Task_1^2 的任务线程规划

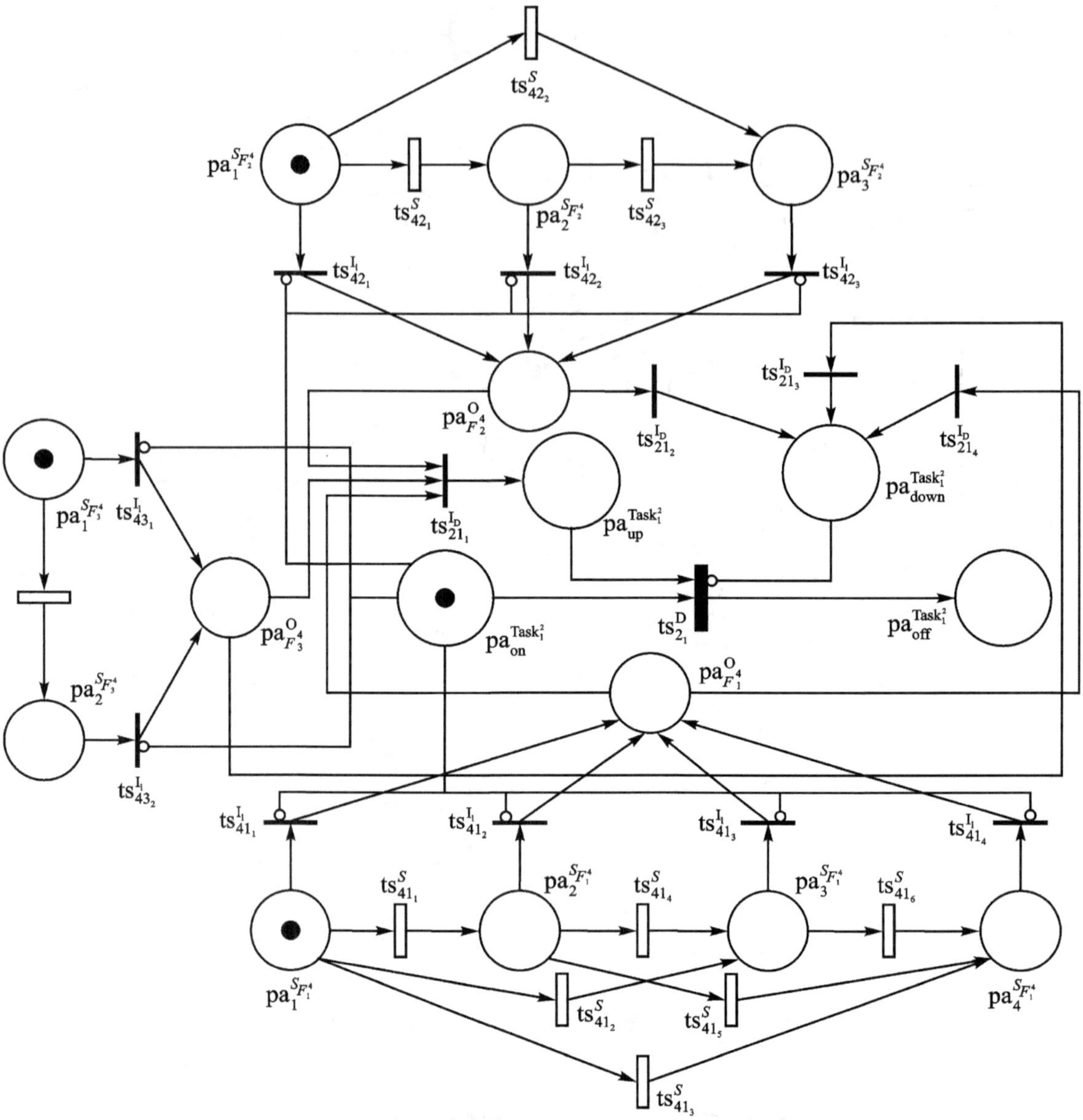

图 5－28 作战任务 $Task_1^2$ 的 DSPN 模型

② 向 $pa_{on}^{Mission}$ 赋予令牌启动仿真开始，根据使命分解结果和各层任务逻辑关系，结合任务时间安排，向各层任务的开始执行库所传递令牌使其开始执行，并按照“作战任务—作战行动—作战使命”的顺序逐层进行仿真。

③ 若 $N_{current}>N_{total}$，则执行第⑦步；否则，$N_{current}=N_{current}+1$。

④ 在作战任务层，根据任务要求的运行持续时间 t^{T} 计算各功能模块的 Pa_F^O，判断参与执行的各功能模块的 Pa_F^O 是否满足当前作战任务要求 D^{T}，若 $O_F\geqslant D^{T}$，则保持各功能模块的当前运行性能水平不变直至下一次运行，仿真继续；否则，令

牌停留在相应的 $\mathrm{pa}_{\mathrm{down}}^{\mathrm{Task}}$ 中，执行第⑦步。

⑤ 在作战行动层，根据行动要求的持续时间 t^{O} 计算各作战能力的 $\mathrm{Pa}_C^{\mathrm{O}}$，判断所实现的各作战能力的 $\mathrm{Pa}_C^{\mathrm{O}}$ 是否满足当前作战行动要求 D^{O}，若 $O_C \geqslant D^{\mathrm{O}}$，则保持各功能模块的当前运行性能水平不变直至下一次运行，仿真继续；否则，令牌停留在相应的 $\mathrm{pa}_{\mathrm{down}}^{\mathrm{Operation}}$ 中，执行第⑦步。

⑥ 在作战使命层，若 $\mathrm{pa}_{\mathrm{off}}^{\mathrm{Mission}}$ 中出现令牌，则说明本次仿真中装备体系成功完成使命任务，令 $N_{\mathrm{success}}=N_{\mathrm{success}}+1$，跳转至第③步；否则，直接跳转至第③步。

⑦ 计算装备体系整体任务成功概率 $\mathrm{SU}_{\mathrm{Mission}}=\dfrac{N_{\mathrm{success}}}{N_{\mathrm{total}}}$。

根据上一小节的输入数据和所建的任务线程模型，可构建各层任务的相应相关性矩阵，并计算各层任务的任务成功概率，从而对装备体系整体任务成功概率进行理论求解，即

$$\mathrm{SU}_{\mathrm{Mission}}^{\text{理论}}=(0.6\mathrm{SU}_{\mathrm{Operation}_4}+0.4\mathrm{SU}_{\mathrm{Operation}_5})\prod_{i=1}^{3}\mathrm{SU}_{\mathrm{Operation}_i} \tag{5-38}$$

由式(5－38)可得该作战使命的理论任务成功概率 $\mathrm{SU}_{\mathrm{Mission}}^{\text{理论}}=0.8876$。依据上述仿真步骤，从 $N_{\mathrm{total}}=100$ 开始，以 $\Delta N_{\mathrm{total}}=100$ 为步长，运行所构建的任务线程仿真模型，得到该作战使命的实际任务成功概率，如图 5－29 所示。

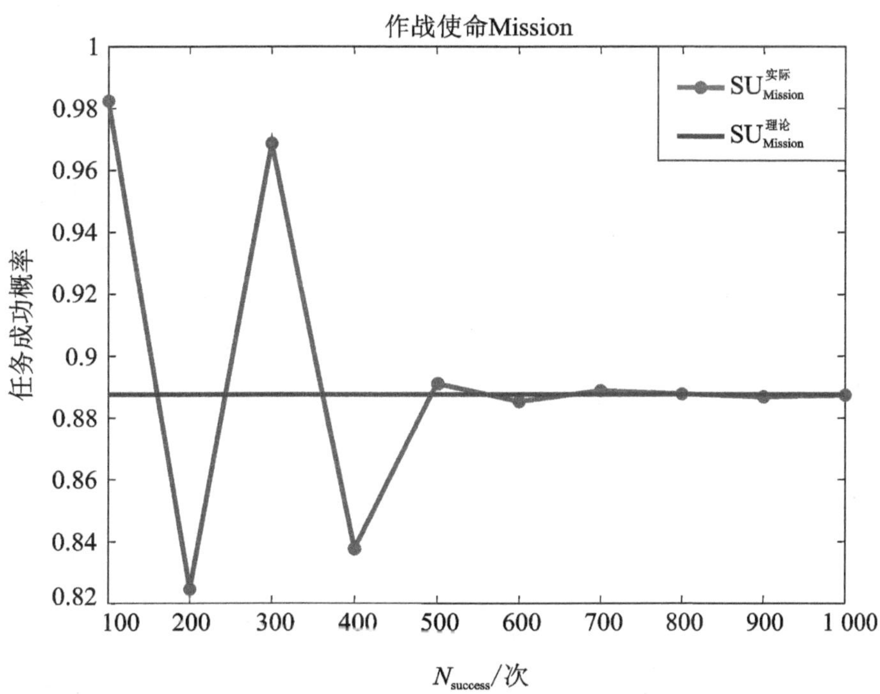

图 5－29　仿真次数 N_{total} 对于 $\mathrm{SU}_{\mathrm{Mission}}^{\text{实际}}$ 的影响

当 $N_{\text{total}}<500$ 时，仿真结果波动较大，与理论值之间的误差略大，$SU_{\text{Mission}}^{\text{实际}}$ 对于 N_{total} 的敏感度较高，导致可信度不足；当 $N_{\text{total}}\geqslant 500$ 时，$SU_{\text{Mission}}^{\text{实际}}$ 的值逐渐趋于稳定，与理论值之间的误差较小，仿真结果具备可信性。

5.5 本章小结

本章对传统 Petri 网进行适用性改进，在对装备体系使命任务特性深入分析的基础上，提出一种基于 HDSPN 的装备体系任务线程建模方法，通过将用于分析功能模块运行性能水平的 GO 模型和用于分析体系运行依赖性的 FDNA 模型转化为 DSPN 模型，结合可达性分析算法构建装备体系各层任务的相关性矩阵，从而完成对装备体系总体任务成功性的仿真评估。

参考文献

[1] 罗鹏程，周经纶，金光. 武器装备体系作战效能与作战能力评估分析方法[M]. 北京：国防工业出版社，2014.

[2] Kilicay-Ergin N, Dagli C H. Methodologies for understanding behavior of system of systems[C]//Proc. of the 7th International Conference on Systems Engineering Research, 2007.

[3] Keating C, Rogers R, Unal R, et al. System of systems engineering[J]. Engineering Management Journal, 2003, 15(3): 36-45.

[4] Butterfield M, Pearlman J. Creation of a system of systems on global scale: the evolution of GEOSS[C]//Proc. of the 2nd Annual System of Systems Engineering Conference, 2006.

[5] 范永欣，潘星，王可，等. 复杂装备体系 RMS 要求论证与评价技术研究[J]. 现代防御技术，2020，48(1)：80-88.

[6] 潘星，张振宇，张曼丽，等. 基于 SoSE 的装备体系 RMS 论证方法研究[J]. 系统工程与电子技术，2019，41(8)：1771-1779.

[7] 韩小孩，张耀辉，王少华，等. 考虑维修工作的装备任务成功性评估方法[J]. 系统工程与电子技术，2017，39(3)：687-692.

[8] Berry B J L. Cities as systems within systems of cities[J]. Papers of the Regional Science Association, 1964, 13(1): 146-163.

[9] Cecilia H. Systems engineering handbook-a guide for system life cycle processes and activities[R]. International Council on System Engineering, 2006.

[10] Nielsen C B, Larsen P G, Fitzgerald J, et al. System of systems engineering: basic concepts, model-based techniques, and research directions[J]. ACM Computing Surveys, 2015, 48(2): 1-41.

[11] Maier M W. Architecting principles for system of systems[J]. Systems Engineering, 1998, 1(4): 267-284.

[12] 张维明，刘忠，阳东升，等. 体系工程理论与方法[M]. 北京：科学出版社，2010.

[13] Kumar P, Merzouki R, Bouamama B O. Multilevel modeling of system of systems[J]. IEEE Trans. on Systems Man & Cybernetics Systems, 2017, 48(8): 1-12.

[14] 杨克巍，赵青松，谭跃进，等. 体系需求工程技术与方法[M]. 北京：科学出版社，2011.

[15] 闫旭. 陆军合成装备体系任务成功性评估方法研究[D]. 北京：陆军装甲兵学院，2019.

[16] Lubas D G. Department of defense system of systems reliability challenges[C]//Proc. of the Annual Reliability and Maintainability Symposium. IEEE, 2017.

[17] Silva E, Batista T V, Oquendo F. A mission-oriented approach for designing system-of-systems[C]//Proc. of the 10th System of Systems Engineering Conference. IEEE, 2015: 345-351.

[18] Keating C B, Padilla J J, Adams K. System of systems engineering requirements: challenges and guidelines[J]. Engineering Management Journal, 2008, 20(4): 24-31.

[19] 陈文英，张兵志，谭跃进，等. 基于体系工程的武器装备体系需求论证[J]. 系统工程与电子技术，2012，34(12)：2479-2484.

[20] Holt J, Perry S, Brownsword M, et al. Model-based requirements engineering for system of systems[C]//Proc. of the 8th International Conference on System of Systems Engineering. IEEE, 2013: 561-566.

[21] 谭跃进，张小可，杨克巍. 武器装备体系网络化描述与建模方法[J]. 系统管理学报，2012，21(6)：781-786.

[22] 商慧琳. 武器装备体系作战网络建模及能力评估方法研究[D]. 长沙：国防科技大学,2013.

[23] 张维超，何新华，屈强，等. 基于涌现的武器装备体系作战能力建模研究[J]. 火力与指挥控制，2018，43(9)：6-10，14.

[24] 乔浩，战仁军，林原. 面向使命任务的武器装备体系能力规划方法[J]. 控制与决策，2020，35(8)：2042-2048.

[25] Li J C, Yang K W, Fu C X, et al. An operational efficiency evaluation method for weapon system-of-systems combat networks based on operation loop[C]//Proc. of the 9th International Conference on System of Systems Engineering, 2014: 219-233.

[26] Lee J, Kang S H, Rosenberger J, et al. A hybrid approach of goal programming for weapon systems selection[J]. Computers & Industrial Engineering, 2010, 58(3): 521-527.

[27] Chi Y, Li J C, Yang K W, et al. An equipment offering degree evaluation method for weapon system-of-systems combat network based on operation loop[C]//Proc. of the 22nd International Conference on Industrial Engineering and Engineering Management, 2015: 477-488.

[28] 李小波，王维平，林木，等. 体系贡献率评估的研究框架、进展与重点方向[J]. 系统工程理论与实践，2019，39(6)：1623-1634.

[29] 李明浩. 面向能力生成的装备网络组合优化研究[D]. 长沙：国防科技大学，2018.

[30] 束哲. 体系架构超网络建模与优化方法研究[D]. 长沙：国防科技大学，2018.

[31] Department of Defense USA. Quadrennial defense review report[R]. Washington D. C.: Department of Defense, 2001.

[32] Davis P K. Analytic architecture for capabilities-based planning, mission-system analysis, and transformation[M]. Santa Monica: RAND Corporation, 2002.

[33] Hiromoto S. Fundamental capability portfolio management: a study of developing systems with implications for army research and development strategy[D]. Santa Monica: Pardee RAND Graduate School, 2013.

[34] TTCP. Guide to capability-based planning[EB/OL]. (2011-07-01) [2004-10-01]. http://www.dtic.mil/ttcp/JSA-TP-3-CBP-Paper-Final.doc.

[35] 李志飞. 基于能力的武器装备体系方案权衡空间多维多粒度探索方法及应用[D]. 长沙：国防科技大学，2015.

[36] 周宇，谭跃进，姜江，等. 面向能力需求的武器装备体系组合规划模型与算法[J]. 系统工程理论与实践，2013，33(3)：809-816.

[37] Caudle S L. Homeland security and capabilities-based planning: improving national preparedness[D]. Monterey: Naval Postgraduate School, 2005.

[38] Chim L, Nunes-Vaz R, Prandolini R. Capabilities-based panning forAustralia's national security[J]. Security Challenges, 2010, 6(3): 79-86.

[39] 熊健，赵青松，葛冰峰，等. 基于多目标优化模型的武器装备体系能力规划[J]. 国防科技大学学报，2011，33(3)：140-144.

[40] 宰磊，王书宁，赵峰. 基于期望效能的武器装备体系能力规划模型[J]. 系统工程与电子技术，2017，39(2)：329-334.

[41] 程贲. 基于能力的武器装备体系评估方法与应用研究[D]. 长沙：国防科技大学，2012.

[42] 张迪，郭齐胜，李智国. 基于 ANP 的武器装备体系能力有限层次评估方法[J]. 系统工程与电子技术，2015，37(4)：817-824.

[43] 卜广志. 基于证据网络的武器装备体系能力评估方法[J]. 系统仿真技术，2018，14(4)：255-259.

[44] 程贲，谭跃进，黄魏，等. 基于能力需求视角的武器装备体系评估[J]. 系统工程与电子技术，2011，33(2):320-323.

[45] Pei D, Qin D G, Bu G Z. An analysis of the relationship between weapon equipment system of systems capability based on conditional belief function[C]//Proc. of the 2nd International Conference on Information Technology and Management Engineering, 2017: 238-245.

[46] 梁家林，熊伟. 基于作战环的武器装备体系能力评估方法[J]. 系统工程与电子技术，2019，41(8)：1810-1819.

[47] 罗承昆，陈云翔，王莉莉，等. 基于作战环和改进信息熵的体系效能评估方法[J]. 系统工程与电子技术，2019，41(1)：73-80.

[48] Stone G, Mclntyre G A. The joint warfare system (JWARS): a modeling and analysis tool for the defense department[C]//Proc. of the IEEE Winter Simulation Conference,

2001.

[49] Davis P K, Hillestad R. Exploratory analysis for strategy problem with massive uncertainty[R]. Santa Monica: RAND, 2001.

[50] 杨峰. 武器装备作战效能仿真与评估[M]. 北京：电子工业出版社，2010.

[51] Biltgen P, Mavris D. A methodology for capability-focused technology evaluation of systems of systems[C]//Proc. of the 45th AIAA Aerospace Sciences Meeting and Exhibit, 2013.

[52] 黄建新. 基于ABMS的体系效能仿真评估方法研究[D]. 长沙：国防科技大学，2011.

[53] Ender T, Leurck R F, Weaver B, et al. Systems-of-systemsanalysis of ballistic missile defense architecture effectiveness through surrogate modeling and simulation[J]. IEEE Systems Journal, 2010, 4(2): 156-166.

[54] 郑潇. 体系效能仿真分析优化方法与工具研究[D]. 哈尔滨：哈尔滨工业大学，2016.

[55] 李妮，李玉红，龚光红，等. 基于深度学习的体系作战效能智能评估及优化[J]. 系统仿真学报，2020，32(8)：1425-1435.

[56] 李兴兵，谭跃进，杨克巍. 基于探索性分析的装甲装备体系效能评估方法[J]. 系统工程与电子技术，2007，29(9)：1496-1499.

[57] Poole B H. A methodology for the robustness-based evaluation of system-of-systems alternatives using regret analysis[D]. Atlanta: Georgia Institute of Technology, 2008.

[58] 舒宇. 基于能力需求的武器装备体系结构建模方法与应用研究[D]. 长沙：国防科技大学，2009.

[59] Chief Information Officer. DoD architecture framework 2.0[R]. Washington: Department of Defense, 2009.

[60] Ministry of Defense. MoD architectural framework viewpoint overview version 1.0 [R]. U. K.: Ministry of Defense, 2005.

[61] DoD Architecture Framework Working Group. DoD architecture framework version 2.02[R]. U. S.: Department of Defense, 2010.

[62] 潘星，尹宝石，温晓华. 基于DoDAF的装备体系任务建模与仿真[J]. 系统工程与电子技术，2012，34(9)：1846-1851.

[63] 王宏宇，来国军，魏艳艳，等. 空中突击部队装备体系作战任务建模方法研究[J]. 火力与指挥控制，2016，41(5)：107-111.

[64] 高松，滕克难，陈健，等. 基于DoDAF的防空反导电子对抗装备体系结构建模[J]. 电光与控制，2020，27(4)：26-31.

[65] Andary J F, Sage A P. The role of service oriented architectures in systems engineering [J]. Information Knowledge System Management, 2010, 9(1): 47-74.

[66] Dumitrescu M. Fault tolerant control multiprocessor systems modelling using advanced Stochastic Petri Nets[J]. Procedia Technology, 2016, 22: 623-628.

[67] Wagenhals L W, Haider S, Levis A H. Synthesizing executable models of object oriented architectures[J]. Systems Engineering, 2003, 6(4): 266-300.

[68] Olmez A E. Mission centric reliability analysis of C^4ISR architectures using Petri Nets [C]//Proc. of the IEEE International Conference on Systems, Man and Cybernetics, 2003: 587-592.

[69] Wagenhals L W, Levis A H. Service oriented architectures, the DoD architecture framework 1.5, and executable architectures[J]. Systems Engineering, 2009, 12(4): 312-343.

[70] Sinclair K. The impact of Petri Nets on system-of-systems engineering[D]. Durham: Durham University, 2009.

[71] Rao M, Ramakrishnan S, Dagli C H. Modeling and simulation of net centric system of systems using systems modeling language and colored Petri-Nets: a demonstration using the global earth observation system of systems[J]. Systems Engineering, 2008, 11(3): 203-220.

[72] Michael J, Shing M T, Miklaski M H, et al. Modeling and simulation of system-of-systems timing constraints with UML-RT and OMNeT++[C]//Proceedings of the 15th IEEE International Workshop on Rapid System Prototyping, 2004.

[73] 倪枫，王明哲，郭法滨，等. 基于面向对象思想的 SoS 体系结构设计方法[J]. 系统工程与电子技术，2010，32(11)：2367-2373.

[74] 廖晶静，卢晶，王治国. 面向对象的 SoS 体系结构建模方法及应用[J]. 中国舰船研究，2014，9(4)：11-17.

[75] 张明智，胡晓峰，司光亚，等. 基于 Agent 的体系对抗仿真建模方法研究[J]. 系统仿真学报，2005，17(11)：2785-2788，2792.

[76] 张明智，胡晓峰，司光亚，等. 基于 MAS 的体系效能综合集成仿真模型研究[J]. 系统仿真学报，2006，18(12)：3584-3588.

[77] 蔡延曦，张卓，孙琰. 基于 MAS 的武器装备体系对抗模型与实现[J]. 科学技术与工程，2008，8(15)：4179-4183.

[78] 屈强，何新华，张维超，等. 武器装备 Agent 对抗体系模型构建方法研究[J]. 计算机仿真，2018，35(2)：6-10.

[79] 刘德胜. 基于复杂网络分析方法的作战体系评估研究综述[J]. 军事运筹与系统工程，2020，34(3)：66-73.

[80] Dimario M J, Boardman J T, Sauser B J. System of systems collaborative formation [J]. IEEE Systems Journal, 2009, 3(3): 360-368.

[81] 罗金亮，茆学权，刘洋，等. 作战指挥体系网络结构建模及评估研究[J]. 中国电子科学研究院学报，2018，13(6)：642-649.

[82] 明春强. 基于复杂网络的装备体系重要节点识别与链路重构方法研究[D]. 重庆：重庆

邮电大学，2020.
[83] 朱涛，梁维泰，黄松华，等. 面向任务的网络信息体系结构建模方法[J]. 指挥信息系统与技术，2018，9(4)：17-22.
[84] 贾珺，吴元立，贺筱媛，等. 作战协同关系超图模型[J]. 国防科技大学学报，2015，37(3)：185-190.
[85] 总装备部电子信息基础部. 可靠性维修性保障性术语：GJB 451A—2005 [S]. 北京：军用标准中心，2005.
[86] 张耀辉，韩小孩，王少华，等. 装备任务成功性评估研究现状与展望[J]. 装甲兵工程学院学报，2014，28(5)：1-6，14.
[87] Jamshidi M M. System of systems engineering-new challenges for the 21st century[J]. IEEE Aerospace and Electronic Systems Magazine，2008，23(5)：4-19.
[88] Cook J L. System of systems reliability for multi-state systems[C]//Proc. of the Annual Reliability & Maintainability Symposium. IEEE，2009.
[89] 钟季龙，郭基联，王卓健，等. 装备体系多阶段任务可靠性高效解析算法[J]. 系统工程与电子技术，2016，38(1)：232-238.
[90] 江式伟，吕卫民，冯浩源. 基于时间 Petri 网的装备体系可靠性建模与仿真[J]. 系统工程与电子技术，2013，35(4)：895-899.
[91] 乔李明，李发彬. 基于 UML-OOPN 的武器装备体系可靠性建模方法[J]. 电子设计工程，2013，21(24)：134-137.
[92] 刘斌. 基于 DoDAF 的装备体系的任务可靠性建模方法研究[D]. 长沙：国防科技大学，2015.
[93] Chew S P，Dunnett S J，Andrews J D. Phased mission modeling of systems with maintenance-free operating periods using simulated Petri[J]. Reliability Engineering & System Safety，2008，93(7)：980-994.
[94] 曹文斌，贾希胜，胡起伟，等. 随机多阶段任务成功概率仿真评估研究[J]. 兵工学报，2017，38(5)：1002-1010.
[95] 韩小孩，张耀辉，张仕新，等. 故障规律未知时的装备任务成功性评估方法[J]. 系统工程与电子技术，2017，39(6)：1414-1419.
[96] 杨继坤，徐廷学，丛林虎，等. 基于 SEBS-TOMS 分层组合框架的导弹武器系统可用性建模与仿真[J]. 系统工程与电子技术，2015，37(2)：460-467.
[97] Anderson D J，Carter C M，Brown T. Complexities of system of systems operational availability modeling[C]//Proc. of the Annual Reliability & Maintainability Symposium. IEEE，2015：1-6.
[98] 张红晓，王承红. 地空导弹武器系统使用可用度评估研究[D]. 现代防御技术，2015，43(1)：129-134.
[99] 周亮，李庆民，李华. 基于任务可用度的不完全可修系统任务成功性评估模型[J]. 海军

工程大学学报，2016，28(2)：81-85.

[100] 闫华，邢云燕，张立，等. 多阶段任务系统可靠性分析的ROBDD算法[J]. 国防科技大学学报，2017，39(5)：164-170.

[101] Xing L D, Amari S V, Wang C N. Reliability of k-out-of-n systems with phased-mission requirements and imperfect fault coverage[J]. Reliability Engineering & System Safety, 2012, 103: 45-50.

[102] Xing L D, Levitin G. BDD-based reliability evaluation of phased-mission systems with internal/external common-cause failures[J]. Reliability Engineering & System Safety, 2013, 112: 145-153.

[103] 卞瑞兵，张扬，潘正强，等. 基于二元决策图的护航编队多阶段任务体系可靠性分析[J]. 兵工学报，2020，41(5)：1016-1024.

[104] Smotherman M, Zemoudeh K. A non-homogeneous Markov model for phased-mission reliability analysis[J]. IEEE Transactions on Reliability, 1990, 38(5): 585-590.

[105] Mura I, Bondavalli A. Markov regenerative stochastic petri nets to model and evaluate phased mission systems dependability[J]. IEEE Transactions on Computers, 2001, 50(12): 1337-1351.

[106] Tang Z H, Dugan J B. BDD-based reliability analysis of phased-mission systems with multimode failures[J]. IEEE Transactions on Reliability, 2006, 55(2): 350-360.

[107] 陈光宇，张小民，康小我. 基于分离BDD的通用多阶段任务系统可靠性分析[J]. 系统工程理论与实践，2013，33(5)：1240-1246.

[108] Li X Y, Huang H Z, Li Y F, et al. Reliability assessment of multi-state phased mission system with non-repairable multi-state components[J]. Applied Mathematical Modelling, 2018, 61: 181-199.

[109] Mura I, Bondavalli A. Hierarchical modeling and evaluation of phased-mission systems[J]. IEEE Transactions on Reliability, 2000, 48(4): 360-368.

[110] Wang D, Trivedi K S. Reliability analysis of phased-mission system with independent component repairs[J]. IEEE Transactions on Reliability, 2007, 56(3): 540-551.

[111] Shrestha A, Xing L D, Dai Y S. Reliability analysis of multistate phased-mission systems with unordered and ordered states[J]. IEEE Transactions on Systems Man and Cybernetics Part A—Systems and Humans, 2011, 41(4): 625-636.

[112] 古莹奎，张全新，梁玲强，等. 基于BDD考虑共因失效的多阶段任务系统可靠性分析方法[J]. 机械设计与研究，2017，33(2)：1-5.

[113] 钟季龙，郭基联，王卓健. 基于结构建模的装备体系结构可靠性混合模型[J]. 系统工程与电子技术，2015，37(3)：713-718.

[114] 涂刚，郭基联. 基于作战任务的航空装备体系可靠性分析[J]. 军事运筹与系统工程，2014，28(3)：53-56，80.

[115] Belay A M, Helo P, Welo T. System of systems thinking in product development: A system dynamic approach[C]//Proc. of the International Conference on System of Systems Engineering. IEEE, 2013.

[116] Caballini C, Sacone S, Siri S. The port as a system of systems: a system dynamics simulation approach[C]//Proc. of the 7th International Conference on System of Systems Engineering (SoSE). IEEE, 2013.

[117] Mittal S, Mak E, Nutaro J J. DEVS-based dynamic model reconfiguration and simulation control in the enhanced DoDAF design process[J]. Journal of Defense Modeling & Simulation Applications Methodology Technology, 2006, 3(4): 239-267.

[118] Mittal S, Risco-Martin J L, Zeigler B P. DEVS/SOA: A cross-platform framework for net-centric modeling and simulation in DEVS unified process[J]. SIMULATION: Transactions of the Society for Modeling and Simulation International, 2009, 85(7): 419-450.

[119] 张喜燕. 基于 Agent 的区域防空体系建模与可靠性分析[D]. 武汉: 华中科技大学, 2019.

[120] 林绍洋. 基于多视角的装备体系任务可靠性建模方法[D]. 长沙: 国防科技大学, 2014.

[121] 王宏宇, 吴纬, 魏艳艳. 装备体系任务可靠性建模方法[J]. 装甲兵工程学院学报, 2016, 30(6): 89-94.

[122] Pan X, He C J, Wen T J. A SOS reliability evaluate approach based on GERT[C]//Proc. of the Annual Reliability & Maintainability Symposium. IEEE, 2015.

[123] 李志强. 复杂系统可靠性评估方法研究[D]. 烟台: 海军航空大学, 2018.

[124] Ramirez-Marquez J E, Coit D W, Tortorella M. A generalized multistate-based path vector approach to multistate two-terminal reliability[J]. IIE Transactions, 2006, 38(6): 477-488.

[125] Shrestha A, Xing L D, Dai Y W. Decision diagram based methods and complexity analysis for multi-state systems[J]. IEEE Trans. on Reliability, 2010, 59(1): 145-161.

[126] 周忠宝, 马超群, 周经伦, 等. 基于贝叶斯网络的多态故障树分析方法[J]. 数学的实践与认识, 2008, 38(19): 89-95.

[127] Frenkel I, Khvatskin L, Lisnianski A. Markov reward model for performance deficiency calculation of refrigeration system[C]//Proc. of the Safety and Reliability Conference, 2010: 82-96.

[128] Lisnianski A, Elmakias D, Laredo D, et al. A multi-state Markov model for a short-term reliability analysis of a power generating unit[J]. Reliability Engineering & System Safety, 2012, 98(1): 1-6.

[129] Jain N, Yadav O P, Rathore A P S, et al. An approach for multi-state multi-compo-

nent system reliability considering dependency behavior[C]//Proc. of the Annual Reliability & Maintainability Symposium. IEEE, 2017: 1-6.

[130] DongW J, Liu S F, Fang Z G, et al. A model based on hidden graphic evaluation and review technique network to evaluate reliability and lifetime of multi-state systems [J]. Journal of Risk and Reliability, 2019, 233(3): 369-378.

[131] 史跃东，金家善，徐一帆. 半马尔可夫跃迁历程下装备复杂系统多状态可靠性分析与评估[J]. 系统工程与电子技术，2019，41(2)：445-453.

[132] Gregory Levitin. The universal generating function in reliability analysis and optimization[M]. London: Springer, 2005.

[133] 李春洋，陈循，易晓山，等. 基于向量通用生成函数的多性能参数多态系统可靠性分析[J]. 兵工学报，2010，31(12)：1604-1610.

[134] Li Y F, Zio E. A multi-state model for the reliability assessment of a distributed generation system via universal generating function[J]. Reliability Engineering & System Safety, 2012, 106: 28-36.

[135] 史跃东，陈砚桥，金家善. 舰船装备多状态可修复系统可靠性通用生成函数解算方法[J]. 系统工程与电子技术，2016，38(9)：2215-2220.

[136] Dong W J, Liu S F, Zhang Q, et al. Reliability assessment for uncertain multi-state systems: an extension of fuzzy universal generating function[J]. International Journal of Fuzzy Systems, 2019, 21(3): 945-953.

[137] Langseth H, Portinale L. Bayesian networks in reliability[J]. Reliability Engineering & System Safety, 2007, 92(1): 92-108.

[138] 古莹奎，沈延军，张全新，等. 基于贝叶斯网络的多状态共因失效系统可靠性分析[J]. 机械设计与研究，2018，34(2)：1-4，9.

[139] Zhang R J, Zhang L L, Wang N N, et al. Reliability evaluation of a multi-state system based on interval-valued triangular fuzzy Bayesian networks[J]. International Journal of System Assurance Engineering & Management, 2016, 7(1): 16-24.

[140] Zhai S, Shi W X, Xiu C B. Reliability analysis method study of multi-state system based on fuzzy Bayesian network[J]. The Open Automation & Control Systems Journal, 2014, 6(1): 601-608.

[141] 陈东宁，姚成玉. 基于模糊贝叶斯网络的多态系统可靠性分析及在液压系统中的应用[J]. 机械工程学报，2012，48(16)：175-183.

[142] Zhu J D, Collette M. A dynamic discretization method for reliability inference in Dynamic Bayesian Networks[J]. Reliability Engineering & System Safety, 2015, 138: 242-252.

[143] Fan H H, Sun X H. A multi-state reliability evaluation model for P2P networks[J]. Reliability Engineering and System Safety, 2010, 95(4): 402-411.

[144] 原菊梅，侯朝桢，高琳，等. 粗糙 Petri 网及其在多状态系统可靠性估计中的应用[J]. 兵工学报，2007，28(11)：1373-1376.

[145] Zio E. TheMonte Carlo simulation method for system reliability and risk analysis[M]. London：Springer，2013.

[146] 赵渊，王洁，耿莲，等. 电网可靠性非序贯蒙特卡洛仿真的扩展交叉熵法[J]. 中国电机工程学报，2017，37(7)：1963-1974.

[147] 张新菊，姚淑珍. 基于模糊着色 Petri 网的多状态系统可靠性分析[J]. 计算机科学，2016，43(11)：77-82，101.

[148] Fan D M，Wang Z L，Liu L L，et al. A modified GO-FLOW methodology with common cause failure based on discrete time Bayesian network[J]. Nuclear Engineering and Design，2016，305：476-488.

[149] 王任泽，张建岗，李国强，等. GO 法进行有共因失效系统可靠性分析的新算法研究[J]. 安全与环境学报，2019，19(3)：737-742.

[150] 孙凌宇，刘策，朱丽莉. 基于 GO 法和 Markov 模型的水位监测系统可靠性分析[J]. 机械设计，2019，36(S2)：165-170.

[151] Agarwal H，Renaud J E，Preston E L，et al. Uncertainty quantification using evidence theory in multidisciplinary design optimization[J]. Reliability Engineering & System Safety，2004，85(1-3)：281-294.

[152] Wang C，Matthies H G. Novel interval theory-based parameter identification method for engineering heat transfer systems with epistemic uncertainty[J]. International Journal for Numerical Methods in Engineering，2018，115(6)：756-770.

[153] 马东娟，刘伯颖，李玲玲. 基于区间分析的非概率可靠性分析方法[J]. 机械强度，2015，37(1)：84-87.

[154] 李晓霞，杨瑞刚，胡立春，等. 基于区间分析的履带起重机结构非概率可靠性研究[J]. 安全与环境学报，2018，18(1)：28-32.

[155] Gorkemli L，Ulusoy S K. Fuzzy Bayesian reliability and availability analysis of production systems[J]. Computer & Industrial Engineering，2010，59(4)：690-696.

[156] 米金华，李彦锋，彭卫文，等. 复杂多态系统的区间值模糊贝叶斯网络建模与分析[J]. 中国科学：物理学，力学，天文学，2018，48(1)：54-66.

[157] 王海朋，段富海. 复杂不确定系统可靠性分析的贝叶斯网络方法[J]. 兵工学报，2020，41(1)：171-182.

[158] Khalaj M，Makui A，Tavakkoli-Moghaddam R. Risk-based reliability assessment under epistemic uncertainty[J]. Journal of Loss Prevention in the Process Industries，2012，25(3)：571-581.

[159] Shah H，Hosder S，Winter T. Quantification of margins and mixed uncertainties using evidence theory and stochastic expansions[J]. Reliability Engineering & Sys-

tem Safety，2015，138：59-72.

[160] 王思辰，余佳，吴斌平，等. 基于改进证据理论的重力坝进度不确定性分析[J]. 水力发电学报，2020，39(9)：99-110.

[161] Tonon F. Using random set theory to propagate epistemic uncertainty through a mechanical system[J]. Reliability Engineering & System Safety，2004，85(1-3)：169-181.

[162] 郭惠昕，戴娟，唐蒲华，等. 基于随机集的不完整信息可靠性分析方法[J]. 机械科学与技术，2011，30(2)：290-296.

[163] 侯赞. 基于随机集理论的电力系统运行风险评估[D]. 北京：华北电力大学，2018.

[164] Schobi R，Sudret B. Structural reliability analysis for p-boxes using multi-level meta-models[J]. Probabilistic Engineering Mechanics，2017，48：27-38.

[165] Zhang Q Y，Zeng Z G，Zio E，et al. Probability box as a tool to model and control the effect of epistemic uncertainty in multiple dependent competing failure processes[J]. Applied Soft Computing，2017，56：570-579.

[166] 刘海波. 针对概率盒模型的高效不确定性传播数值分析方法[D]. 湖南：湖南大学，2019.

[167] Damm W，Vincentelli A S. A conceptual model of system of systems[C]//Proc. of the Second International Workshop on the Swarm at the Edge of the Cloud-SWEC，2015：19-27.

[168] US. DoD. Defense acquisition guidebook [M]. Washington：US Department of Defense，2006.

[169] United States Government US Army. Manual for the operation of the joint capabilities integration and development system-JCIDS[M]. Charleston：CreateSpace Independent Publishing Platform，2014.

[170] Caffall D S，Michael J B. Architectural framework for a system-of-systems[C]//Proc. of the IEEE International Conference on Systems，Man and Cybernetics，2006：1876-1881.

[171] 刘忠，张维明，阳东升，等. 作战计划系统技术[M]. 北京：国防工业出版社，2007.

[172] Helm E G. Operational scenarios for the initial operational test and evaluation of the RAH-66 helicopter[D]. Monterey：Naval Postgraduate School，2002

[173] 李志强，徐廷学，顾钧元，等. 复杂系统相关失效分析研究综述[J]. 失效分析与预防，2017，12(2)：130-136.

[174] Xing L D，Levitin G. Combinatorial analysis of systems with competing failures subject to failure isolation and propagation effects[J]. Reliability Engineering and System Safety，2010，95(11)：1210-1215.

[175] 潘刚. 电子装备多态系统可靠性分析与维修决策研究[D]. 石家庄：军械工程学院，2016.

[176] 刘宇. 多状态复杂系统可靠性建模及维修决策[D]. 成都：电子科技大学，2010.

[177] Sohag K, Mohammad Y, Ignacio A J, et al. Uncertainty-aware dynamic reliability analysis framework for complex systems[J]. IEEE Access, 2018, 6: 29499-29515.

[178] Li Y F, Huang H Z, Liu Y, et al. A new fault tree analysis method: fuzzy dynamic fault tree analysis[J]. Maintenance and Reliability, 2012, 14(3): 208-214.

[179] Li Y F, Mi J H, Huang H Z, et al. System reliability and assessment for solar array drive assembly based on Bayesian networks[J]. Maintenance and Reliability, 2013, 15 (2): 117-122.

[180] Taheriyoun M, Moradinejad S. Reliability analysis of a wastewater treatment plant using fault tree analysis andMonte Carlo simulation[J]. Environmental Monitoring and Assessment, 2015, 187(1): 1-13.

[181] 夏侯唐凡，刘宇，张皓冬，等. 考虑认知不确定性的多状态系统 Birnbaum 重要度分析方法[J]. 机械工程学报，2018，54(8)：223-232.

[182] 杜丽. 认知不确定性下的系统可靠性方法研究[D]. 成都：电子科技大学，2010.

[183] Deng Y. Generalized evidence theory [J]. Applied Intelligence, 2015, 43 (3): 530-543.

[184] Zhang Z, Ruan X X, Duan M F, et al. An efficient epistemic uncertainty analysis method using evidence theory[J]. Computer Methods in Applied Mechanics and Engineering, 2018, 339: 443-466.

[185] 韦可佳，耿俊豹，徐孙庆. 基于模糊理论与 D-S 证据理论的 FMEA 方法[J]. 系统工程与电子技术，2019，41(11)：2662-2668.

[186] Beynon M, Cosker D, Marshall D. An expert system for multi-criteria decision making using Dempster Shafer theory [J]. Expert Systems with Applications, 2001, 20(4): 357-367.

[187] 江秀红，段富海，胡爱玲. 一种新型 GO 法操作符及其在多态系统中的应用[J]. 兵工学报，2019，40(4)：857-864.

[188] Lisnianski A, Frenkel I, Ding Y. Multi-state system reliability analysis and optimization for engineers and industrial managers[M]. London: Springer, 2010.

[189] Denoeux T. Reasoning with imprecise belief structures[J]. International Journal of Approximate Reasoning, 1999, 20(1): 79-111.

[190] 沈祖培，黄祥瑞. GO 法原理及应用：一种系统可靠性分析方法[M]. 北京：清华大学出版社，2004.

[191] 江秀红. 多态复杂系统的可靠性分析及维修策略研究[D]. 大连：大连理工大学，2016.

[192] 夏侯唐凡. 考虑认知不确定性的多状态系统重要度分析和可靠性评估方法研究[D]. 成都：电子科技大学，2018.

[193] Destercke S, Sallak M. An extension of universal generating function in multi-state systems considering epistemic uncertainties[J]. IEEE Transactions on Reliability, 2013, 62(2): 504-514.

[194] Delaurentis D A. Assessing the impact of development disruptions and dependencies in analysis of alternatives of system-of-systems SERC-2012-TR-035[R]. West Lafayette: Purdue University, 2012.

[195] Delaurentis D A. Assessing the impact of development disruptions and dependencies in analysis of alternatives of system-of-systems SERC-2013-TR-035-2[R]. West Lafayette: Purdue University, 2013.

[196] Pinto C A, Garvay P R. Advanced risk analysis in engineering enterprise systems [M]. New York: CRC Press, 2012.

[197] Rahnamay N M, Hayat M. Cascading failures in interdependent infrastructures: an interdependent Markov-Chain approach[J]. IEEE Trans. on Smart Grid, 2016, 7(4): 1997-2006.

[198] Wang F, Tian L X, Du R J, et al. The robustness of interdependent weighted networks[J]. Physica A: Statistical Mechanics and its Applications, 2018, 508: 675-680.

[199] Gao Y L, Chen S M, Nie S, et al. Robustness analysis of interdependent networks under multiple-attacking strategies[J]. Physica A: Statistical Mechanics and its Applications, 2017, 496: 495-504.

[200] 周伟，朱晓，冉琰，等. 考虑性能依赖的元动作单元多态可靠性分析[J]. 哈尔滨工业大学学报，2020，52(1)：62-68.

[201] 王超，郭基联，沈安慰. 基于不对称依赖的相依网络级联故障分析[J]. 系统工程与电子技术，2020，42(5)：1093-1101.

[202] 胡启国，高展. 多元参数退化的系统相关竞争失效可靠性评估方法[J]. 西北工业大学学报，2019，37(6)：1191-1199.

[203] Garvey P R, Pinto C A. Introduction to functional dependency network analysis[C]// Proc. of the 2nd International Symposium on Engineering Systems, 2009.

[204] 陈跃，李元元，秦肖臻，等. 基于 FDNA 的体系效能波及分析[J]. 火力与指挥控制，2017，42(10)：14-18，24.

[205] 陈宽，李元元，罗云峰，等. 基于功能依赖网络的体系韧性分析[J]. 指挥与控制学报，2016，2(3)：256-260.

[206] 张旺勋，李群，侯洪涛，等. 卫星导航系统的体系安全性分析方法[J]. 国防科技大学学报，2015，37(2)：92-98.

[207] Guariniello C, Delaurentis D. Dependency analysis of system-of-systems operational and development networks[J]. Precedia Computer Science, 2013, 16: 265-274.

[208] 张旺勋. 基于复杂交互网络的武器装备体系安全性分析方法[D]. 长沙：国防科技大学，2015.

[209] Guariniello C. Supporting space systems design via systems dependency analysis methodology[D]. West Lafayette：Purdue University，2016.

[210] Gagliardi M，Wood B，Morrow T. Introduction to the mission thread workshop[R]. Pittsburgh：Software Engineering Institute，2013.

[211] Jain P P，Pridemore B. Case study：Net-centric mission threads modeling and analysis using BPMN[C]//Proc. ofthe IEEE International Symposium on Collaborative Technologies and Systems (CTS)，Irvine，CA，USA，2008.

[212] Gagliardi M，Wood B. Mission thread workshop：lessons learned[R]. Pittsburgh：Software Engineering Institute，2012.

[213] Zhao Y P，Zheng H Z. Modeling and simulation for equipment support system based on IDEF method[C]//Proc. of the International Conference on Computer Application and System Modeling，2010.

[214] 董岳. 面向装备保障的使用任务系统建模研究[D]. 石家庄：军械工程学院，2010.

[215] 袁崇义. Petri 网原理与应用[M]. 北京：电子工业出版社，2005.

[216] 吴哲辉. Petri 网导论[M]. 北京：机械工业出版社，2006.

[217] 原菊梅. 复杂系统可靠性 Petri 网建模及其智能分析方法[M]. 北京：国防工业出版社，2011.

[218] 王瑶. 基于 Petri 网的四性一体化建模及仿真方法研究[D]. 西安：西北工业大学，2016.

[219] 翟禹尧. 基于 Petri 网的导弹测试性设计技术研究[D]. 烟台：海军航空大学，2020.

[220] 林闯. 随机 Petri 网和系统性能评价[M]. 北京：清华大学出版社，2005：19-35.

[221] 翟禹尧，史贤俊，吕佳朋. 基于广义随机 Petri 网的导弹系统测试性建模与指标评估方法研究[J]. 兵工学报，2019，40(10)：2070-2079.

[222] 翟禹尧，史贤俊，秦玉峰，等. 基于层次广义随机 Petri 网的测试性建模新方法[J]. 兵工学报，2020，41(1)：161-170.

[223] 苏永定. 装备系统测试性需求分析技术研究[D]. 长沙：国防科技大学，2011.

[224] 翟禹尧，史贤俊，韩露，等. 基于广义随机有色 Petri 网的测试性建模新方法[J/OL]. 兵工学报. (2020-04-29)[2020-12-10] https://kns. cnki. net/ kcms/ detail/11. 2176. tj. 20201209. 1725. 004. html.

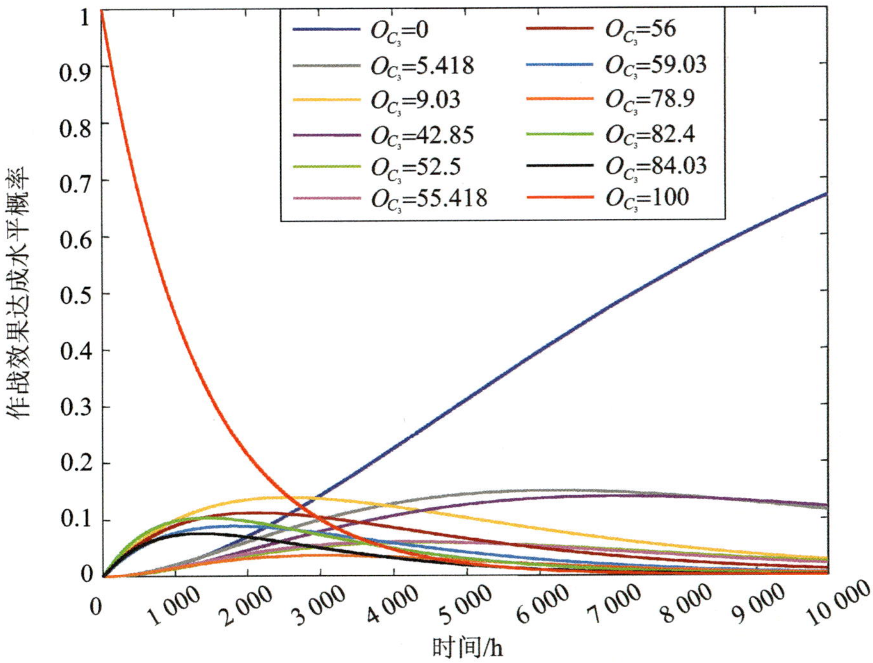

(a) 能力节点N_3

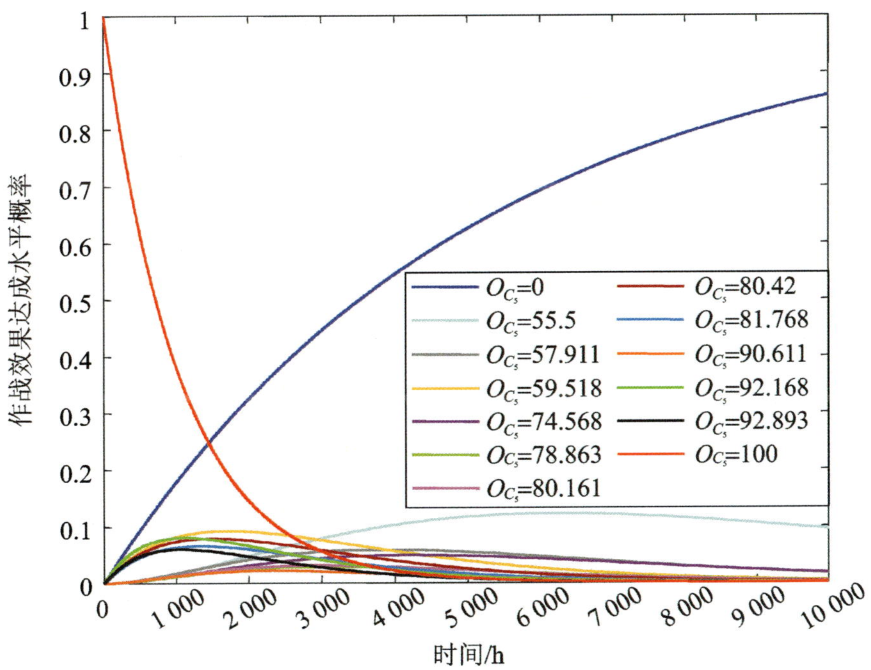

(b) 能力节点N_5

图 4－15　能力节点作战效果达成水平概率变化曲线

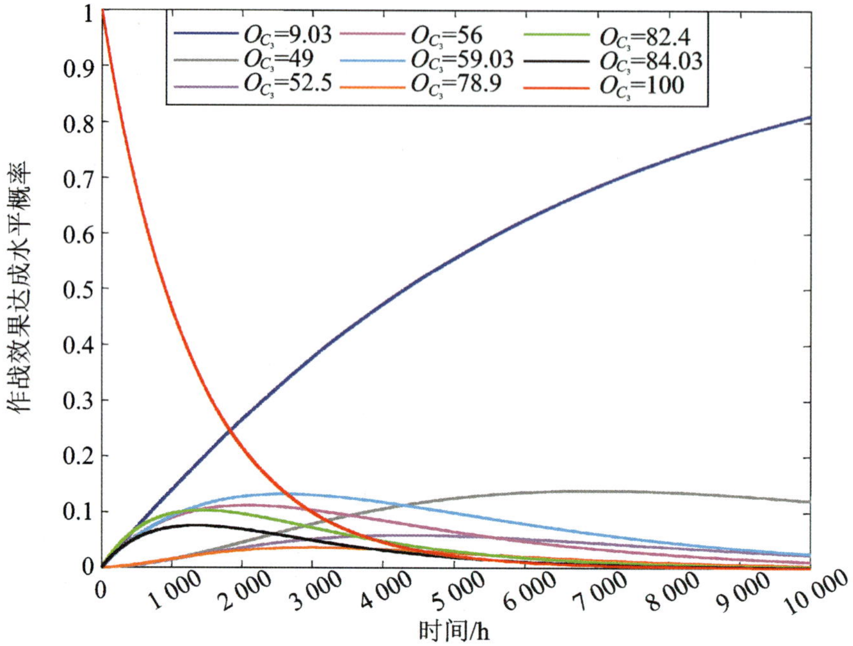

(a) 能力节点N_3

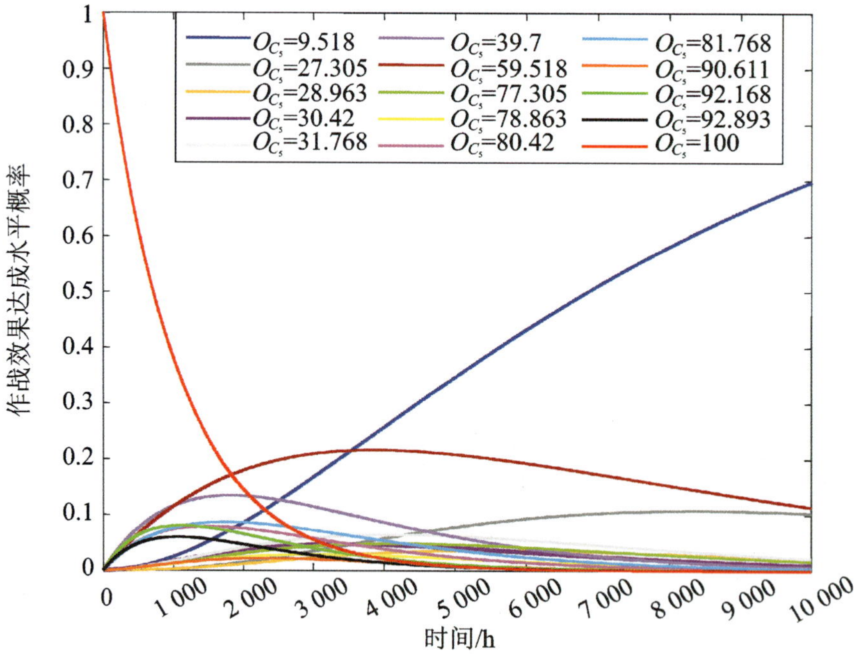

(b) 能力节点N_5

图 4-18　能力节点作战效果达成水平概率变化曲线(FDNA 方法)